连锁力量

24个行业龙头，践行了什么是连锁的力量

广东省连锁经营协会 编著

南方日报出版社
NANFANG DAILY PRESS
中国·广州

图书在版编目（CIP）数据

连锁力量 / 广东省连锁经营协会编著. -- 广州 : 南方日报出版社, 2025. 7. -- ISBN 978-7-5491-3055-9

Ⅰ. F717.6

中国国家版本馆 CIP 数据核字第 2025CC0649 号

LIANSUO LILIANG

连锁力量

编　　著：广东省连锁经营协会
出版发行：南方日报出版社
地　　址：广州市广州大道中 289 号
出 版 人：周山丹
责任编辑：张　高
责任技编：王　兰
责任校对：阮昌汉
装帧设计：谭佑棠
经　　销：全国新华书店
印　　刷：广东信源文化科技有限公司
成品尺寸：170mm×240mm
印　　张：18.75
字　　数：280 千字
版　　次：2025 年 7 月第 1 版
印　　次：2025 年 7 月第 1 次印刷
定　　价：68.00 元

投稿热线：（020）87360640　　读者热线：（020）87363865

连锁力量

24个行业龙头，践行了什么是连锁的力量

总策划：廖皓炜

主　编：张小琳

副主编：樊飞飞

编　委：吴传鲲　宋　欣　田爱丽　黄绿红

王树鸿　孙晨曦

法律顾问：王红燕

编著单位：广东省连锁经营协会

序言 在传承与创新中续写连锁传奇

在粤港澳大湾区的晨曦中，珠江水奔涌不息，见证着中国商业文明的蝶变。当历史的指针指向 2025 年，我们怀着敬畏之心翻开这部记录连锁经营发展的拼图长卷。这不仅是对改革开放四十多年商业史诗的深情回望，更是对新时代商业文明的庄严致敬。本书以广东连锁经营发展为样本，通过 24 家标杆企业的成长轨迹，勾勒出中国连锁经济从萌芽到繁荣的全景画卷，揭示了现代商业文明的深层密码。

时代浪潮中的连锁基因

20 世纪 80 年代的鹏城街头，第一家百佳超市的落地犹如投入湖心的石子，激起了中国连锁经营的涟漪。麦当劳金色拱门的光芒、7-Eleven 便利店的 24 小时灯火，不仅改变了国人的消费习惯，更带来了现代商业模式的启蒙。广东作为改革开放的前沿阵地，率先承接了这一商业文明的火种。1985 年，深圳市深南天虹开业，天虹商场在深圳蛇口的诞生，标志着本土企业开始书写自己的篇章。东莞美佳超市于 1990 年创立，作为我国最早的连锁超市公司之一，其标准化运营模式与本土创新实践，为中国连锁经营提供了重要实践样本。

这段初创期的历史充满探索的艰辛，计划经济的坚冰尚未完全消融，连锁经营这种规模化、标准化的商业模式遭遇着体制与观念的双重阻力。但市场经济的内在活力已不可阻挡，广州友谊商店的改组、广州百货大厦的开业、万佳百货华强北店的开业，都在为连锁经营的本土化寻找突破口。至1995年，《全国连锁经营发展规划》的出台，犹如春风化雨，催生出连锁经营的第一个春天。

商业文明的深层裂变

进入21世纪，中国城市化进程的加速为连锁经营注入强劲动力。广州北京路的商业集群、深圳华强北的电子卖场，见证着连锁经营这一模式在零售业的全面开花。餐饮业的连锁化浪潮更为迅猛，真功夫开创性地打造出中餐标准化运营体系，广州酒家的早茶文化通过连锁门店走向全国，蒙自源过桥米线将云南风味带到都市街角。这种商业形态的变革，本质上是现代管理理念与中国市场实践的深度融合。

广东连锁企业的创新实践具有标本意义。美宜佳便利店的“社区便利生活中心”定位，突破了传统零售的边界；奈雪的茶将茶饮消费升华为文化体验，重构了行业价值体系。这些创新不仅推动了商业模式的迭代，更塑造了新的消费文化。在南粤大地，一家家连锁门店成为城市创新生态的重要节点，诠释着商业与科技的共生共荣。广东经验证明，连锁经营不仅是商业模式的革新，更是城市文明的重要载体。

文化传承的商业表达

本书收录的 24 家企业，每家都是一部生动的商业文化教科书。华润万家从香港北上的发展历程，承载着民族商业复兴的使命；八马茶业传承百年的制茶工艺，在连锁经营中焕发新生……这些企业不仅是商业成功的典范，更是文化传承的载体。

连锁经营的文化价值在本书中得到深刻体现。陶陶居的百年粤韵、新宝堂的陈皮传奇，通过标准化的运营体系实现文化传播的裂变；东方眼镜的专业服务、丝域养发的健康理念，将传统行业提升为文化体验产业。这种商业与文化的交融，正在重塑中国服务业的价值内涵。广东企业以商业为媒，让广府文化、潮汕文化、客家文化通过连锁网络走向全国，书写着商业文明的文化自觉。

广东经验的全国价值

站在新的历史方位，广东连锁经营的实践为行业发展提供了重要启示。华润万家的数字化转型、天虹的智慧零售探索，揭示了科技驱动的必然性；九毛九的单店模型创新、蛙来哒的场景化营销，展现了精细化运营的价值。这些经验不仅属于广东，更是中国连锁经济高质量发展的宝贵财富。

面对“双循环”新发展格局，连锁企业承担着更重要的历史使命。昌大昌在县域市场的下沉战略、顺客隆的供应链优化实践，为乡村振兴提供了商业解决方案；太二酸菜鱼凭借独特的品牌定位与极具辨识度的用餐体验，积极迈向国际市场，让世界领略到中国特色酸菜鱼文化的魅力；名创优品凭借高性价比的产品和高效的供应链管理，在全球范围内迅速扩张，成功打造出具有全球影响力的零售品牌，展现出中国连锁品牌在全球市场的强大竞争力。这些实践正在书写中国商业文明的新篇章，证明广东不仅是改革开放的探路者，更是高质量发展的引领者。

连锁力量的时代担当

广东省连锁经营协会编写了这本具有里程碑意义的著作，以专业视角将这些企业实践升华为可复制的方法论，为行业提供了转型指南。书中每一个企业故事都是时代精神的具象化表达，每一组数据都折射出商业文明的进步轨迹。当我们在书中看到美宜佳第 37 000 家门店的灯火，看到百果园“让天下人享受水果好生活”的愿景，我们感受到的不仅是商业的力量，更是文明的温度。

这部图书的出版恰逢其时。在数字化转型的浪潮中，连锁经营正在经历前所未有的变革。本书不仅记录了过去的辉煌，更描绘了未来的方向。当年轻一代创业者翻开书页，他们将从这些真实的案例中汲取智慧，在传承与创新中续写中国连锁经营的传奇。

站在珠江新城的云端俯瞰，林立的写字楼与密布的连锁门店构成现代都市的血脉。这部《连锁力量》正是这一商业生态的全息影像。它记录的不仅是企业的兴衰沉浮，更是中国改革开放的时代精神；它展现的不仅是商业模式的创新，更是中华文明的现代转型。当历史的长河流向未来，我们相信，这些源自广东的连锁力量，将继续照亮中国商业文明前行的方向。

推荐序

发现连锁企业成功的核心密码

不仅是一本理论著作，更是一本实践指南

连锁经营，即市场经济标准化、工业化、科学化、规模化的商业、服务业组织形式、经营方式，影响生活消费市场的强大力量。当今，连锁经营商号、品牌、机构、企业，无处不在、无所不有，而且无业不连锁。连锁正推动着市场规范、经济发展、社会进步。作为广东省连锁经营协会创始人之一，本人在商业、服务业领域耕耘多年，经历、见证广东商业改革开放四十多年的发展、变化、进步，也躬体力行推动广东商业连锁化发展。

《连锁力量》一书，从多维度剖析连锁经营的精髓，详细阐述连锁经营的模式与策略，对于直营连锁和特许加盟，都进行深入浅出的分析，让读者了解不同模式特点与适用场景。书中还探讨了连锁经营在品牌建设、供应链管理、市场营销等方面的关键要点，为读者提供了全面而系统的知识体系。

进入数字化时代，连锁经营也面临着新的机遇与挑战，书中紧跟时代步伐，对连锁经营企业转型进行深入探讨，分享了众多成功的案例与实践经验，对正在创新发展的连锁企业无疑是宝贵财富。2014 年，在佛山祖庙商业论坛，首次提出“智慧商业、绿色商业、文化商业”的广东未来商业发展方向，为连锁经营在内卷的生活消费、服务业市场注入了新的发展活力与内涵，这在书中也得到呼应。

《连锁力量》一书，值得每一位关注商业发展、进步的人士细细研读，不仅是一本理论著作，更是一本实践指南，为连锁经营企业提供实用工具与方法，帮助他们解决实际问题，提升经营管理水平。这本书也为投资者、创业者以及相关从业人员，提供了一扇了解连锁经营的窗口，认识这一商业模式的价值与潜力。希望读者通过阅读汲取其中精髓，结合实际取得更加好的连锁经营业绩，相信这本书将成为连锁经营领域的经典之作，为推动我国连锁经营的发展、进步添砖加瓦。

——孙　雄　广东省连锁经营协会创始人之一
广东连锁经营发展、进步推动者
广东商业市场化改革开放参与者

为大家打开洞察连锁商业世界的大门

在全国连锁经营的版图中，广东占据着极为重要的地位，诞生了众多享誉全国的连锁品牌，不少企业的经营模式、管理理念、创新举措等成为其他地区连锁企业学习和借鉴的对象，也在不少方面引领了行业的发展。

《连锁力量》这本书，记录了华润万家、美宜佳、百果园、蒙自源、九毛九、丝域等多个行业头部连锁品牌的成长轨迹，为读者呈现了一部生动的商业进化史。这些内容不仅是品牌发展的印记，更是商业智慧的沉淀，能让读者从中汲取知识，助力自身在商业领域的探索，也让读者看到这些企业在面对困难时的坚韧不拔、积极创新求突破的进取精神。

相信《连锁力量》会成为商业从业者和爱好者的宝贵读物，为大家打开洞察连锁商业世界的大门。它将激励着每一位读者，无论身处何种行业，都要勇于创新、善于学习，以适应不断变化的市场环境。

——彭建真　中国连锁经营协会会长

中国连锁企业的成功，不是靠“复制粘贴”，而是靠“重新编程”

《连锁力量》用最朴实的语言揭示了一个真相：中国连锁企业的成功，不是靠“复制粘贴”，而是靠“重新编程”——回归最本质的商业常识，踏踏实实把产品做好、把服务做好，以不断的创新和突破，靠品质和体验最终赢得市场。

这本书适合每一个相信商业力量的人：无论是便利店店主、连锁企业高管，还是关注中国商业创新的观察者们，翻开它，你会看到一个更坚实、更温暖的商业未来。

当前，全球经济格局重构与消费文明跃迁形成历史性交汇点。连锁品牌只有不断创新和突破，聚集产品品质和服务体验，才能赢得市场、赢得未来。期待更多同行者能从《连锁力量》中汲取变革力量，共同迈向属于中国品牌的星辰大海。

——叶国富　名创优品（广州）有限责任公司董事会主席兼首席执行官

当规模经济遇上数字基因

作为亲历过中国连锁业发展的从业者，翻开《连锁力量》，最深刻的感受在于：书中揭示的不仅是连锁企业的兴衰，更是一部连锁经营模式从“工业时代”向“数智时代”

演进的进化论。

书中对天虹、百果园、八马、九毛九等众多连锁企业的解析，展现了传统企业的破局之道：始终坚持以顾客为中心，利用大数据、云计算、AI算法等各种手段和技术对顾客行为进行多维度的深度学习。这种转型不是简单的技术堆砌，而是重构了“规模经济”的内涵——从单纯依靠门店数量的模式，转向以数据资产创造边际效益的模式。

书中还有很多数字技术应用的实践案例。透过这些案例，我们可以清晰看到数智时代连锁经营的三重进化：从“物理空间扩张”转向“数字生态构建”，从“标准化复制”升级为“个性化定制”，从“经验驱动决策”进化为“数据智能驱动”。无论是百年老字号的常做常新，还是后起之秀的蓬勃发展，都在诠释着“新型规模经济”的内涵——不是简单的规模叠加，而是通过数据链接形成指数级协同效应。

抛开纷繁复杂的精彩故事情节，我发现广东连锁企业成功的核心密码或许就是：他们既保持了规模化运营的底层优势，又以数智化思维重构了商业要素。真正的连锁力量，终究来自对消费本质的持续洞察与技术创新的深度融合。这或许正是中国商业文明走向成熟的关键启示。

谨此推荐这本兼具行业纵深与前瞻视野的商业启示录，愿它为每位从业者照亮数字化转型的前行之路。

——赖伟宣　中国航空技术国际控股有限公司原董事长、党委书记
原深圳天虹商场股份有限公司董事长、总经理

以连锁之名，致敬商业力量

中国连锁经营的历史长河中，广东始终是激荡创新的前沿阵地。从街边小店到全球布局，从传统模式到数智化转型，这片热土孕育了无数商业传奇。《连锁力量》的出版，不仅是对广东连锁品牌和奋斗在商业一线从业者的致敬，更是对行业未来的深度思考。

《连锁力量》一书详细记录了广东连锁品牌从无到有、从国内到国际的成长历程，展现了连锁品牌创始人在市场竞争中不断探索、突破的精神风貌。从华润万家、美宜佳的规模化突围，到九毛九、袁记云饺的品类深耕，再到丝域、樊文花的服务革新，这些企业故事不仅是连锁商业成功案例的总结，也是广东商业贡献全球连锁力量的鲜活注脚。

连锁品牌是实体商业内容提供者，作为实体商业服务平台，赢商股份坚持观察、记录连锁品牌的发展，并为连锁品牌企业提供营销及数智化解决方案。在连锁行业向高质

量发展转型过程中，《连锁力量》的启示清晰而深刻：唯有以用户为中心，以技术为杠杆，持续创新，方能成就基业长青。

——吴传鲲　赢商股份有限公司董事长

生态力量，重构连锁新秩序

中国商业版图正被一股澎湃的“连锁力量”重塑。从街头巷尾的美宜佳到席卷全球的名创优品，从百果园的鲜果王国到华润万家的民生网络，中国连锁企业以惊人的韧性突破地域边界，用创新基因与文化自信在世界商业丛林开辟出一条独特的路径。《连锁力量》一书，恰似一扇窗口，让我们得以窥见这场静默革命背后的底层逻辑。

二十余年为数百家企业构建品牌生态的经验告诉我：连锁经营的本质绝非简单的规模复制，而是生态价值的裂变。广东作为中国商业创新的试验田，孕育了众多标杆企业——它们或以数字化提升供应链效率，或以文化IP激活消费认同，或以场景创新打破行业边界。

广东连锁企业的全球化突围更揭示了一个深刻命题：当“中国式连锁”将东方智慧注入现代商业肌理，便能催生独特的竞争力。美宜佳扎根社区的烟火气，名创优品设计驱动的极致性价比，百果园对品质的偏执坚守——这些烙印着中国文化基因的商业哲学，正颠覆传统连锁的扩张范式。它们证明：真正的全球化不是对西方模式的追随，而是以本土文化为内核的生态输出。

《连锁力量》不仅记录广东经验的进化轨迹，更在于为行业指明未来坐标。在人工智能与消费分级双重浪潮下，连锁企业亟需从“规模增长”转向“生态赋能”。期待每一位读者能从这些鲜活案例中汲取养分，以生态思维重构商业边界，让中国连锁品牌成为世界商业文明的引领者。

——冯帼英　广州市天进品牌管理有限公司董事长兼首席品牌专家

法治力量护航连锁经营新时代

广东作为改革开放的前沿阵地，其连锁经营业态的勃兴绝非偶然。从“三来一补”时代的商贸启蒙，到现代特许经营体系的成熟建构，法治始终是支撑行业发展的隐形脊梁。在服务九毛九、百果园等本土连锁巨头的法律实践中，我见证了企业从合同规范到公司治理的蜕变历程。这些案例都印证了：法治化程度决定着连锁企业规模化发展、全球化发展的边界。

在粤港澳大湾区建设纵深推进的时代背景下，《连锁力量》这部汇聚广东商业智慧的著作，既是对过往四十载连锁经营发展经验的系统总结，更是站在法治中国建设新起点上的前瞻思考。相信法治化力量，恰是广东商业文明对新时代的贡献。在广东连锁品牌未来拓展全球市场的进一步深耕中，我们坚信商业文明和中国法治文明一定是同频共振的过程，是广东企业真正全球化、本地化的新的发展阶段。

广东连锁品牌作为大湾区商业文明的重要载体，其法治化进程必将为全国商业创新发展提供宝贵经验。期待本书能成为行业建设的里程碑，更期盼广东连锁企业在法治护航下，续写新时代的商业传奇。

——王红燕　中伦律师事务所合伙人

以科技之力支撑连锁企业发展

广东，作为中国经济发展的前沿阵地与全国商贸流通的核心枢纽，在中国经济版图中占据着重要地位。在这片改革开放的热土上，连锁行业以标杆性力量崛起，为区域经济的繁荣注入了源源不断的活力，成为推动地方经济发展的重要引擎。广东省连锁经营协会联合省内众多知名连锁品牌推出此书，是对行业发展的深度梳理与经验沉淀，极具价值。

科脉多年来扎根于零售餐饮产业数字化服务领域，深谙连锁企业的发展壮大，离不开标准化操作体系与快速复制的能力，而数字化对连锁企业而言，更是从规模化扩张到价值重构的战略性跃迁，这一切的背后，科技都是不可或缺的核心驱动力。作为连锁行业发展历程的见证者与同行者，科脉始终紧密贴合连锁企业需求，见证并助力行业的数字化转型，以科技的“新质之力”作为坚实支撑，陪伴企业持续地成长。

《连锁力量》汇聚了行业智慧，全面呈现了广东连锁品牌的发展脉络、成功经验与创新成果，既有传统连锁巨头的转型探索，也有新兴品牌的崛起之路。相信这本书会成为行业从业者的工作指南，激发更多的创新思维，也期待连锁行业在科技赋能下，不断突破边界，迈向新的高峰。

——曾昭志　深圳市科脉技术股份有限公司创始人、董事长

让中国连锁品牌走向世界

连锁是一门世界级的生意，很多外资品牌成功在中国落地生根，中国连锁品牌有机会走向各国市场。连锁品牌产业是一项系统工程，是多学科的交织融合。在中国市场高度竞争的环境下，已经诞生了一批在商业模式、场景体验、供应链深度都实现顶级复杂的超级品牌。从某种程度上，这些连锁品牌已经具备了去“卷”世界的实力。相信在未来的 20 年，中国连锁品牌会在世界各地更好地讲好中国故事，传播中国文化，推广中国美食。

广东也是中国连锁品牌创业的重要基地，出现了美宜佳、钱大妈这样的超级连锁品牌，他们都为消费者创造了重要的价值。门店场景流量打造和超级供应链能力始终是连锁体系构建的核心资源，两手都做好的品牌，往往可以实现千店甚至万店规模。

我们弘章投资不仅长期投资布局各种增长强劲的连锁品牌，还特别愿意支持中国连锁品牌走向东南亚，走向世界各地，这也是中国供应链走向世界各地的重要途径。中国连锁品牌不仅可以造福中国消费者，也可以走向世界传播东方文化。

——翁怡诺　弘章资本创始合伙人

寻找这片土地孕育连锁基因的答案

在珠江三角洲这片土地上，连锁企业总能找到最适合生长的土壤。翻开《连锁力量》，我们看到的不仅是企业的成功故事，更是这片土地孕育连锁基因的答案。

广东的好，好在人多城密。大湾区十一个城市紧密相连，七千万人在这里生活，高铁串起跨城消费圈。相似的饮食口味、四季常在的街头人气，让餐饮便利店开遍每个角落。这里的产业网密如毛细血管。找布料厂、冷链物流、装修队，打个电话就能成事。三大港口让货物昼夜流转，今天生产的商品，明天就能摆进国内外门店。

四十年的开放传统滋养商业智慧。老板们懂本地也懂海外，年轻人敢创新，老师傅肯传艺。这种“做好每件小事”的较真劲儿，让企业静心打磨产品与服务。《连锁力量》告诉我们：好生意需要好环境，而广东有着最适合连锁品牌生长的水土。

看着从街边摊走向世界的企业，我深信：当茶餐厅的人情味遇上智能供应链，当烧腊师傅的手艺对接大数据品控，这里完全能走出比海外跨国企业更懂本地需求、更高效率的新全球连锁企业。它们无需模仿谁——把每件小事做到极致的广东精神，就是最好的商业教科书。

——张鑫钊　启承资本创始合伙人

一本为学者、投资人、企业家重磅打造的战略参考书

在改革开放的浩荡长卷中，广东始终是商业创新最活跃的书写者。在当今的全球数字化浪潮中，作为连接生产与消费的关键枢纽，连锁零售企业不仅是商品流通的载体，更是中国市场经济发展的缩影。

本书系统地回顾和记录 24 个广东连锁品牌的成长历程和发展经验，其间，能感受到华润万家的民生温度、天虹数科的科技锐度、八马茶业的文化厚度……通过深度剖析它们的品牌战略、商业变革与文化传承，为读者揭示行业龙头企业的成功密码。

我诚挚推荐此书——它不仅是一部企业成长史，更是一本为学者、投资人、企业家重磅打造的战略参考书，这些鲜活的商业实践，共同勾勒出中国零售业现代化进程的广东答卷！

——刘向东　中国人民大学商学院教授

对转型期的中国流通零售业具有重要的启迪意义

广东是中国改革开放的排头兵、先行地、实验区。在流通零售领域，改革开放以来广东发展出一大批享誉国内外的优秀连锁品牌，涵盖零售业、餐饮业、服务业等多个领域。这些品牌的成功，是创业者们拼搏奋斗的成果，更是广东连锁经营行业蓬勃发展的生动写照。

广东省连锁经营协会联合专业机构精心编撰的《连锁力量》一书，全方位记录了这些品牌从业者的心路历程，在竞争中面临的机遇与挑战，对转型期的中国流通零售业具有重要的启迪意义。

衷心希望流通零售经营从业者、投资人、学术研究者以及创业者能在书中找到共鸣、收获启发，共同推动中国流通零售业的发展。

——陈立平　首都经济贸易大学中国消费大数据研究院教授

“以顾客为中心”应镌刻在每一个连锁人的理念中

20 世纪 90 年代初，一场来自广东的商业变革浪潮席卷了整个中国大陆，几乎所有生活服务业都卷进了这场浪潮中，从此中国大陆迈入了一个品牌连锁时代。引发这场变革浪潮的正是广东连锁人，他们以敢为天下先的拼搏精神，长袖善舞，推陈出新，凝聚

成一股推动时代前进的连锁力量，并创造了一个又一个行业传奇。

今天，我们同样处在一个新的历史变革时期。互联网和 AI 正在颠覆旧的商业模式，构建新的商业规则。在这场变革中，连锁人必须坚守什么？又必须改变什么？或许这个世界变化太快，但总有一些东西是不变的，它应该镌刻在每一个连锁人的理念中，那就是“以顾客为中心”，为顾客提供一切有价值的商品、服务和消费体验。虽然这是老生常谈的一句话，但只有在今天的市场竞争中，它方显出万变不离其宗的真正魅力。

商业发展的最终目的是为消费者谋求幸福，以此作为企业创新活动的唯一考量，它指向人类社会的终极目标。当时代大潮把过去的成功涤荡得片甲不留的时候，连锁人真正需要思考的，是自己能为消费者带来什么价值，这是企业得以生存的唯一理由，也是广东连锁力量得以生生不息、绵绵不绝的唯一动力。

——肖　怡　广东财经大学教授

目录

01 PART one 担当 责任共筑，商道以诚

02 PART two 人本 体验重塑，价值共享

03 PART three 聚焦 垂直深耕，品类破局

04 PART four 传承 守正创新，文化赋能

05 PART five 进化 数字蝶变，智慧转型

06 PART six 梦想 生态共创，未来已来

附录

01

PART one

担当

责任共筑，商道以诚

华润万家、壹加壹、昌大昌、顺客隆、美宜多这五家企业，始终将社会责任镌刻于心。华润万家凭借其庞大的零售网络，确保商品供应稳定，并积极投身公益事业，为社会的和谐与发展添砖加瓦。壹加壹深耕本土市场，助力农民增收，推动区域经济的蓬勃发展。昌大昌坚守诚信经营之道，以优质的产品和服务赢得了消费者的广泛信赖与好评。顺客隆则依托供销社的资源优势，践行新质生产力，为乡村振兴注入强劲动力。美宜多秉持“温度”经营理念，为社区居民提供便捷与关怀，传递温暖与爱心。它们的担当不仅彰显了商业活动的价值，更体现了对社会的无私奉献与深情厚谊。

华润万家

从零售先锋到社会责任践行者

在中国的浩瀚商海中，有一股不可忽视的力量，它以连锁为帆，破浪前行，不仅引领着消费潮流的风向标，更深刻塑造着零售行业的未来格局。在这股力量中，华润万家凭借其卓越的连锁战略、非凡的品牌魅力和深厚的市场底蕴，成为中国零售业版图上的领航者。

自诞生之日起，华润万家便深深扎根于连锁经营的沃土，逐步构建起覆盖全国、深入城乡的庞大零售网络。其网络之广，不仅连接了城市的繁华与乡村的宁静，更在每一角落播撒着便利与服务的种子，滋养着亿万消费者的日常生活。

华润万家的辉煌成就并非偶然，而是源于对品质与服务不懈追求的坚守，勇于拥抱变革，积极探索新零售模式，融入数字化、智能化的浪潮，通过技术赋能，实现零售模式的创新升级，为顾客带来前所未有的购物体验。

更为难能可贵的是，华润万家在追求商业成功的同时，始终不忘回馈社会，积极践行绿色发展理念，承担着领军企业的责任与担当。它不仅在消费端引领减碳潮流，更在物流运输、仓储配送、供应链管理等各个环节全面布局，推动整个零售行业的绿色转型，为构建更加美好的地球家园贡献着自己的力量。

顺应时代，零售启航

华润万家隶属华润集团大消费领域，承担大国民生业务，为消费者创造更多与“好产品”“好体验”的连接。

华润万家的前身是创立于中国香港的华润超市，首家门店为1984年开业的香港告士打道店；1992年，在深圳开了中国内地第一间中外合资的连锁超级市场——爱华店。1995至1997年间，开始从深圳出发，分别成立了苏州、上海、天津、北京公司，逐步开始全国连锁网络布局；2002年，全面收购深圳本土的万佳百货；2004年，华润万家在深圳开设了第一家高端精品超市Olé；2004至2011年间，华润万家通过全国性多个大型小型并购项目，织起全国连锁零售的网络……

从1984年到1992年再到2024年，从香港到深圳再到全国，在这40年间，华润万家从无到有，从小到大，伴随着国家的成长而不断壮大。这四十年来，华润万家与城市共命运、同发展，见证了彼此的成长与辉煌。它的每一步发展，都映射出企业紧跟时代步伐、勇于开拓创新的精神风貌，同时也反映了大众生活品质不断提升的历程。

华润万家紧紧把握住每一个发展机遇，成为消费者喜爱的多业态零售商。为满足人民群众日益增长的美好生活需求，华润万家紧跟国家政策和消费趋势的变化，不断调整自身定位、精准布局。在新时代背景下，华润万家肩负新使命，不断寻求新突破，以创新驱动高质量发展。

截至2024年，华润万家门店覆盖了全国105个城市，门店总数超过2 600家。40年前，那家开设在香港小街巷的超市已华丽转身，成为连锁零售行业的头部企业。

转型升级之路，创新是不变的动力

在华润万家的发展历程中，创新始终是其不断前行的灵魂与动力。这家零售巨头从未满足于现状，而是持续通过业态创新和技术革新，探索零售领域的新模式与新动能，矢志成为消费者心中首选的全渠道零售商，坚定践行“引领消费升级，共创美好生活”的企业使命。

中国零售业正站在一个全新的历史十字路口，面临着前所未有的挑战与前所未有的机遇。随着新消费时代的汹涌而来，传统超市行业在电商浪潮和消费习惯深刻变革的双重夹击下，不得不深刻反思并重新规划自身的发展蓝图。华润万家，作为中国零售业的佼佼者，主动拥抱变化，以“破与立”的果敢姿态，踏上了门店升级与业态转型的新征途。

回望40年，华润万家伴随着中国零售业的春风应运而生，见证了行业从萌芽到壮大的全过程。初期，超市以其独特的自选购物模式、丰富的商品种类以及一站式服务的便捷性，迅速成为城市消费的新风尚。然而，随着互联网技术的飞速发展，特别是新零售模式的异军突起，传统超市的竞争优势逐渐消失。面对这一严峻挑战，华润万家积极求变，通过业态升级和模式创新，精准对接消费者对高品质生活的追求。

早在2004年，华润万家便高瞻远瞩地推出了Olé精品超市，这一举措不仅彰显了其敏锐的市场洞察力，更为后续的业态升级奠定了坚实基础。如今，Olé门店数超过120家，已成为国内精品超市领域的佼佼者，连续多年实现稳健增长，成为华润万家转型升级的成功典范。

“破”与“立”的转型之路

面对传统超市行业的困境，华润万家选择了“破与立”的转型策略。所谓“破”，即调整业态、商业结构和门店分布，以适应新的市场环境和消费者需求。传统超市在租金、人力等成本上的压力日益增大，尤其是在城市核心商圈，租金的飙升

华润万家

使得传统大卖场难以维持。因此，华润万家选择关闭或升级部分租金成本过高的门店，同时在更合适的地址布局新业态，以实现资源的优化配置。

在“破”的同时，华润万家也在积极“立”。这意味着极致地提升用户体验和商品质价比，通过门店升级和业态创新，为消费者提供更优质的服务和更丰富的商品选择。

在转型升级的征途中，华润万家始终秉持着对消费者需求的敏锐洞察与务实行动。作为民生设施的关键一环，超市不仅是商品交换的平台，更是供应链实力的直观展现。依托近40年的深厚积淀，华润万家在供应链管理、库存管理及精细化运营领域积累了宝贵经验，这些优势助力其精准对接消费者对全品类、高品质、高性价比商品，及优质服务的多元化需求。

同时，华润万家灵活应对不同城市的消费特性与市场需求，量身定制差异化的升级策略。以上海等一线城市为例，华润万家正积极规划布局更多精品超市，旨在满足当地高端消费群体的独特需求。

拥抱数字化，赋能供应链

在数字化浪潮的席卷下，华润万家主动拥抱变革，加速推进数字化转型进程。这一战略抉择不仅是对市场动态的精准捕捉，更是企业未来可持续发展的核心引擎。

通过构建前沿的数字化平台，华润万家实现了数据的全面采集、深度整合与智能分析。借助大数据与人工智能技术的力量，企业能够更加精准地洞察市场趋势，预测消费者需求，为科学决策提供坚实的数据支撑。这种数据驱动的决策模式，极大地提升了华润万家的运营效率与市场响应速度。

在销售端，华润万家成功实现了线上线下全渠道的无缝融合。消费者既可享受线上购物的便捷与高效，又能在线下门店体验数字化升级带来的优质服务。这种全方位、立体化的购物体验，有效提升了消费者的忠诚度与满意度。

此外，华润万家还高度重视供应链管理的数字化升级。通过引入智能化仓储与物流系统，企业实现了库存的精细化管理，建成了快速响应机制。这一举措不仅降低了运营成本，还显著提升了供应链的透明度与整体效率。

当前，中国零售业正处于新一轮的洗牌与重构之中，新品牌、新势力如雨后春笋般涌现，而传统明星超市也在积极寻求升级突围之路。新旧交织之下，零售业态在中国展现出前所未有的复杂性与多样性，同时也孕育着无限的可能。

面对新零售时代的挑战与机遇，华润万家以"破与立"的坚定姿态迎接变革。他们坚信，唯有不断创新、勇于突破自我，方能在激烈的市场竞争中屹立不倒。而这一切努力与探索的终极目标，都是为了更好地服务广大消费者，满足他们对美好生活的无限向往与追求。

在深度参与中国零售发展 40 年的历程中，华润万家深刻体会到虽然转型之路充满挑战与阵痛，但正是这些经历与磨砺铸就了其坚韧不拔的企业精神与深厚底蕴。展望未来，华润万家将继续秉持"破与立"的哲学思想，勇立潮头、开拓创新，为开启零售新时代贡献自己的力量。

用万家力量，成就美好社会

近年来，越来越多的企业开始意识到，践行 ESG（环境、社会和公司治理）理念不仅是推动社会可持续发展的重要一环，更是关乎企业自身的健康发展与长期价值的实现。对于零售企业而言，践行 ESG 理念更是责无旁贷。

作为国内零售业的领军企业，华润万家已连续五年披露可持续发展报告，践行绿色低碳发展理念。公司积极响应国家乡村振兴战略，同时在环境与社会层面承担起相应的责任。

减塑绿运，促消费端减碳

在促进消费端减碳方面，华润万家采取了减塑与绿色运营并举的策略。消费作为碳排放的终端环节，华润万家致力于倡导绿色低碳的生活方式，鼓励消费者养成保护生态环境的绿色购物习惯。通过打造可持续消费场景，多主题、多渠道搭建绿色商品与消费者的互动平台，以激发消费者的绿色消费热情。此外，华润万家还推进绿色低碳经营服务，引导消费者自备环保袋、使用电子小票等，以减少一次性用品的使用。

《2022 年可持续发展报告》显示，围绕“共建清洁美丽世界”的宣传主题，华润万家组织各省级公司共开展了 1 310 场主题宣讲活动，举办了 340 场公众开放活动，动员了 3 733 人次宣传人员，宣传受众人数达到 80 578 人次。这一系列活动有效地向社会公众展示了华润万家践行绿色发展理念的特色做法和成果。

早在 2013 年，华润万家旗下高端品牌 Olé 精品超市就已成为国内首个全面启用“全生物降解购物袋”的高端超市。截至 2022 年，每年选择环保商品的会员已超过 230 万人，全国范围内因此减少了近 160 吨不可降解塑料的使用。

华润万家在绿色可持续发展领域还做出了很多新的尝试，比如设立绿色门店，并首创“绿色可持续标识体系”，使可持续生活理念更加贴近消费者。这一举措在国内零售业中尚属首次，具有里程碑式的意义。

同时，华润万家还采取多元化方式和手段以实现消费端减碳。例如，通过对会员的绿色积分进行奖励等碳普惠方式，鼓励消费者参与“回收再生产”活动，从而延长产品的使用周期。公司还计划将碳普惠概念进一步融入到零售业消费场景中，以满足消费者对环保和可持续性的日益增长的需求。

针对三江源（长江、黄河、澜沧江）地区近年来持续遭受塑料包装废弃物污染的问题，华润万家自 2021 年起携手奥妙及公益组织“绿色江河”发起了“保护母亲河，净护三江源”环保减塑项目。该项目通过在全国范围内实施空瓶回收计划，将废弃塑料回收循环再利用，构建了上下游循环经济合作模式。这一举措不仅有助于从源头上减少塑料污染，还推动了零售商与生产商成为满足消费者绿色消费生活需求的共同体，加速了母亲河地区的碳中和进程。

绿色办公与零碳物流并进

除了重视消费端减碳，华润万家同样致力于践行绿色经营理念，积极动员并鼓励全体员工增强节能和环保意识，坚持绿色办公。从细微之处入手，如节约用电、用水，严格执行垃圾分类，推广无纸化办公和视频会议模式，共同营造绿色办公的良好氛围。

《2022年可持续发展报告》明确展示了华润万家在节能减排方面的实际行动与成效。通过安装“时控开关”、设置环保垃圾桶、进行照明改造以及使用可降解塑料袋等措施，将节能减排理念切实贯穿于日常运营中。

在能源消耗方面，华润万家的综合能源消耗主要包括电力、天然气和柴油，其中电力消耗占比超过90%。为应对这一挑战，公司对照新标准，对全国门店的闲置IT设备进行了全面梳理与检测，充分利用旧设备，有效助力业务降本增效。此举不仅节省了新店投资371.7万元，还使得运维外包费用下降了894万元。

信息技术作为绿色经营发展的重要推动力，华润万家积极运用新技术打造低碳经营管理模式。作为国内首个实现商旅管理全电子化的企业，公司通过商务简约化、凭证数据化、结算智能化等手段，将绿色可持续发展的理念深度融合到企业经营管理之中。

值得一提的是，以绿色节能与智慧能源为载体的万家凤岗配送中心低碳零碳物流园区项目已于2020年落成。该配送中心不仅成为华润万家绿色、低碳、节能、智能的标志性建筑，还引入了水蓄冷系统、屋顶光伏发电系统、雨水预处理系统、空气源热泵以及高效光热真空玻璃管等先进技术。目前，该园区已实现80%的碳排放中和，剩余的20%碳排放则有望通过碳交易实现零碳园区的目标。

女性员工占比超六成

“S”（Social Responsibility 社会责任）和“G”（Governance 公司治理）是可持续发展的重要支柱，近年来，华润万家在专注于“E”（Environmental 环境）领域的同时也高度重视“S”和“G”。

华润万家始终秉持合法合规的用工原则，确保每位员工都能享受到平等的待遇。近年来，公司女性管理者的比例稳定在30%的较高水平，彰显了性别平等的企业文化；同时，女性员工总数占比超过60%，进一步体现了公司对女性员工的重视与支持。此外，华润万家还积极履行对残疾人群体的社会责任，常年雇佣的残疾人员工数量保持在千人以上，为他们提供了宝贵的就业机会。

为了丰富员工的业余生活并促进身心健康，华润万家在2022年举办了包括“中医义诊”“女职工健康讲座”“心理咨询”“亲子活动”以及“足球联赛”等在内的超过千场员工活动，参与人数高达9万人。这些活动不仅增强了员工的团队凝聚力和归属感，还为员工提供了多样化的学习和成长机会。

在员工职业发展方面，华润万家注重多元化发展，不断完善员工培训体系，致力于打通员工的职业发展通道。通过“未来之星训练营”等项目，公司为管理培训生（MT）提供了快速成长的平台，助力他们成为未来的领导者。同时，公司还为初入职场的校招应届毕业生提供新员工训练营及跨部门学习机会，帮助他们快速掌握就业所需的相关技能，为未来的职业生涯奠定坚实的基础。

以消费扶贫点亮乡村振兴

“万家焕乡计划”是华润万家积极响应国家乡村振兴战略、助力脱贫攻坚、推动扶贫对象实现共同富裕的标志性项目。华润万家依托自身资源，以消费扶贫为切入点，创新性地构建了“华润万家＋政府＋合作伙伴”的乡村振兴模式。该计划不仅为乡村落后地区提供必要的基础设施支持，解决其燃眉之急，还致力于提升乡村贫困人群的技能水平，帮助他们获得自主发展的能力。通过因地制宜、科学规划，华润万家将乡村振兴工作与自身业务发展紧密结合，有效撬动了合作伙伴等各方力量共同参与乡村振兴事业。

“万家焕乡计划”实现了从“帮”到“兴”的转变，即从单纯的扶贫工作迈向了更加广泛的助农行动，用现代化的方式点亮了乡村的未来。相关数据显示，2022 年全年，在线上渠道销售焕乡助农产品累计达到 3 360 万元，与 2021 年相比实现了 132% 的显著增长。

截至 2023 年底，该计划已覆盖 21 个省市的 592 个帮扶县，涉及 73 个地级市区州，以及超过 120 个帮扶县（包括深圳对口帮扶县）。全年累计采购当地特色农产品超过 1 630 种商品品类，总量达到约 2.5 万吨，销售额接近 3.5 亿元。

此外，自 2019 年起，华润万家还通过“星星守望计划”聚焦于就业帮扶、运动疗愈等领域，为孤独症群体提供关爱与支持。2022 年，该计划为超过 500 人组织了疗愈活动，至今累计服务近 4 万人次，惠及近千个孤独症家庭。这些举措不仅展现了华润万家作为企业公民的社会责任感，也为构建和谐社会贡献了积极力量。

连锁之光，责任之翼，共绘未来

回望华润万家的历史长卷，它确是一部波澜壮阔、激励人心的史诗，每一章节都镌刻着从蹒跚起步到巍然屹立的坚韧与辉煌。从最初那粒微不足道的种子，到如今成长为枝繁叶茂、果实累累的零售界参天大树，华润万家始终秉持着对卓越的执着追求，用汗水与智慧编织出一幅幅动人的发展画卷。

在市场的惊涛骇浪中，华润万家犹如一艘稳健的巨轮，即便面对狂风巨浪，也能凭借敏锐的洞察力和灵活的应变能力，及时调整策略，破浪前行。它不断进行自我革新，从精细化调整商品结构以满足多元化需求，到持续提升服务品质以增强顾客满意度；从紧跟时代步伐，积极拥抱数字化技术，到勇于创新，探索新零售模式，每一步都走得既稳健又充满力量。这些努力不仅巩固了华润万家在市场中的领先地位，更为其长远发展铺设了坚实的基石。

而连锁经营的力量，更是华润万家成功路上不可或缺的加速器。通过连锁化的运营模式，华润万家实现了资源的优化配置和品牌影响力的快速扩张。遍布全国的门店网络不仅为消费者提供了更加便捷、高效的购物服务，也进一步巩固了其在零售行业的领先地位。同时，连锁经营还促进了管理效率的提升和运营成本的降低，为华润万家的持续发展注入了强大的动力。

在追求经济效益的同时，华润万家深知回馈社会的重要性。它积极履行企业公民的责任，将社会责任融入发展战略之中。无论是深耕乡村振兴项目，带动农村经济发展；还是投身公益事业，关注弱势群体；亦或是推动绿色消费，倡导低碳生活，华润万家都以实际行动践行了企业的社会责任，展现了良好的企业形象。

华润万家，以责任为舵，以连锁为帆，不仅引领着零售行业的变革，更为社会的繁荣与进步贡献着磅礴力量。在时代的浪潮中，它如同璀璨的星辰，照亮了前行的道路。

连锁商业领域的见证、践行与思考者

壹加壹

一些读者或许会惊疑：没错吧？是做实体店哦！这背后的潜台词是，三十年间零售业模式几经迭代，外资和电商入场也是天翻地覆，而一家本土商超品牌卅载屹立不倒，简直是一个奇迹！

“三十年弹指一挥，在历史长河中不过沧海一粟，但对壹加壹人而言却意义非凡。历经三十年艰苦奋斗，壹加壹人以敢为人先的勇气，不畏困难的精神，在市场经济大潮中奋勇搏击，用勤劳的双手和聪明的智慧书写了壹加壹的历史，创造了自己的辉煌。”

这段气势恢宏的文字，概括了一种坚忍不拔的创业精神。它所礼赞的，是深耕南粤大地、创立迄今三十周年的广东壹加壹商业连锁有限公司。

三十而立，筋骨精壮；成熟稳健，志在高远。这也是创业者廖皓炜的风采写照。

作为壹加壹的当家人，廖皓炜特有一种稳健的气质。他的“健”，来自身材健硕，衣着时尚考究，言谈间透出精力充沛、思路敏捷。他的“稳”，是总能面对行业现状与市场实际，踏踏实实做足社区生意，依循市场规律，不断探寻本企业、以及连锁经营业友的最优出路。

让我们来到伟人故里——广东中山市，走近业界名流廖皓炜，了解他的创业史、行业见解与深层智慧。

家训传承

陶朱事业，端木生涯。廖皓炜的商业王国，有着纯正的家族传承基因，父辈、祖辈均以商立业营家。

家族传承的第一个层面体现在基本商业观的熏陶上。所谓重农轻商、入仕治人的旧观念，在开埠较早的南粤地区，并不浓重；在廖家，父亲有门路为三个儿子谋求“坐办公桌”，但仍然鼓励儿子们勇敢进入市场，从最辛苦的销售岗位做起，参与商业实战。

经过前辈的鼓励和示范，三兄弟觉得，经商决非低人一等，而是极富意义的工作。每个消费者既爱好货、又想省钱，如何巧加运作转换从而售出货物，包含了挑战的乐趣。

基本观念扎实了，从业的动力便绵绵不绝，韧性十足。回想很多旧日从商的同事，等来机会便另择高枝，廖家兄弟则坚持下来，不改其乐。廖皓炜说，这与父亲当年的殷殷教诲是分不开的，父亲是我们最初的“商学院老师”。

家族传承的第二个层面，是经商的敏锐意识、过人能力。除了尽人皆知的吃苦耐劳，父亲还向儿子们强调对顾客的诚信，以及同业团结，比喻为“一根筷子能折断，一把筷子折不断”。朴实而厚重的“商经”，也预示了廖皓炜往后的事业路线——兄弟联手创业，商号取名壹加壹，走上连锁加盟发展的道路，并且参与省连锁经营行业协会，连接更多的业友。

廖皓炜

所谓联手创业，是指廖家三兄弟原本各自经营一间店铺，小日子过得滋滋有味；而想到兄弟同心、其利断金的家训，他们决定合力创业，1994年在中山城区石岐成立壹加壹商业连锁有限公司，主营购物广场、综合超市、社区超市及便利店。商号名壹加壹，显然寄托了勠力合作、步步向前的生动寓意。

创业艰难百战多，壹加壹起步经营过程曾遭遇一些困难，但由于市场大势蓬勃向上，由于兄弟三人同心协力，难题总是迎刃而解，三人也终于迎来事业顺境。在这些创业者看来，遇到困难是增长行业见识，解决困难是获取行业经验，其间获得别人支持则是结交商界盟友，都是相当积极的创业积累，满满的从商正能量。

廖皓炜不讳言，尽管来自同一家庭和文化，壹加壹起步过程中，兄弟股东也有过分歧之时；而解决的关键是“对事不对人”，不作意气争、尽向大处寻，毕竟兄弟都是为着一份家族事业，本不分谁高谁下。有了这种态度，一些观点分歧丰富了见解，不曾累及兄弟亲情。合作至今三十年，壹加壹事业发展顺利，兄弟感情越发深厚。

形而上之，廖皓炜认为，经营合作者无论有何种既存的关系，合作过程都需要秉持高度的理性，着眼共赢大局，恪守合作条款，不断推进经营合作。依凭这种理性，往后壹加壹开放加盟合作，与加盟商的关系也不是大难题；大家总是能齐心对标市场，完善服务，把连锁生意红红火火做起来。

经营实践

聚焦于壹加壹三十年光辉实践，连锁门店总数已达77间，网络覆盖珠三角的中山、珠海、江门等地，树立起华南地区大型零售连锁企业的高端品牌。业务类型亦从单一的商超，到多品类综合经营，皆是顺势而为，比如因应人口老龄化趋势，办起连锁药店；因应城市工作节奏紧张，办起连锁餐饮，等等。2022年壹加壹获“中国超市百强”“广东连锁百强”“最具竞争力区域连锁企业”称号，又获得“全国百城万店无假货示范店”荣誉，知名度、美誉度无缝叠加。

一些读者或许会惊疑：没错吧？是做实体店哦！这背后的潜台词是，三十年间零售业模式几经迭代，外资和电商入场也是天翻地覆，而一家本土商超品牌卅载屹立不倒，简直是一个奇迹！

是的，没错。我们研讨壹加壹的成功案例，可区分“电商前”与“电商后”两个时段论述。在前一阶段，我们姑且套用一句俗话来形容：壹加壹是在正确的时间、正确的地点，创立一份正确的事业。

廖皓炜回忆壹加壹在中山城区石岐开业的盛况，来自各镇区、周边城市甚至省城的顾客蜂拥而至，人山人海，摩肩接踵，完全是意想不到。三兄弟在讶异之余，立即决定，到各镇区开分店。

分店同样火爆，迅速定义了当地社区的商圈新中心，带动周边铺面升值。当时年轻人逛街约会，时常说“在壹加壹大门口见”。再后来，约会者遇到一个新问题：“哪个壹加壹呀？”原来，在距离本镇不远的地方，又有壹加壹新分店开张啦。

这结结实实的“开门红”，买卖双旺，应该说，首先源于特定的时间、空间环境。中山，素来是珠三角的膏腴地，改革开放进一步释放其经济潜能，“三来

广东壹加壹商业连锁有限公司

一补”工厂及外资企业集中，就业充分，市民购买力旺盛。而商品流通一度相对滞后，不少镇区市民须乘车、乘船，赶到主城区购物。壹加壹捕捉到这一矛盾，将与主城区服务一致的壹加壹开到本社区，当地民众岂能不欢欣鼓舞？商业作为服务业，正是牢牢围绕“人”——亦即“有需求的顾客”——来做文章的；廖皓炜牢牢把握商业本质，从空间上铺展经营，令壹加壹事业再上新台阶。

往大处看，此时虽然有沃尔玛、家乐福、山姆会员店等外资商超在抢滩中国，但是，借用今日语汇来概括，它们往往力拼“一线城市”，对于中山这种二、三线城市的城乡市场暂未顾及；壹加壹获得驰骋的蓝海，获得抢先一步的时间机遇。

其次，壹加壹以自选超市的形式开展经营，令人耳目一新。先前的商场，普遍采用柜台式经营，顾客想看什么，须由售货员代取。如今出现自选模式，顾客自主地从货架取货，细心查看，比照需求，抉择购买，自然大感新奇和兴奋。一时间，其他同行商家纷纷前来观摩学习，壹加壹的“江湖地位”又获提升。

如此零售业态尝试，依然源自廖皓炜卓越的商业洞察力。众所周知，采用柜台式销售，售货员是一道成本，服务态度是一个难题，但它曾经有其合理性，即利于货品防损。然而，随着工业产品日渐丰富，国民富裕程度和道德水平逐步提高，“仓廪实而知礼节”，即便在中山这样的二、三线城市，人为损耗的风险也在降低，尊重客户体验的需求则显著提升。（今天各种电商的“无理由退货”，也正是这种趋势的延续呀。）因此，已经不必因小失大、因噎废食，敞开货柜经营是中山零售业的大势所趋；廖皓炜早早洞察这一趋势，率先吃了螃蟹，自然再度引发轰动，再次引领潮流。

“电商前”的时代背景难以复制，而新世纪头十年过后的“电商后”时代，壹加壹的事业又是如何维系并光大呢？

此时，已就任省连锁经营协会会长的廖皓炜，并不回避电商新事物，而是贴近实践、感受门道。于是，无论建立大众商城或独立建站，无论微商私域或网红带货直播，壹加壹一项都没有落下。

显然，实体店的成本结构与网店截然不同，租金和水电成本即天然高于网店。那么，实体店是否就要“投子告负”呢？实则不然。廖皓炜早作分析比较，而后认为：实体店固然有其成本劣势，但在其他方面也存有优势；只要“开源节流”，尽量缩小劣势，尽早搭成优劣均衡，实体店将与网店达成鼎足并立。

另外，廖皓炜认为，实体商超亦不能自外于新业态、把网络新技术的便利拱手让予网店；而是，应该并可以借助新技术，用于优化仓储、配货、导购、结款、防损、客服等业务环节，实现降本增效，甚至无妨像电商那样，提供网络下单、送货上门的社区服务。

由此，壹加壹旗下的所有商场，在中山市业界率先采用德国技术，试行自助收银，大幅降低了人力成本，并缩短排队等候时间，显著提升了顾客的消费体验。此外，壹加壹依托百余万会员，开辟微商服务，也是借力电商的一项有效举措。

而实体商超拥有优质的社区需求，则是网店难以企及的。例如生鲜市场，通常只能由社区实体店进行满足，电商不占优势。又如客服，面对面的沟通总有其独到之处，更利于捕捉需求、解释疑惑、增进信任，理论上比电脑手机打字更容易说服和转化成交。

——这些从战略巅峰视角出发的见解，离不开廖皓炜对商业本质的深度把握。经商三十年的他，俯看实体店与网店的业态，想来也不复杂：实体店的会员，不就等于网店的订户、粉丝么；实体店的租金，不就等于网店的引流费么？加盟连锁需要诚信押金，和注册网店也完全一样……总之，万变不离其宗，均受市场规律制约，均系商业交易本质的体现。每种交易方式各有长短，关键在发掘独特价值，取长而补短。“零售业归根结底是区域性很强的行业，只要深耕，总有它的价值。”廖皓炜补充说。

有了这样的底气，壹加壹谋求长远，要做百年企业、创中国品牌。

近年来，壹加壹亦不冒进，廖皓炜给出三点理由：第一，当前消费总体趋于降级，跨国企业也在收缩，我们需要稳一稳。第二，下一步壹加壹要走得更远，如何进行跨地域的商务管理和品牌维系，还在摸索和准备当中，先前有过水土不服的教训。第三，与网络数字化有关的新型零售业态层出不穷，你方唱罢我登场，哪些经验教训可以沉淀下来，进行汲取，我们还在摸索了解。

如此进退有据，从容不迫，廖皓炜表现出特有的务实与冷静。

思辨连锁

说到连锁经营，廖皓炜曾经连任两届省连锁经营协会会长，在经营好自有企业的同时，积极为连锁经营进行社会科普、规律探索，为同业共益而奔走呼告。

回顾过往，廖皓炜创立壹加壹之初，就作为第一批会员，参加了省连锁经营协会。在这个平台上，他学习不少商学课程，观摩不少优秀同业，并获得首任孙会长无微不至的指导。往后他接棒成为会长，以同样的热情反哺协会，协助新会员了解政府政策，分析市场信息，分享起步经验，让他们少走弯路。对于更多会员，则促进互相交流启发，搭建合作桥梁，形成共益的规范。协会还积极对接省商务厅、中国连锁经营协会，争取到不少好政策、好机会，分给会员们。协会本身不牟利，它的作用是协助会员们合法经营、不断扩大盈利。

在廖皓炜等新老会长的努力开拓下，省连锁经营协会完善制度，涵育文化，迈向成熟，继续往下交接。

回顾过往的协会工作，廖皓炜经常与会友们探讨连锁经营的规律，他通常强调“稳”，行稳而致远。

如今在标榜科技创新的城市，常见一些依凭新技术、新机遇而筹设的创新企业，吸引风投入市，成了大口吃肉，败了下次再来。相比之下，连锁经营是围绕某种商标、标志、专有技术和经营模式而展开，显然，它必然是成熟的、“稳”的，而不是高风险的，才会以连锁的方式加以扩大。实际上，市场实践也已经证明：能开展连锁经营的，往往是在产品较成熟、需求较稳定、能达成重复购买的日常消费品领域，而非求新求快的科技领域。

那么，连锁经营如何行稳致远？壹加壹是精彩的范例。很多街坊顾客不细查价牌、不担心品质，就能完成购买决策，选择难度低，体验愉快。问君何能尔？这是几十年诚信经营积淀的信任发挥了效用。通俗来讲，顾客不必劳神费思，就能断定壹加壹没有假货、壹加壹价格最优。就此，壹加壹还提炼了一句朗朗上口的宣传词——“精明顾客、精明之选”，即顾客的精明在于选对可靠的商超品牌，而不是在于针对具体商品的反复比较与筛选。

打造亲善社区的公关形象，对于稳健也很重要。壹加壹连续30年参加中山慈善节活动，为贫困家庭和弱势群体奉献爱心，时间跨度仅次于一家医疗品牌。壹加壹还曾开设爱心超市，在收银台放置红十字会的捐款箱，这既是扶弱助困，也是在经营企业的社区形象。30年走下来，壹加壹已经成为很多社区里，充满善意的、和谐相伴的、无怨无争的存在，总是让人乐于亲近。

廖皓炜还谈到“老员工”对于连锁品牌延续的重要性。作为高度讲求持续性的连锁经营，有一批熟悉品牌内涵、适应企业文化、忠于岗位职守的老员工在，代代往下传帮带，将带来“根深”（延续品牌）与“叶茂”（扩展经营）。壹加壹设立完善的员工培养机制和关爱机制，也因此获得显著的员工忠诚度。2024年公司举行30周年年庆，任职满30年的员工竟有100多人，他们获得了长期服务的荣誉及相应奖项。

回眸协会

回首向来萧瑟处，也无风雨也无晴。三十年的经商创业，一并参与省连锁经营协会，在这个平台托付了多少美好的梦想与记忆！如今顺利交棒，廖皓炜总结起来，感触颇多。最初，协会以六七家会员企业发轫，往后不断发展壮大，让廖皓炜见识了不同行业的连锁企业的起起伏伏，兴衰更替，“一千几百家是有了”。

无论营商环境怎样变化，广东的诸多连锁经营企业一直在互相走近，令人想来欣慰。廖皓炜评价：当时协会不少执行会长、副会长、理事的连锁企业，办得很好，然而，协会对同业商友的吸引力，不是来自部分明星企业。商协会如果依赖少数明星企业，反而是风险较高的。实际上，协会的吸引力来自同业之间互相帮忙的能力，互相靠拢的渴望，协会的发展动力才是内生的、良性的，也是可持续的。

一段创业史，一段协会情。堪称广东连锁经营行业三十年“教父”的廖皓炜，对往事如数家珍，显示他对经商、对连锁经营行业的一往情深。在协会新老交接之际，展望未来，廖皓炜充满信心，认为会友们将在新会长的带领下，齐心协力，面对永不止息的业态嬗变，迈向风险与机遇并存的未来市场。

昌大昌

诚信为本 家国情怀

当人们聚焦于中国三、四线城市及县域的广阔的下沉市场时，便能深刻体会到中国市场的辽阔与多元。昌大昌的成功，无疑是深耕下沉市场的典范，生动诠释了这一市场的无限潜力与魅力。

提及下沉零售市场的王者，人们或许首先会想到胖东来，这个在社交媒体上频频被提及的零售神话。然而，在这片广阔的市场中，是否还存在着其他同样值得瞩目的存在呢？

胖东来的成功，确实让人心生敬佩。然而能亲身体验胖东来服务的消费者毕竟有限，但在广东，尤其是粤西地区，却隐藏着一家低调亲民、质优价平的超市——昌大昌。

作为中国本土零售企业，昌大昌与胖东来一样，始终将爱国情怀和诚信经营作为企业的核心价值观。在追求商业成功的同时，昌大昌不忘回馈社会，积极履行企业社会责任。从支援灾区到助力教育，从环保行动到社区建设，昌大昌始终站在国家和社会发展的前沿，用实际行动诠释着民族企业的责任与担当。

今天，我们将深入剖析昌大昌的发展历程，探究它如何在竞争激烈的市场环境中脱颖而出，又如何凭借不懈的努力与坚持，成为零售市场中一股不可小觑的力量。

甄跃飞与廖淑清：逆境中的创业征程

与众多成功的企业家相似，昌大昌的创始人甄跃飞与廖淑清同样在创业的征途上历经风雨洗礼，饱尝艰辛与挑战，铸就了今日的成就。然而，他们的人生轨迹又独具特色，仿佛一部生动励志的影片，创业前后的重重困难共同磨砺出他们质朴而博大的胸怀。他们的经历沉淀至今，以焕然一新的姿态展现在世人面前。

1987 年，甄跃飞与廖淑清分别从深圳市建筑学校和暨南大学毕业，并一同踏入了深圳市深华工贸总公司的大门。那时的他们，拥有稳定的工作、美满的家庭以及活泼可爱的孩子，生活平静而幸福。

然而，1994 年一场突如其来的灾难——甄跃飞患上胸腺癌，打破了夫妻俩的平静生活。甄跃飞在病房中目睹了周围病人的相继离世，内心充满了不安与恐惧。但凭借惊人的毅力，他挺过了长达 6 个月的化疗和 3 个月的电疗。在此期间，夫妻俩始终不离不弃，共同面对生活的挑战。

命运的不公似乎并未就此止步。就在甄跃飞战胜病魔后不久，他们又因公司倒闭而失业，分配的房子也被银行收回，仅得到六万多元的遣散费。面对孩子即将上学的现实压力，夫妻俩陷入了短暂的迷茫与困惑。

昌大昌广场

在逆境面前，有人选择抱怨与沉沦，而甄跃飞与廖淑清则选择了坚强与奋斗。他们从迷茫中重新振作起来，决定挑战命运，为家人创造更好的生活条件。于是，他们选择了零售业作为未来发展的方向。

1996 年，甄跃飞与廖淑清在深圳市罗湖区开设了第一家昌大昌超市。创业初期，为了节省开支，夫妻俩亲自负责从装修到进货卖货的所有事务，每天只能休息几个小时。

深圳作为改革开放的前沿阵地，充满了敢闯敢拼的精神。沃尔玛、华润和百佳等零售巨头的进驻，给消费者带来了全新的购物体验。受此启发，甄跃飞与廖淑清开始认真学习并构建超市的选址、采购、营运等核心业务板块。

深圳市罗湖区市场二楼，成了甄跃飞与廖淑清事业腾飞的起点。他们破釜沉舟，用借来的 30 万元资金开设了第一家 300 平方米的昌大昌超市，超市名称寓意着生意红红火火、日益壮大。

对于平庸者来说，压力是一道难以逾越的鸿沟；而对于有志者来说，压力则是一种挑战与动力。在创业初期，昌大昌超市仅有 11 名员工，夫妻俩事事亲力亲为，连通往二楼的电梯都是甄跃飞亲自修建的。这是一支极具凝聚力的团队，当时入职的大部分员工至今仍留在昌大昌发光发热。

甄跃飞与廖淑清身上展现出了“想做就做、说做必成”的特质。同时，他们对超市发展的敏锐洞察力和坚定信念也推动着他们不断前行，为零售行业贡献着价值。

经过深思熟虑，甄跃飞做出了一个大胆的决定——跳出深圳市场，将学到的经验和智慧带到三、四线城市去。1999 年，对昌大昌以及甄跃飞与廖淑清夫妇来说具有里程碑意义。他们回到家乡肇庆，投资 200 多万元开设了一家 6 500 平方米、近 1 万种商品的大型超市。这家超市以新概念、新生鲜等丰富的商品品类迅速在当地打响知名度。

肇庆从来没有这么大的超市，当时都是 1 000 平方米的规模，所以昌大昌一开业就在肇庆火了。如今，这家肇庆店在经历了各种商业竞争后依然稳定盈利、生意兴隆。

昌大昌并没有因此满足现状、停滞不前。相反，他们乘胜追击，决定沿着这条路线继续向其他城市扩张。最终，他们的目光锁定了粤西城市湛江。2001 年，昌大昌转战湛江市场，这是昌大昌在超市领域的重要一步。在湛江，甄跃飞大刀阔斧地开设了超过 1 万平方米的昌大昌超市，并逐步将“天天平价、日日新鲜”的理念传递给每一个当地市民。

深耕下沉市场的商业智慧

当人们将目光聚焦于中国的三、四线城市及县域的广阔的下沉市场时，便能深刻体会到中国市场的辽阔与多元。昌大昌的成功，无疑是深耕下沉市场的典范，生动诠释了这一市场的无限潜力与魅力。

与国内大超市相比，昌大昌进驻下沉市场的步伐明显领先了几年。例如，新一佳超市在三年后才从深圳下沉至肇庆市场；而直到 2008 年，肇庆市场才迎来了大润发超市的身影。在湛江，昌大昌早在 2001 年就开设了首家门店，而沃尔玛、大润发、卜蜂莲花等企业则直到 2007 年才陆续进入。

昌大昌早期占领下沉市场的举措，为其构建了坚实的竞争壁垒。同时，竞争对手的加入也激发了昌大昌的成长动力。

2002 年，当另一家源自深圳的超市入驻肇庆时，竞争变得异常激烈。昌大昌肇庆店的营业额因此下降了 40%。

面对严峻的挑战，昌大昌迅速做出了提升竞争力的决策。为了增强生鲜商品的价格竞争力，甄跃飞、廖淑清夫妇决定采用现金采购替代账期采购，从而实现更低的商品成本和更高的利润空间。通常而言，账期采购与现金采购之间存在 20%—30% 的价差，进而影响到 10%—30% 的利润差距。

2007 年，为了应对外资零售巨头进驻湛江市场的挑战，昌大昌开启了生鲜联营转自营的变革之路。廖淑清亲自挂帅，带领团队深入生鲜采购、加工的全流程，取得了显著的成效。仅一年时间，昌大昌的生鲜销售占比就达到了 35%，成功扭转了联营时期生鲜长期亏损的局面，使其成为重要的利润来源和客源增长点。

通过丰富生鲜品类，昌大昌的竞争力得到了进一步的提升。2008 年，当某国内零售巨头进入肇庆时，昌大昌的销售额不仅未降，反而实现了从每月 300 万元到 700 万元的大幅增长。

"在肇庆和湛江，我们成功抵御了国内外同行的竞争，这为我们走出去提供了信心和底气。"甄跃飞和廖淑清夫妇的大儿子、现任昌大昌集团总裁的甄智聪满怀信心地说。

2014 年，昌大昌启动了全面拓展的战略。这一年，它成功进入了广州、佛山、江门等城市。在稳健发展零售业的同时，昌大昌集团还积极推进多元化、多业态的发展，零售、物流、商业地产、房地产四大板块齐头并进，取得了丰硕的成果。

如今，昌大昌已深深扎根于广东，在肇庆、佛山、湛江、江门、梅州、阳江、清远、茂名、云浮等地区共开设了 40 家连锁超市、社区店及便利店，3 个购物中心和 1 个物流中心。2023 年，昌大昌在中国百强超市中排名第 51 位，在广东超市中排名第 9 位，在广东连锁百强中排名第 40 位。

从零开始，历经拼搏与挫折，昌大昌通过不断挑战困境实现了跨越式发展，在行业内树立了诚实守信的品牌形象。在甄跃飞和廖淑清身上，人们看到了草根企业家的吃苦耐劳、勤恳诚实，也看到了粤商的精明睿智、开拓进取。这两种精神完美地结合在一起，共同铸就了昌大昌今天的辉煌成就。

创二代的接班：挑战、创新与责任

创二代的接班之旅，是一段充满挑战、成长与创新的非凡征程。他们或许会在过程中遭遇困惑与迷茫，但正是这些不断的尝试与探索，最终将引领他们找到属于自己的道路。对于甄智聪而言，接班并非一个简单的瞬间动作，而是一个漫长且意义深远的成长历程。

甄智聪的成长轨迹深深地烙印着家族企业的印记。大学毕业后，他毅然决然地放弃了远赴他乡闯荡的机会，选择回归昌大昌，投身于零售行业的浪潮之中。这一选择，不仅让他亲眼见证了昌大昌的蓬勃发展，更让他亲身参与其中。从 1996 年父母创业初期的筚路蓝缕，到如今取得的成绩，这些记忆都深深地镌刻在他的心中。

甄智聪

在甄智聪接班之前，昌大昌在父母的带领下，凭借着坚韧不拔的精神和敏锐的市场洞察力，已经在零售行业中站稳了脚跟。然而，随着市场竞争的日益激烈和消费者需求的不断变化，昌大昌也面临着前所未有的挑战。企业规模的扩大带来了管理难度的增加，需要更加科学和系统的管理方法和工具来支撑企业的持续发展。

在这样的背景下，甄智聪勇敢地承担起了接班的重任。在快速变化的商业环境中，只有不断创新、勇于拼搏，才能保持企业的竞争力。因此，他带领团队积极应对市场变化，不断探索新的商业模式和发展路径，为昌大昌的未来发展注入了新的活力。

在数字化转型方面，甄智聪更是倾注了极大的心血。他深刻认识到数字化对于零售企业的重要性，因此积极推动公司的数字化转型工作。在他的领导下，昌大昌成功引入了先进的零售管理系统和大数据分析技术，实现了线上线下的一体化运营。通过数字化手段，昌大昌能够更精准地把握消费者需求，优化商品结构和库存管理，从而提高了运营效率和客户满意度。

对于甄智聪而言，接班不仅是一个职位的传承，更是一种责任、担当和使命。他深知，父母传承给他的不仅仅是物质上的财富，更重要的是诚信乐善、和谐共赢、团结奉献、与时俱进的精神财富。这些精神财富如同指引他前行的灯塔，照亮了他接班路上的每一步。

民族品牌的担当：昌大昌的责任与使命

民族品牌，这一称谓通常专属于那些在中国本土茁壮成长，且无任何外资背景的品牌。这些品牌不仅承载着深厚的民族情感，更肩负着坚定的信仰与社会责任，与昌大昌的品牌理念不谋而合。“昌大昌，作为一个拥有28载辉煌历程的民族品牌，我们始终坚守着对民族企业的精准定位。”甄智聪深情阐述。民族品牌，它不仅仅是一个简单的标签，更是一种沉甸甸的责任与使命的象征。

民族品牌的首要特质，在于它坚定不移地拥护党的领导，全心全意为人民服务。甄智聪回忆往昔，无论是汶川地震的紧急救援，还是疫情期间的坚守，昌大昌都始终紧跟党的步伐，积极响应地方政府的号召，全力以赴做好民生保障与物价稳定工作。这正是昌大昌能够被誉为民族企业的核心原因。这份深厚的社会责任感，让昌大昌在关键时刻挺身而出，成为民众稳定生活的坚强后盾。

特别是在疫情期间，昌大昌更是全面贯彻政府的“三保”政策，即保供给、保物价、保质量，切实担当起零售企业的社会责任。疫情肆虐的三年多里，昌大昌累计捐赠抗疫物资近百万元，并为合作伙伴减免租金及管理费近5 000万元，展现了企业的担当与温情。

此外，作为昌大昌的创始人，甄跃飞与廖淑清还尤为关注教育事业的发展，积极为教育事业贡献力量。2021 年，廖淑清携昌大昌慷慨解囊，捐赠 300 万元用于广东肇庆中学东湖校区校门及广场的修缮升级项目。同时，在暨南大学校友会成立大会上，廖淑清满怀对母校的深情厚谊，捐赠 100 万元设立助学基金，为学弟学妹们送上来自昌大昌的温暖与关怀。

一个品牌，若想在一片土地上深深扎根，就必须为这片土地贡献力量，解决当地的就业等社会问题。昌大昌正是通过其优质的产品与服务，向消费者传递着企业的理念，影响着一方水土，真正成为人们心中的“本土品牌”。

如今，昌大昌已拥有近 4 000 名员工，形成了一个温馨而庞大的家庭。昌大昌建立了专业的培训团队，通过系统的培训与一带一的辅导模式，不断提升员工的专业技能与综合素质，为员工的成长与发展提供坚实保障。

“抚今追昔，我们满怀感恩。感谢伟大的祖国为我们提供了追逐梦想、打拼事业的广阔舞台与坚强后盾！感谢各地市政府与市民一直以来的支持与厚爱！感谢昌大昌全体员工与合作伙伴的携手同行、风雨同舟！无论是过去、现在还是未来，昌大昌都将紧紧跟随党的步伐，全力以赴、与时俱进，为建设一个更加幸福和谐的大家庭贡献力量、增光添彩。”甄智聪深情说道。

植根供销社基因
践行新质生产力

顺客隆

新质生产力作为近年高频出现的政策热词，正从宏观叙事深入产业实践，在商业连锁领域催生出深刻的范式变革。从供应链重构到消费场景革新，这一概念的实践价值在顺客隆的发展轨迹中得到了很好的诠释。作为零售行业的创新标杆，其“生鲜公社”模式堪称新质生产力落地的典范。

当2024年的商业连锁领域陷入集体沉思，广东省顺客隆商业连锁有限公司（以下简称“顺客隆”）正以稳健步伐走出独特发展轨迹。这家具有供销社基因的企业，通过新质生产力的创新实践，在时代浪潮中释放出令人振奋的改革信号。

站在乡村振兴与“双循环”战略的历史交汇点，供销社被赋予前所未有的时代使命。面对市场经济的汹涌浪潮，如何突破传统桎梏、书写供销社现代化转型新篇章，成为亟待破解的时代命题。顺客隆是行业改革的破冰者，其探索实践犹如一盏明灯，其创新路径值得深入探究。

二十九载风雨兼程，顺客隆已从珠三角的一粒种子，成长为粤港澳大湾区零售版图的参天大树。在供销社改革的浪潮中，它不仅是弄潮儿，更是引领者：“供销社＋现代零售”融合模式，构建城乡双向流通体系，以品质商品和温情服务织就民生网络。这片改革开放的热土，既孕育了顺客隆敢为人先的基因，也见证其将供销社“三农服务”的初心，与现代商业智慧熔铸成独特的竞争优势的过程。

供销社基因：历史沉淀与使命传承

穿梭于粤港澳大湾区的顺客隆超市、生鲜公社，或是体验其AI无人零售店时，或许你未曾留意这家企业与供销社的历史渊源。当“供销社”三个字在新生代记忆中渐趋模糊，这个承载着计划经济时代集体记忆的组织，正以全新姿态深度融入现代商业文明。

在珠三角经济版图剧烈重构的进程中，农业不再占据主导地位，供销社系统却展现出惊人的进化能力。它们没有固守传统阵地，而是主动拥抱工业化、城市化浪潮，在城乡融合发展的新坐标系中寻找价值锚点。这种基因层面的革新动能，在顺客隆近三十载的进化史中展现得淋漓尽致。

回溯至物资相对匮乏的20世纪90年代，当国营商店的玻璃柜台仍在沿用计划经济时代的配给模式，顺德乐从供销合作社已敏锐捕捉到市场即将嬗变的信号。1996 年，在改革开放前沿阵地，这家基层供销社以“敢为天下先”的勇气，打破传统零售范式，创办广东省首家农村超市——顺客隆商场。仓储式会员折扣店的创新业态，不仅为农民带来前所未有的购物体验，更在城乡零售市场撕开一道变革的裂口。

从城乡崛起的顺客隆，精准把握农村消费升级趋势，以“品质＋服务”双轮驱动构建竞争壁垒。会员积分体系、POS（销售终端）系统应用、品牌视觉标准化等现代零售理念的植入，使其在乡镇市场迅速树立标杆效应。这种“农村包围城市”的战略路径，不仅重塑了区域零售生态，更推动顺客隆成长为消费市场的价值重塑者。

2015 年在香港联交所的上市钟声敲响，这标志着顺客隆发展史上的战略转折。作为佛山零售行业第一股，资本赋能不仅带来真金白银，更撬动战略级资

顺客隆门店

源整合。通过供应链体系智能化升级和物流网络重构，企业构建起覆盖全国的商品流通网络，将“镇级民企”的奋斗叙事推向资本舞台中央。

供销社系统的战略赋能，在2017年迎来关键突破。世界500强企业下属的供销大集通过资本运作成为控股股东，2024年随着中华全国供销合作总社成为实际控制人，顺客隆正式纳入国家级三农服务网络。这种背靠央企的体制优势，使其在服务“三农”、助力乡村振兴中获得战略支点，也为企业发展打开全新的想象空间。

在供销大集的生态赋能下，顺客隆构建起“现代零售+农业服务”的立体商业闭环。其业务版图已突破传统零售边界：通过订单农业、产地直采构建农产品上行通道，以数字供应链技术提升流通效率，用社区门店网络构建“最后一公里”服务矩阵。这种“从田间到餐桌”的全产业链整合，既传承了供销社“三农服务”的初心，又赋予其现代商业的竞争力。

值得关注的是，在资本与体制的双重加持下，顺客隆始终保持着“草根创新”的锐气。从采用会员折扣店模式，到试水AI无人零售，其每次战略迭代都踏准了时代节拍。这种“守正创新”的平衡术，既保证了企业稳健发展，又持续拓展着供销社体系的时代外延。

当历史车轮驶入乡村振兴的新阶段，顺客隆的进化轨迹揭示了一个深刻启示：供销社基因不是发展包袱，而是独特优势。通过将体制资源与市场化机制有机融合，顺客隆不仅实现了自身的跨越式发展，更为供销社系统转型升级提供了鲜活样本——在坚守三农服务本色的同时，供销社完全能够成长为现代商业版图中的重要力量。

新质生产力：创新驱动业态升级

新质生产力作为近年高频出现的政策热词，正从宏观叙事深入产业实践，在商业连锁领域催生出深刻的范式变革。从供应链重构到消费场景革新，这一概念的实践价值在顺客隆的发展轨迹中得到了很好的诠释。作为零售行业的创新标杆，其“生鲜公社”模式堪称新质生产力落地的典范。

首先，毫无疑问，新质生产力的“新”就是技术创新，强调创新在经济发展中的核心作用。顺客隆在发展过程中，始终注重创新，无论是商业模式、技术应用还是服务体验，都力求突破传统，引领潮流。顺客隆紧跟新零售趋势，不但积极布局线上业务，入驻电商平台，开通自营线上商城，而且致力于利用先进的人工智能技术打造 AI 智能超市。

其次，新质生产力的“质”无疑就是“质量”，强调注重高效能、高质量的发展模式。顺客隆在供应链管理、物流配送等方面，积极应用新技术，提高运营效率和服务质量。

再者，新质生产力强调全要素生产率的提升。顺客隆在人才培养、品牌建设等方面也下足了功夫。公司注重员工的培训和发展，提高员工的素质和技能水平；同时，顺客隆还注重品牌形象的塑造和传播，通过品牌活动、公益事业等方式，提升品牌知名度和美誉度。

在顺客隆的众多业务板块当中，“生鲜公社”无疑是最重要的，也是新质生产力运用最充分的。用顺客隆人的话说，“卖生鲜”也是一门技术活。

在竞争激烈的零售行业中，生鲜零售市场因其庞大的市场规模和国民基础消费品的地位，一直备受关注。特别是果蔬、肉禽蛋等生鲜品类，其高频、刚需的消费特性使得这一市场具有巨大的潜力。为了抓住这一市场机遇，顺客隆自 2018 年起，通过精心打造社区生鲜业态店“生鲜公社”，不断加大对生鲜市场的投入。这些投入不仅仅是人力、物力，更包括相关技术的研发资金。

生鲜赛道从来都不缺乏入局者，但只有具备强大的实力，才能长久立足其中，并且赢得行业认可与消费者青睐。顺客隆之所以能够获得今天的成就，是因为它设定了准确的目标、方针和战略。

门店对于生鲜的品质及种类要求非常高，因此，在打造社区服务上，顺客隆生鲜公社这一项目，可以发挥出供销社的先天优势。

为了确保生鲜产品的品质和价格优势，顺客隆一直以来都坚持开展与原产地基地的合作项目，与全国各地的种养殖基地开展直接合作，引进了陕西苹果、云南松茸、梅州柚等众多优质产品。他们与全国各地的种养殖基地建立了直接合作关系。这种直接从源头采购的方式，不仅保证了产品的品质，还为消费者提供了更多样化的选择。

2020 年，顺客隆更是与粤港澳大湾区的菜篮子生产基地——清远市现代农业示范园开展了合作，引进了无公害有机蔬菜。这一举措受到了市场的广泛好评，证明了顺客隆在生鲜产品供应上的实力和眼光。

截至目前，顺客隆已经与佛山周边的种养殖基地合作了几千亩，涉及的品类达到 100 多种。这种规模化的采购不仅保证了生鲜产品质量，还稳定了供应，降低了管理成本，从而使顺客隆在激烈的市场竞争中更具优势。

凭借强大的供应链体系，顺客隆始终坚守“食品安全责任重于泰山”的宗旨，对生鲜产品进行严格的规范管理。通过实施“四级管理、四级检测”和全程冷链运输，确保将最新鲜、最安全的生鲜产品运送至各生鲜公社门店。

顺客隆现拥有一个面积达 30 000 平方米的常温配送中心和一个面积 2 000 平方米的冷链配送中心。此外，它还有多个保鲜库、冷冻库（分布在各个门店内），以及超百辆普通配送车辆及冷链配送车。这些设施和资源使得顺客隆能够集蔬果、肉类、水产、冻品等 2 000 种综合性农副产品于一体，为顾客提供一站式配送服务。

通过这一系列的措施和投入，顺客隆不仅确保了生鲜产品的品质和安全，也为顾客提供了更加便捷、高效的购物体验。

在 30 多年的发展历程中，顺客隆已构筑起超市经营、经销代理、进出口贸易和品牌特许加盟四大核心业务板块，其经营总面积超过十万平方米。公司的主要业态涵盖标超、社区超市和生鲜便利店。此外，为了紧抓新零售业务发展机遇，公司还着力布局线上业务。除了入驻京东、饿了么、美团等电商平台，还开通了顺客隆自营线上商城“顺客隆优选”，抖音本地生活团购、抖音小时达等。其子品牌“乐的”已成功开展了品牌特许加盟业务，目前“乐的”特许加盟店数量已超 1 000 家，遍布粤港澳大湾区。

顺客隆将在未来的发展中，继续聚焦数字化和科技化的发展道路，计划打造更多的 AI 智能超市，利用先进的人工智能技术推动门店的智慧化运营。通过智能化的管理方式，顺客隆将实现更高效的区域化管理和操作，提升整体运营效率。

这些新技术不仅有助于顺客隆实现高质量发展，还将为消费者打造更加便捷、舒适的美好生活消费新场景。

顺客隆作为新质生产力的践行者，凭借其创新的销售模式、连锁品牌的强势打造、精准的市场定位、快速的扩张与发展、战略合作的推进以及持续的创新与升级，成功推动了消费品市场的发展，并为零售市场树立了新的标杆。

红色引擎：社会责任的生动诠释

当新冠疫情突袭导致民生供应链告急，当社区封闭管理让市民陷入菜篮子焦虑，顺客隆用一场保供战役，书写了商业向善的生动注脚。这场没有硝烟的战斗中，顺客隆企业党支部化作“红色引擎”，不仅驱动着物资配送的生命线，更彰显出商业连锁企业的社会责任担当。

疫情期间，商品流通受阻，再加上各大社区封闭式管理，广大市民面临着“买菜难”和“买菜贵”两大问题，怎么办？这一突如其来的冲击和考问，既是市场对商业连锁提出服务升级的全新要求，也是企业应对风险、努力转危为机，扛起社会责任的必然选择。

对此，顺客隆企业党支部积极发挥战斗堡垒的作用，在这场保供、稳价的任务中，党支部成员以及顺客隆员工团队连续几十个日夜奋战在保供一线，确保防疫物资和生活必需品的及时供应，最高一天超过 10 万份食材的打包及配送，涉及 10 个镇街的配送范围，且最远配送地区是在海南。2021 年，顺客隆分别获得了广东省级、佛山市级、顺德区级的重点保供单位称号。

在疫情暴发初期，顺客隆各门店坚持营业，全力保障了疫情防控期间生活必需品及各类防疫物资的供应。在疫情不时反复期间，顺客隆配送防疫物资、稳价供应产品，并在楼盘设置到家 App 以服务居民点，这快速响应的采购需求和配送到位的服务，为抗击疫情提供了有力支持。

顺客隆始终将社会责任视为企业发展的重要基石。企业不仅要追求经济效益，更要关心社会发展和民生福祉，为社会作出贡献，牢记“有国才有家”之宗旨。作为一家有着深厚本土情怀的企业，顺客隆有责任也有义务在关键时刻挺身而出，为社会稳定和发展贡献力量。

顺客隆还积极参与乡村振兴和精准扶贫工作。通过与供销社的合作，顺客隆将优质的农产品带到城市市场，帮助农民增加收入，推动农村经济的发展。

同时，顺客隆还开展了一系列公益活动，如捐赠图书、资助贫困学生等，用实际行动回馈社会，传递企业的爱心。

从抗疫保供的“红色闪电战”，到乡村振兴的“绿色直通车”，顺客隆用实践证明了：当商业插上党建的翅膀，就能创造出超越利润的价值。这种“红色引擎＋社会责任”的发展模式，不仅为零售企业转型升级提供了新范式，更诠释了商业向善的深刻内涵——企业价值不应只体现在财务报表上，更应当镌刻在社会的获得感之中。

湾区样本：传统与现代的融合

从乡镇供销社到智慧零售，顺客隆的发展历程印证了供销系统的改革活力。

面对未来，顺客隆正着力构建新生态：以智慧物流夯实供应链底座，以数字技术重塑消费场景，以产业融合深化助农成效，以绿色经营引领可持续发展。这种将供销社传统优势与现代商业要素深度融合的创新实践，正在为全国供销系统转型升级提供鲜活样本。

“我们要让供销社的老树开出新花。”顺客隆管理层表示，顺客隆力争成为全国供销社改革的“湾区样板”。

当消费市场的潮水退去，只有真正扎根实体、服务民生的企业，才屹立不倒。

独特魅力
源自“温度”

“连锁力量”是新时期下的创新理念，旨在通过跨行业交流促进经营理念互相借鉴，利用平台展示商机，构建互联互通机制，为连锁企业创造更大价值，形成强大合力，推动企业、行业乃至产业发展，为社会贡献力量。

——王社利

美宜多

在瞬息万变的商业洪流中，王社利独树一帜，选择了一条非凡之路——他不仅经营着一家企业，更是在精心编织一个洋溢着温情与爱的社区生活网络。作为美宜多的领航者，王社利带领着美宜多，从一家普通的超市蜕变为集生鲜与百货、直营与加盟于一体的社区新零售典范，这一切的背后，是对“做一个有温度的社区生活超市，做一个好邻居”理念的坚守与践行。

美宜多的成长历程，是王社利“利他”哲学与“舍得”情怀的生动诠释。他深刻洞察到，在快节奏的现代生活中，人们内心深处对精神慰藉和社区归属感的渴望愈发强烈。因此，美宜多不仅致力于提供高品质的商品与服务，更努力成为社区居民生活中温馨的一隅，用实际行动扮演贴心的“好邻居”。

在王社利的战略引领下，美宜多勇于跨越传统零售的界限，巧妙融合生鲜与百货的精髓，培养独特的市场竞争力。同时，他深谙回馈社会的重要性，将参与公益活动视为己任，不断传递温暖与正能量，彰显了企业家的广阔胸襟与强烈的社会责任感。美宜多的故事，是关于奋斗、分享与责任的赞歌，激励着每一个在商海中航行的人，去追寻那份最纯粹、最温暖的商业之魂。

美宜多的崛起，不仅推动了行业的进步，更为创业者提供了实现梦想的平台。它的成功，是新时代奋斗精神的缩影，展现了企业创新与社会责任的完美结合。

梦想启航：王社利与美宜多的崛起之路

在遥远的大西北，陕西以其厚重的历史文化和独特的地理条件，孕育了一代又一代的陕西人。而王社利，正是这众多陕西人中的一员，怀揣着对未知世界的向往与憧憬，踏上了前往广东的征途。

1990 年以前的西安，虽然历史悠久，文化底蕴深厚，但城市的发展速度却相对缓慢。王社利最初是在老家做一点小生意，日子平凡而忙碌，但心中总有一种难以言喻的不甘。

一次偶然的机会，他和朋友们聚在一起聊天，话题不经意间转到了深圳这座充满机遇与挑战的城市。深圳的快速发展、多元化的经济结构和无限的潜力，像一块巨大的磁铁，深深地吸引了他。经过一番深思熟虑，王社利决定放下手中的一切，前往深圳追寻自己的梦想。

初到深圳，一切都显得那么新鲜而又陌生。机缘巧合之下，王社利在一家酒店找到了厨师的工作，工作环境和待遇都比西安好了很多。但他深知，要想在深圳这座竞争激烈的城市中立足，就必须不断学习、不断进步。于是，他回到四川，报名参加了川菜烹饪培训班。经过一年的刻苦学习，他不仅掌握了更多的烹饪技巧，还顺利考取了川菜的二级厨师证。这份证书不仅是对他努力的认可，更是他在深圳餐饮界继续前行的保障。

带着新的技能和证书，王社利满怀信心地回到了深圳，继续在餐饮界打拼，并迅速站稳脚跟。然而，随着时间的推移，他逐渐感受到了来自家庭的压力。作为家中的顶梁柱，他深知自己不能满足于现状，必须为家人的未来考虑，说白了，要多挣钱。于是，他开始寻找新的发展方向。

进入新世纪，王社利通过周末外出逛街、观察，发现超市熟食行业非常有前景，而且和他厨师的工作紧密关联，他巧妙地将餐饮经验融入商超领域，与朋友携手，在商超内开设熟食专柜。这些专柜迅速成为消费者心中的美食选择，几年间如雨后春笋般遍布各大商超，最多时竟达二十余家，并自建了配送中心。这个时期，王社利积累了对专柜最小存货单位、定价策略、节日促销、新品开发这些知识。

然而，市场的风云总是变幻莫测。面对商超行业的日益激烈的竞争和市场的微妙变化，王社利展现出了一定的洞察力与决断力。2005年底，他果断选择退出这一市场，开始寻找新的商机。这一次，他将目光投向了潜力巨大的社区零售领域，因为他坚信随着城市化进程的加速，社区居民对于便捷、优质购物的需求将日益增长。

2006年下半年，美宜多的第一家门店在深圳泥岗路的城中村中悄然开业。这家约200平方米的小店，虽不起眼却充满温情，以城中村居民为主要服务对象，凭借着实惠的价格与贴心的服务赢得了居民的广泛好评。

2008年初，美宜多深圳上梅林店开业。这一次，王社利开始亲力亲为，从清晨的进货到深夜的盘点，每一个细节都力求完美。他记得那些不眠之夜，亲自驱车前往肉联厂拉回新鲜的猪肉，只为确保顾客能享受到最优质的食材。

回望创业初期，王社利深知"磨刀不误砍柴工"的道理。自从亲自参与店铺运营开始，他沉下心来，用了整整三年的时间进行市场调研、产品筛选、团队建设等各方面的准备。这三年，对他而言，是充满挑战与磨砺的三年，也是他不断学习与成长的三年。

"这三年，我学会了很多东西，也沉淀了不少。"王社利感慨地说，"我深知，只有根基扎得深，才能走得更远。"正是这份沉稳与坚持，让他在后来的创业道路上走得更加稳健。

2011年，王社利与几名管理者商议，大家一起干，一起拿钱开店，都成为股东，目标一致，克服资金困难，开拓道路前行。这就形成了初期的合伙制，也是一个里程碑，为公司日后的发展奠定了核心人才储备。

2013年，王社利带领几位合伙人开出了16家门店，他进入了一个思考期，规模上来以后，需要一定的精细化管理和制度规范，于是，美宜多第一个小总部在布吉成立了，总部虽然花钱，但王社利似乎看得更长远，此时的他已经在考虑美宜多100家门店的布局。

2014年，随着员工数量的增多，技能的高低已经影响到门店的业绩，王社利成立了商学院，旨在精心设置符合门店运营的课程，以人才培训助力公司高速发展。

2015年，王社利和合伙人商量后决定迈出加盟的步伐。他们知道，加盟模式能够更快地扩大企业规模，但也需要一个成熟的团队和完善的支持体系。于是，他们无条件支持了最初的两家加盟店，并输出了人力和管理团队，王社利坚信这是打通加盟之路的关键一步。

事实证明，王社利的决策是正确的。为加快门店拓展速度，提升市场占有率，美宜多采取“直营 + 加盟”双轮驱动的开店策略。

如今的美宜多，已经成为社区零售领域的佼佼者。截至 2024 年 8 月，门店数量过百，立足深圳、广州、佛山，辐射珠三角地区。美宜多始终以“做一个有温度的社区生活超市，做一个好邻居”的经营理念，服务广大顾客，曾先后荣获“广东连锁 50 强”“中国超市百强”等称号。

用王社利的话总结，美宜多的快速发展，得益于卡位区域中空白业态，在新品牌入局前建立门店密度及品牌影响力；涵盖直营与加盟的单店合伙模式，摊薄总部与合伙者投入成本，从而提升门店品质、扩张速度以及员工稳定性；强化生鲜供应链，做到反向定制、优先供应，从而获取规模效应及商品差异化，更好地惠及美宜多顾客。

业态布局：生鲜 + 百货，融合发展

在西方被誉为“商界教皇”的汤姆·彼得斯曾言：“顾客是重要的创新来源。”对于社区生活超市而言，顾客更是其制定经营策略的核心考量。深入理解并满足顾客需求，是每位超市经营者不可或缺的任务。

在社区生活超市这一竞争激烈的领域中，王社利凭借其独到的见解和深远的战略眼光，引领美宜多超市不断前行。面对市场上的强大对手，美宜多非但没有被市场洪流所吞噬，反而凭借差异化竞争和持续创新，在市场中稳固了地位。

在王社利的引领下，美宜多逐步将业务重心放在社区生活超市。他敏锐地洞察到，随着城市化进程的加速，消费者对便捷性的需求日益增长。因此，他提出了“围绕家庭一日三餐做服务”的方向，将美宜多打造成为社区居民身边的“好邻居”。

“我们提供的不仅仅是商品，更是一种便利和实惠。”王社利强调，“我们的商品价格亲民，品质上乘，甚至在某些方面超越了沃尔玛、家乐福等大型超市。这样的定位使我们能够在竞争激烈的市场中脱颖而出。”

在零售行业，生鲜零售因其庞大的市场体量和基础消费品的属性，尤其是果蔬、肉禽蛋等高频、刚需的生鲜品类，成为吸引顾客重复光顾、构建竞争壁垒的关键。

面对市场变化与消费者需求的多样化，王社利灵活调整美宜多的经营策略。他认识到生鲜产品是增强顾客黏性的关键，于是加大了对生鲜产品的投入，将生鲜与百货的比例优化至6：4。“生鲜产品的增加不仅提升了顾客黏性，还为我们开辟了新的盈利增长点。”王社利分析道，“同时，我们也持续优化百货产品结构，确保每件商品都能精准对接消费者需求。”

社区生鲜的竞争是一场持久的马拉松比赛。在这场比赛中，美宜多始终保持对市场的敏锐洞察和对消费者的深刻理解。王社利强调：“差异化源于企业的机制创新以及对消费者需求和变化的精准把握。”

为确保生鲜产品的品质与价格优势，美宜多积极开展原产地基地合作项目，与全国各地的种养殖基地建立直接合作关系，引进了陕西苹果、江西脐橙、徐闻菠萝、兰州高原夏菜、云南高原菜等众多优质产品。与生产经营集中、产业化程度高的农业基地合作，大大缩短了供应链条。这不仅保证了新鲜优质产品的稳定供应，还通过规模化采购降低了成本。

作为细分主流业态，生鲜社区店的管理尤为精细。美宜多团队长期驻扎一线门店，严格把控生鲜质量，通过市场调研进行精准定价，围绕顾客日常需求开展精准营销，不断优化卖场陈列与商品搭配。

面对经济下行压力与消费者性价比需求的提升，美宜多选择积极应对。王社利透露，企业正加大力度，通过线上、线下一体化实现降本增效。同时，美宜多不断完善自有供应链体系，以确保产品物美价廉、供应稳定。

在互联网与数字化时代，美宜多紧跟时代步伐，自2018年起便着手进行数字化改造与升级。通过前中后台系统的不断对接与优化，美宜多的整体运营效率显著提升。企业充分利用线上平台，如小程序、第三方电商平台、抖音商城等，为消费者提供多元化的购物渠道。王社利表示：“线上业务是独立的增长引擎，它不仅推动了业绩增长，还是品牌宣传与门店增量的重要渠道，也能有力助推供应链升级。”

对于美宜多的未来，王社利有着清晰的蓝图。他强调线上、线下并非替代关系，而是相辅相成、共同发展的两大板块。线上业务将为门店引流并提供曝光机会，而线下门店则为消费者提供直观便捷的购物体验。通过线上、线下深度融合，美宜多将提供更高效、便捷、全面的服务。

有温度的企业：温暖人心，共筑未来

一个真正有温度的企业，不仅是盈利组织，更是一个让员工感受到温暖与关怀的大家庭。它不仅是冷冰冰的规章制度和业绩指标，更是充满人情味、注重员工成长与发展的温馨港湾。

“经营之圣”稻盛和夫在京瓷初创时，也曾将技术突破作为首要目标。然而，他很快意识到，员工的幸福与安全感才是企业持续发展的基石。于是，他提出了“追求全体员工物质和精神两方面幸福的同时，为人类社会的进步发展做出贡献”的经营理念，这一理念深刻影响了京瓷的发展轨迹，也为人们提供了宝贵的启示。

王社利，作为美宜多的创始人，一直致力于打造一家有温度的企业。随着美宜多的快速发展，他深刻认识到员工激励与人才培养的重要性。他提出了内部合伙、内部提拔的创新机制，让员工有机会成为企业的主人，这一举措极大地激发了员工的积极性和创造力，为美宜多的长远发展注入了强大动力。同时，现在公司的中高层大部分都是伴随公司发展十多年甚至更久的老员工，他们在认可公司的同时，也起着非常重要的传帮带作用。这几年，“不拘一格降人才”的理念正在逐步落地，有能力有正确价值观的人，英雄不论出处，都能得到提拔和重用，没有论资排辈，只有业绩证明一切。

在王社利的带领下，美宜多不仅注重员工的物质激励，更重视员工的精神成长。他秉持“大舍大得”的理念，将部分股份无条件地让给管理层和优秀员工，这种利他主义的精神让团队更加团结紧密，也吸引了更多优秀人才的加入。

一个成功的企业家必须具备强烈的学习意识、包容精神以及乐于分享的品质。王社利始终认为，人才是企业发展的根本，因此他非常重视人才的培养与激励。

“我个人的成功离不开团队的支持与努力。”王社利谦逊地说，“我始终相信，只有不断学习、不断变革、不断分享，才能让企业走得更远。”在他的带领下，美宜多逐渐形成了一个以内部合伙人为核心的管理团队。他们共同决策、共同奋斗，将美宜多打造成为了一个充满活力和创新精神的企业。

2013 年，当美宜多还只是一个初创企业时，王社利便展现出了他对未来的洞察，毅然决然地成立了商学院，这一举措在当时无疑是具有前瞻性的。

“我始终相信，人才是企业发展的根本。”王社利回忆，“我们请来了外部的专业导师，结合内部有着丰富实践经验的员工，共同打造了一个高效的人才培养体系。在短短一年内，我们就解决了大量的人才需求问题，为公司的快速发展奠定了坚实的基础。”

王社利鼓励公司管理团队多和员工沟通，秉持一颗真心，设身处地地为员工着想，要努力带领员工掌握更多的技能，提升核心竞争力。

确实，企业若拥有适宜的温度，便能激发出一股强大的正向力量，如同“蝴蝶效应”。这种温度，首先在企业内部生根发芽，温暖着每一位员工的心田，激发他们的工作热情与创造力；随后，这股温暖通过员工的言行举止传递给每一位接触到的消费者，构建起深厚的顾客忠诚度与品牌情感连接；而消费者的正面反馈，又如同春风化雨，滋养着企业这片沃土，促进其持续健康成长，形成良性循环，春暖花开，生机勃勃。

美宜多正是这样一家有温度的企业，致力于打造独一无二的企业文化，将“有温度”的理念深深植根于每位员工的心中，并体现在日常运营的每一个细节之中。

有温度的超市：社区的情感纽带

在社区商业服务中，人情味是不可或缺的要素。美宜多通过对社区夫妻店的长期观察与自我反思，深刻意识到，正是这些小店与顾客之间建立起的情感纽带，才使它们能够长久地扎根于社区，赢得顾客的信赖。美宜多深知，要想在竞争激烈的市场中立足，并实现长期的稳定经营与发展，就必须让自己的超市充满温度，与顾客建立深厚的情感联系，以确保经营的可持续性。

为此，美宜多明确提出了“做一个有温度的社区生活超市”的理念，旨在成为社区居民的好邻居，提供贴心服务。围绕这一理念，美宜多在多个方面进行了尝试，努力营造温馨、和谐的购物环境。

从 2019 年冬季起，美宜多已经开始思考如何在冰冷的季节里为社区居民带去一丝温暖。于是，一个简单而又温馨的想法诞生了——在门店外支起大锅，为环卫工人和老大妈们煲上一锅热腾腾的粥。这一举动，看似微不足道，却如同一股暖流，温暖了无数人的心田。年复一年，这碗粥成了冬日里不变的约定，也成了美宜多温暖文化的缩影。

除了暖心的粥，美宜多还注意到了社区里那些看似不起眼，却至关重要的细节。比如，许多老人外出购物时，常常为找不到厕所而犯难。于是美宜多决定将门店内的厕所对外开放，成为周边居民的“共享公厕”。这一举措虽小，却极大地便利了社区居民，也让他们感受到了美宜多作为“好邻居”的贴心与周到。

如果说提供粥和公厕是美宜多对社区居民物质上的帮助，那么帮助空巢老人修理电路、更换灯泡等行为，则是对他们精神上的慰藉。每当有老人遇到困难，美宜多的员工们总是第一时间伸出援手，无论是亲自动手，还是帮忙联系维修人员，都力求让老人感受到家的温暖。这种超越商业范畴的关怀，让美宜多与社区居民之间建立起了深厚的感情纽带。

在美宜多，许多门店都实行 24 小时营业制度。这意味着无论何时何地，只要社区居民有需求，美宜多都会在那里守候着他们。那盏始终亮着的灯，不仅照亮了人们回家的路，更象征着美宜多对社区居民无微不至的关怀与陪伴。

王社利始终将“有温度”的企业文化作为企业的核心价值观之一，并通过不断向员工灌输这一理念来强化其认同感与归属感。在他的带领下，美宜多的员工们已经习惯了这种付出与奉献的方式，他们用自己的实际行动诠释着“好邻居”的深刻含义，为社区居民带来了无尽的温暖与关怀。

美宜多的故事是一个关于温暖、关怀与陪伴的动人篇章。在这个快节奏的时代里，它像一股暖流般温暖着人们的心田，成为社区生活中不可或缺的一部分。王社利和他的团队将继续秉持着“做一个有温度的社区生活超市”的初心与使命，为社区居民提供更加贴心、周到的服务，让每一个走进美宜多的人都能感受到那份来自邻里的温暖与关怀。

有温度的担当：美宜多的社会贡献

在波涛汹涌的商海中，总有一些企业以其坚定的使命感和强烈的责任感，成为行业中的璀璨明珠。美宜多正是在王社利的带领下，展现了这样一份独特的担当与奉献。它们不仅在商品销售上追求极致服务，更在社会责任的践行上树立了行业标杆。

美宜多门店

创业路上，王社利与他的团队并肩作战，历经风雨洗礼。而疫情期间的故事，更是成为他们心中永恒的印记。这段时光，见证了美宜多人的坚韧不拔与团结一心，更凸显了企业家的社会责任感和勇于担当的精神。

当疫情肆虐，城市与社区被迫按下“暂停键”，美宜多却未曾停下脚步。在深圳、广州的城中村和社区，当封锁线阻隔了人们的日常，美宜多的管理层挺身而出，为受困的群众送去温暖与希望。他们不仅送去了生活物资，更传递了战胜困难的信念与力量。

“在那个艰难的时刻，我看到了我们团队的强大凝聚力。”王社利感慨地说，“这种大无畏的精神，让我深感骄傲。”

作为疫情期间的物资保供单位，美宜多承担了更加艰巨的任务。在确保商品供应的同时，还要面对员工感染、人手短缺等重重困难。然而，在美宜多人的共同努力下，没有一家店铺因疫情而关闭，他们始终坚守在保供的最前线。

“作为保供单位，我们的使命就是确保物资能够顺利送达消费者手中。”王社利的话语中透露出坚定与决心，“在那个特殊的时期，我们深切感受到了肩上的社会责任与使命。”

疫情期间，美宜多的员工们展现出了惊人的凝聚力和战斗力。他们夜以继日地工作，全力保障物资供应的顺畅。面对困难，他们相互扶持，共同克服。这种自发形成的团队精神，让王社利深感欣慰与感激。

回顾那段特殊时期，美宜多人用实际行动诠释了责任、担当与团结的真谛。他们不仅保障了物资供应的稳定，更在关键时刻展现了企业的社会价值与责任担当。这段经历，将成为美宜多发展历程中宝贵的财富，激励他们继续前行。

王社利早年就加入深圳狮子会，带领美宜多团队积极参与各类公益活动，从助残扶弱到扶贫济困，从无偿献血到救灾援助，美宜多的身影总是出现在最需要的地方。无论是松坪山社区的五保户，还是河南水灾的受灾群众；无论是徐闻滞销的菠萝农户，还是“马大爷的土豆”困境，美宜多都毫不犹豫地伸出援手，践行社会责任。

在王社利的倡导下，美宜多员工每年积极参与献血活动，为需要帮助的人送去生命的希望。同时，他们还利用自身优势，帮助农产品滞销的农户解决销售难题，为乡村振兴贡献自己的力量。这种持续不断的公益行动，不仅增强了团队的凝聚力，也让社会各界感受到了美宜多的温暖与力量。

2024 年恰逢美宜多成立十八年，一路走来，王社利身上始终洋溢着乐观、向上、好学，很多创业期的苦和难他很少提及，更多看到的是他深耕社区生鲜行业的思考、践行、复盘。一种坚持、一种初心伴随美宜多砥砺前行。就让温度继续保持！

02

PART two

人本

体验重塑，价值共享

东方眼镜、伊丽汇、泰享受秉持以人为本的理念，致力于满足消费者的个性化需求与期待。东方眼镜凭借专业的配镜技术和贴心的服务，守护人们的视觉健康，点亮生活的美好。伊丽汇专注于美容科技的创新与应用，为消费者量身定制美丽方案，让美丽触手可及。泰享受则通过独特的理疗服务，为人们缓解压力，带来身心的愉悦与放松，让健康与快乐同行。这些企业始终从消费者的角度出发，不断优化产品和服务，让每一次消费都成为一次美好的体验与回忆。

东方眼镜

匠心传世 守护清晰视界

这很简单，就是聚焦于顾客。要把服务客户当作企业的根本，不断研究如何超越他们的期望。当真正做到这一点时，客户自然会带着满意的笑容离开。看到客户因满意而露出的笑容，那种愉悦感是难以言表的。

——宋宁

在人们的印象中，眼镜店是单调、沉闷的配镜空间，充斥着冰冷的检测仪器和大同小异的镜框。然而，在广州的繁华时尚商圈中，东方眼镜店竟悄然实现了华丽转身，一跃成为网红地标，吸引着众多人士前来探寻它的独特魅力。

这一显著的蜕变，离不开东方眼镜创始人深厚的底蕴。创始人宋宁，一个从技术控逐渐蜕变为拥有敏锐潮流触觉的时尚大叔，他巧妙地融合了感性与理性思维，为东方眼镜注入了勃勃生机与无限创意。

从改革开放后首批国家注册的高级验光技师，到勇敢地迈出中国验光师下海创业的第一步；从开国内眼镜专业连锁品牌的先河，到牵头组建广州市眼镜行业商会；再到创立EYEMODA眼镜品牌，并开创性地提出眼镜与生活方式相结合的时尚理念，宋宁的每一次身份转变，都如同夜空中闪亮的星星，照亮了眼镜行业的道路，书写了一段段传奇历史。

36载光阴荏苒，宋宁与东方眼镜并肩前行，历经风雨洗礼，共同创造了众多行业奇迹。如今，东方眼镜在大湾区已拥有30多家门店，成为高端眼镜市场的佼佼者。宋宁始终坚守着身为眼镜人的崇高使命——为视力患者解除痛苦而效力，致力于为每一位消费者带来“清晰、舒适、持久”的视觉盛宴。

东方眼镜的贡献不仅引领着眼镜行业的潮流趋势，更通过持续创新，推动行业向更高水平发展；不仅在于卓越的产品与服务，更在于其对眼镜文化的传承与发扬。它让眼镜成为连接艺术与生活的桥梁，让每一位佩戴者都能感受到由内而外的品质体验。

身份更迭，使命永恒

读万卷书，行万里路，见万种人，终成一事。这句话不仅深情颂扬了那些在各行各业中矢志不渝、坚韧不拔的成功者，更是宋宁人生轨迹的真实写照。

20 世纪 80 年代，中国经济迎来了飞速发展的黄金时期，知识改变命运的浪潮席卷全国。然而，随着学习压力的不断增大，近视率也逐年攀升，每年有近三千万人加入近视大军。

宋宁出身于医生世家，家族中不乏医学界的佼佼者，其爷爷和外公都是广州知名的西医。这样的家庭背景，让宋宁自幼便对医生这一职业充满了向往。然而，中学时期恰逢文化大革命，学业受阻，他只得退而求其次，放弃医学梦想，转而投身于验光学的学习。

“如何才能为更多街坊解决眼部问题？”这份强烈的使命感，驱使着这位出身医学世家的广州仔、技术控宋宁，决定走出一条与众不同的“济世行医”之路。他希望通过自己的努力，为广州的街坊们带来光明与幸福。

在中专眼镜班的学习过程中，宋宁通过解剖猪眼等实践课程，深刻体会到了眼科知识的魅力。他意识到，即便未能成为正式的医科学生，通过眼镜专业的学习，他依然能够在眼科领域发挥自己的专长。这种“曲线救国”的方式，让他找到了属于自己的“医学”之路。

毕业后，宋宁被分配到南方大厦全国首家中外合资的电脑验眼配镜中心，成为一名验光师。六年的工作生涯，让他对眼镜行业有了更加深入的了解。在那个时代，好一点的眼镜和验光设备都只能在百货商场找到。宋宁凭借精湛的技术和丰富的经验，帮助消费者解决了一个又一个视力问题。他感慨地说：“我觉得自己就像一名医生一样，能够帮助他们重获清晰的视界。”

在国营单位工作期间，宋宁经常被同事们推举为解决疑难杂症的专家。他欣然接受挑战，每一次成功解决问题后，客户的满意和感激都让他倍感欣慰和满足。这种成就感更加坚定了他在眼镜行业发展的决心。

为了进一步提升自己的知识水平，宋宁在南方大厦工作期间坚持读夜校。虽然夜校的学习生活艰苦，但他却收获颇丰。特别是经济学课程的学习，让他对商业世界有了全新的认识。这些经济学知识不仅拓宽了他的视野，更为他日后的商业实践奠定了坚实的理论基础。

在南方大厦开第一间分店的期间，宋宁还担任了眼镜和服装的采购工作。这两年的采购经历让他的眼界更加开阔，学会了从多个角度灵活地看待问题。同时，他也积累了宝贵的采购资源。

1988 年，宋宁毅然决定辞职下海，用借来的 5 万块钱在东山租下了一间东方水果店店铺，并将其改造成了东方眼镜店。在那个时代，广州只有寥寥几家国营眼镜店，眼镜是名副其实的“奢侈品”。而东方眼镜店的诞生，无疑为广州的眼镜市场注入了一股新的活力。

“很多广州人对于眼镜的记忆，都是从东方眼镜开始的。”宋宁回忆。他创办东方眼镜的初衷，就是为了解决近视患者的痛苦。这份使命感和初心，一直伴随着他走到今天。

在东方眼镜店的发展历程中，宋宁始终坚守着对专业的热爱和对客户的责任感。验光师需要严谨地找出客人客观存在的视力问题，并根据他们的需求量身定制合适的眼镜；而生意人则需要深入了解消费者的职业、脸型、消费力等因素，为他们提供个性化的产品和服务。这两个领域看似截然不同，但宋宁却凭借自己的努力和经验找到了完美的平衡点。

在创业的过程中，宋宁不断激励自己要学习最新技术和最新的管理观念。他先从清华大学领导力工商管理硕士班毕业，再到比利时商学院工商管理硕士班深造，不断提升自己的专业素养和管理能力。这些学习和经历让他更加自信地面对时代的挑战和变化。

早在 20 世纪 90 年代初，宋宁就针对不同的顾客需求和市场定位对门店作了进一步的细分：街铺店主要服务周边街区的老顾客，产品以物美价廉的套装为主，店员也多为更具亲和力的中年女性；百货公司店主要服务高端成熟消费者；而购物中心店则以白领、女性为主要顾客群，产品多为国际品牌，走轻奢时尚路线。

随着经济、社会环境以及消费习惯的改变，宋宁也在不断对门店结构进行调整。除了保留部分街铺店以方便老顾客外，东方眼镜的发展重心正在逐步向高端购物中心倾斜。宋宁对市场的精准细分，让东方眼镜能为目标顾客群提供更有吸引力的产品和更有针对性的服务；对趋势的准确把控，让企业能顺势而为，赢得更大的发展空间。

从专业技术到商业运作再到时尚设计，越跨界越精彩的宋宁不仅游刃有余，更乐在其中。他严谨的专业态度、敏锐的洞察力和锐意创新的精神，让他的每一步都走得更快，也走得更稳。

品牌之路的波折与坚持

随着时间的推移，宋宁对眼镜的定位经历了深刻的演变。从最初专注于解决视力问题的疑难杂症，到更新款式使之成为身份的象征，再到如今强调个性化和引入设计师品牌，他的眼镜店始终走在时代前沿，精准捕捉并满足不同客户群体的需求。

在宋宁的视野中，眼镜已超越了视力矫正工具的范畴，它更是一种时尚配饰，彰显着佩戴者的身份与品位。对于众多追求卓越的成功人士而言，眼镜的选择无疑是他们个性与品味的映射。因此，宋宁不遗余力地搜罗并引进设计师品牌，旨在为那些渴望独特且低调风格的顾客提供更为丰富的选择。

创业初期，宋宁凭借敏锐的市场洞察力，成功开设了30余家门店，为企业的长远发展奠定了坚实的基础。这仅仅是征程的起点，在接下来的十年间，东方眼镜开始向外拓展，其影响力逐渐覆盖东莞、深圳、南宁乃至上海等大城市。

在扩张的浪潮中，宋宁始终坚守广州本土市场，以此作为优先事务。即便在向外扩张的时期，广州的门店数量也始终保持在高位。这种既向外拓展又稳固本土市场的双重策略，使得东方眼镜在激烈的市场竞争中始终保持稳健的发展态势。

然而，企业的发展之路并非一帆风顺。谈及企业所经历的转折点，宋宁特别提到了八项规定对高端消费市场带来的冲击。以往，眼镜作为高档消费品，常被用作馈赠佳品。但随着八项规定的实施，高端消费市场萎缩，东方眼镜的高端产品销量大幅下滑。面对困境，宋宁果断调整战略，将原有的高端线门店重新定位为旗舰店、社区店、学生店和时尚店等，以适应市场变化。

除了市场变化带来的挑战，东方眼镜还遭遇了城市规划调整的冲击。2000年前后，广州旧城改造，提出“一年一小变、三年一中变、五年一大变”的城市建设规划，多条商业街因此重新规划。东方眼镜因此关闭了20余家门店。为了安置职工，宋宁在仓促中开设了十余家新店，但部分门店未能成功，导致企业元气大伤，用了五六年的时间才得以恢复。

然而，挑战接踵而至。在商标之争中，东方眼镜的商标被一家上海企业异议无效。这场长达数年的官司不仅给宋宁带来了巨大的经济损失，更让他深感挫折。但他并未因此放弃，反而更加坚定了夺回商标的决心。他坚信自己是东方眼镜品牌的原创者，也是为这个品牌倾注心血并维护其声誉的人。他相信法律会为他讨回公道，让他重新拥有属于自己的商标。

谈及东方眼镜的商标维权之路，宋宁感慨万千。他提到，面对商标维权的艰难挑战，他曾尝试用子品牌突围，但效果并不理想。这些子品牌都未能真正替代“东方眼镜”在消费者心中的地位。

“我曾尝试用其他商标开店，但总是感觉少了些灵魂。一旦改回‘东方’，消费者就仿佛找回了那份熟悉与信任。”宋宁感慨地说。

在大湾区市场，东方眼镜的品牌影响力尤为显著。宋宁表示，如果自己在广州开的店叫别的名字，很难取得今天的成就。这种品牌忠诚度让他深感自豪，但也让他意识到，在广东地区以外突围并非易事，一些其他地区的消费者还无法享受到东方眼镜的专业服务。这让他感到有些遗憾，但他也明白，行业广阔，不可能每个地方都能做到尽善尽美。

让每个客户都带着笑容离开

在大湾区，众多居民生命中的第一副眼镜往往源自东方眼镜。可以说，宋宁和他的东方眼镜，已成为那个年代陪伴街坊成长的一道亮丽风景。那么，在这36年的品牌发展历程中，东方眼镜究竟积累了哪些独特的优势呢？

宋宁将东方眼镜的优势归结为四点：品质、专业、服务与团队。

早在1996年，东方眼镜便在行业内率先通过了ISO质量体系认证。东方眼镜始终秉持高效严谨的质量管理态度，产品质量远超同行。这一优势并非一朝一夕所能形成，而是源于长期的积淀与不懈的奋斗。

东方眼镜门店

“我们的质量管理体系极为健全，这也是我们能在市场上脱颖而出的关键所在。”宋宁强调，“特别是获得相关质量认证后，我们的产品质量更是得到了显著提升。尽管建立和维护这样的质量管理体系颇具难度，但它所带来的竞争优势却是显而易见的。”

质量管理体系不仅仅是标准和流程，更是企业文化与理念的体现。在东方眼镜内部，质量管理被视为企业的生命线，每个细节都经过严格把控与检验。这种对质量的执着追求，使得东方眼镜的产品在市场上赢得了极佳的口碑与信誉。

科班出身的宋宁对专业有着超乎寻常的执着。在验配领域，他深知“失之毫厘，谬以千里”的道理。当多数眼镜店仍遵循 5 米验光标准（精确到 25 度）时，他便率先引进并改良了更为精确的 6 米验光标准（精确到 12.5 度，即更精细的度数划分），并制定了严格的 18 步验光流程，每一步都设有复查环节。这看似微小的 1 米改进，却极大地提升了验配的精准性和佩戴的舒适度。

正是对专业的高标准、严要求，使东方眼镜赢得了顾客的信赖与支持，在广州拥有大批忠实粉丝。宋宁至今仍时常亲自参与门店一线的验光工作，特别是解决疑难杂症。在他的影响下，东方眼镜现拥有众多高级技师，所有店长均为高级验光师，且每名一线员工都持有专业证书，持证上岗。

宋宁表示："在验光配镜这一专业领域，东方眼镜一直保持着高度的执着与精准。我们的团队不仅具备丰富的专业知识与实践经验，更能精准把握顾客的需求与症状，为他们提供最合适的眼镜解决方案。这种专业性与精准度，正是我们高出同行的关键所在，也是我们难以被复制的核心竞争力。"

除了专业，东方眼镜的服务理念同样令人称赞。服务理念不仅是一句口号，更是团队精神的体现。从店长到店员，每个人都秉持着关心客人、关注店面卫生与摆设的理念，形成了强大的服务合力。这种合力让东方眼镜员工在各方面都能紧密配合、默契无间，为顾客提供无微不至的服务体验。

东方眼镜待顾客如亲人，为他们提供最合适的而非最贵的眼镜。配镜过程宛如家人间的心灵交流，街坊邻里之间亲如一家，一家受惠便口口相传。久而久之，东方眼镜的专业、质量好、验光准确等形象深入人心，"清晰、舒适、持久"的完美视觉体验也备受赞誉。

与其说是时代发展成就了东方眼镜，不如说是东方眼镜选择了与广大街坊同在，将他们的视力健康放在首位。

在宋宁心中，有一个简单而坚定的理念：让每个客户都带着满意的笑容离开。这一理念不仅体现了宋宁对客户体验的极致追求，更是他多年深耕眼镜行业的智慧结晶。

"这很简单，就是聚焦于顾客。要把服务客户当作企业的根本，不断研究如何超越他们的期望。当真正做到这一点时，客户自然会带着满意的笑容离开。看到客户因满意而露出的笑容，那种愉悦感是难以言表的。"

正是凭借这些独特优势，东方眼镜不仅为顾客提供了优质的产品和服务，更在消费者心中树立了良好的品牌形象。虽然在发展过程中遇到过不少挑战，但宋宁始终坚持自己的理念与标准。正是这种坚持与执着，让东方眼镜在 36 年的历程中屹立不倒。

引领变革，打造学习型连锁企业

自 20 世纪 80 年代末起，东方眼镜便勇立潮头，率先引进了美国海昌隐形眼镜，并开创了隐形眼镜的专业验配服务的新纪元。2003 年，宋宁凭借其对眼镜行业的洞察与自己的创意，推出了亲自参与设计并精心打造的独立眼镜品牌

EYEMODA，该品牌主打时尚搭配理念，上市不久便深受顾客喜爱，尤其是女性消费者，往往“一次性便购入三五副”，产品迅速呈现供不应求之势。

此后，东方眼镜与依视路、蔡司等国际顶尖镜片品牌携手，引入了镀膜镜片、小框镜等一系列创新产品，并大力推广渐进片和超薄镜片。在这一系列变革与发展的过程中，东方眼镜始终扮演着行业引领者与开拓者的关键角色。

作为眼镜行业的资深专家，宋宁对眼镜行业怀有深厚的情感与独到的见解。他坚信，眼镜店的连锁经营模式是未来的必然趋势，而培养一批优秀的验光师则是连锁经营成功的核心要素。验光师不仅要具备精湛的专业技能，更要对眼科症状的研究充满热情，唯有如此，方能真正满足顾客需求，赢得顾客的信赖与感激。

宋宁深知，个人的专业技能虽不可或缺，但难以复制，更难以支撑起整个连锁企业的标准化运营。他着手思考如何将自己的专业技能传授给更多人，如何构建一个标准化的连锁眼镜企业。为此，他精心打造了一个学习型的组织架构，通过营造浓厚的学习氛围，激发员工的自我提升动力，从而推动整个企业的发展。

为了营造这样的学习氛围，宋宁制定了一系列完善的奖励制度，鼓励员工积极考证、学习与实践。从店长到仓库主管，每一位员工都被这种浓厚的学习气氛所感染，积极参与各种培训与学习活动。在东方眼镜，各类培训几乎每月不断，内容涵盖销售技巧、产品及品牌知识、专业知识、管理经验、素质培养、仪容仪表等多个方面。经过科学、系统且严格的培训，东方眼镜的员工不仅专业技术精湛，基本功也尤为扎实，被誉为“广州眼镜业的黄埔军校”。

在每周的店长例会上，宋宁都会鼓励大家分享实际案例，共同探讨顾客验光配镜的效果及问题解决情况。这种始终从顾客角度出发的思维方式，已经深入东方眼镜的每一项工作之中。在宋宁的带领下，东方眼镜逐渐培养出了一大批技术精湛、责任感与使命感兼备的专业验光师和店长，他们成为了企业的中坚力量。

在那个年代，广州的多项眼镜记录都是由东方眼镜所创造的，无论是技师的数量还是高级验光师的数量，东方眼镜都遥遥领先。“我们最高峰时拥有400多名员工，其中60%都持有相关证书。他们不仅具备专业的验光技能，更坚守着初心的服务理念。即使离开东方眼镜，他们也会从解决问题的角度出发去帮助顾客。”

在全国第一届验光技能大赛中，东方眼镜派出的团队表现出色，一举夺得华南地区前三名，并在全国总冠军比赛中荣获总分第三名的佳绩。这一辉煌成绩不仅充分展示了东方眼镜的专业实力，更验证了宋宁打造学习型组织的成功。

正是这种学习型的组织结构和员工们对专业的执着追求，使得东方眼镜的员工能够深入研究顾客的症状，将解决问题变成一种乐趣与追求。这种精神不仅推动了东方眼镜的蓬勃发展，更为社会输送了大量优秀的专业验光师，为行业的标准化运营作出了卓越的贡献。

不忘初心，做好自己

曾几何时，眼镜行业被冠以“暴利”之名，宋宁也因此遭遇了前所未有的困扰。在一些社交场合交换名片时，一旦对方看到眼镜行业的标签，便不由自主地提及“暴利”二字。这种误解不仅深深刺痛了宋宁，更对整个眼镜行业造成了极大的伤害。他严厉批评了那些夸大其词、误导消费者的言论，认为这些不负责任的言论不仅损害了消费者的利益，更破坏了行业的整体形象。

面对外界的误解和质疑，宋宁曾感到伤心和困惑。他始终专注于为消费者解决视力问题，却被人误解为追求暴利。那段日子，他经历了前所未有的艰难，但最终还是凭借着对行业的热爱和坚守，挺过了难关。

眼镜的价格因品牌、材质、工艺等多种因素而异，如同所有商品一样，存在高低贵贱之分。一线国际品牌凭借其品牌知名度和信誉度，自然售价较高；而普通品牌也遵循一分钱一分货的原则，质量优劣一目了然。宋宁指出，一些不良商家打着消除暴利的旗号，实则销售山寨商品，通过虚构市面价和销售价来误导消费者，赚取高额利润。这种行为不仅损害了消费者的权益，也破坏了行业的公平竞争环境。

面对外界的质疑和批评，宋宁始终坚守初心，不为外界声音所动摇。他表示，引进其他公司同样的产品并非他的追求，他要做的是打造出东方眼镜独特的品牌特色。东方眼镜一直专注于新产品研发，特别是像渐进多焦点这样的高端眼镜产品，以满足消费者的多样化需求。

如今，经济下行可能是常态，但东方眼镜将坚守初心，为更多有需求的人提供力所能及的好产品。“我们不仅要提供好的品质，还要让消费者省钱。”

再谈及过去的误解和抨击，宋宁已经能够坦然面对。他的初衷就是为了服务那些需要眼镜的消费者，帮助他们解决视力问题。做企业如同做人一样，要坚守自己的原则和底线，问心无愧。只有这样，才能在激烈的市场竞争中立于不败之地。

真正的成功不在于外界的评价，而在于内心的满足和成长。他感谢那些一路陪伴他的伙伴，无论是公司内部的同事，还是默默支持他的家人，都是他最坚实的后盾。正是有了这些人的支持和陪伴，他才能够坚定地走在自己的道路上，不断前行。

他真心感谢眼镜行业，这个行业让他时刻保持着向更高更远的地方看的动力。同时，他也感谢当年在广州第一商学院学习时的李鸿飞博士，是李鸿飞博士引领他走进了这个使命感强烈的行业，让他找到了保持生命热情的方法，也找到了为社会贡献自己力量的方式。

深耕行业，探索可持续发展之路

时代愈是浮躁，眼镜行业愈需沉稳。这是一个致力于帮助大众预防并解决眼疾问题的行业，在创造营收的同时，更需具备超越常人的前瞻视野，方能在这个科技日新月异的时代中，保持敏锐洞察力，紧跟时代步伐，运用最新科技应对不断涌现的眼疾挑战，如近视防控、视力训练等。

若眼镜行业从业者未能置身于时代前沿，又何以应对同样“日新月异”的眼疾问题？面对行业内卷加剧的现状，宋宁指出，避免内卷的关键在于坚持专业深耕与持续创新。他举例说，随着近视低龄化趋势日益显著，如何为儿童设计适宜的镜片，确保他们在户外活动和体育竞技中佩戴舒适且符合需求的眼镜，已成为亟待解决的重要课题。而这些问题的解决，离不开在专业领域的深入探索与实践。

近视低龄化与深度化已成为不容忽视的社会问题。小学阶段近视率高达57%，初中阶段攀升至75%，高中阶段更是高达86%。更令人忧虑的是，部分城市小学三年级学生中，已有半数孩子近视度数超过300度。这一数据无疑为社会敲响了警钟。

宋宁期盼，中国能将近视防控提升至生命科学和医学的重要位置，从而推动整个视光行业的健康发展。他坦言，这条道路充满挑战，不仅要攻克技术难题，还要改变家长的经验主义和固有观念。

这要求东方眼镜团队更加执着、坚定地深耕行业，如同在同一块土地上不断精耕细作，研究土壤成分，寻找最适合生长的养分，通过不断实践、检验，探索出有效的推进方法。

宋宁用农民耕地比喻这一过程，强调深耕行业如同种田，需不断翻新土地，尝试种植不同作物，不断修整，方能收获丰硕成果。若缺乏深度耕耘，又怎能期待丰收？

在深耕行业的同时，需深入研究市场，准确把握消费者需求，才能种出符合市场需求的“作物”。若市场“土地”贫瘠，则需找出缺失元素，有针对性地补充养分，种植不同“作物”，以免陷入困境。

深耕行业是东方眼镜未来发展的核心方向。只有不断深耕，才能持续创新，在激烈的市场竞争中立于不败之地，共同探索行业的可持续发展之路。

因善而美
向美而生

伊丽汇从最初的直营模式，到后来的孵化模式，再到如今的行业赋能模式，每一次转型都是对连锁思维和组织形态的深刻实践与探索。当连锁经营发展到一定规模时，它已经打破了传统边界，实现了无处不在的覆盖。这种无边界的连锁思维，正是推动企业实现跨越式发展的重要力量。

——姚文峰

伊丽汇

历史从未像今日这般慷慨，给予每个人以丰厚的馈赠：或是财富，或是机遇，或是直击灵魂的人生启示。对于广东智颜希健康科技有限公司董事长姚文峰而言，这个时代不仅为他搭建了一个广阔的“舞台”，更为他提供了重塑美容行业未来的机会。

姚文峰将满腔的热情与卓越的才智，毫无保留地倾注于伊丽汇这片充满希望的沃土之上。他坚守“正心正念”的企业精神，积极践行“成人达己、匠心奋斗”的价值观，矢志不渝地追求着“千万亿店，共创共赢”的宏伟企业愿景，使伊丽汇成为一个汇聚梦想、成就希望的舞台。

历经三十余载的风雨洗礼与磨砺，姚文峰在创业的道路上不断自我提升，从青涩逐渐走向成熟，从容地驾驭着每一个角色，在商业的广阔舞台上自由驰骋，游刃有余。即便在荣誉与成就的光环之下，他依然保持着难能可贵的谦逊与平和，坚定不移地追寻着心中的梦想与远方，以实际行动展现了美容行业变革与创新的先驱者形象。

涅槃重生，敢于自我颠覆

在古老的传说中，凤凰需历经烈火焚烧方能重生，实现生命的升华。而在个人成长与事业发展的征途中，自我超越同样是最为艰难的挑战。伊丽汇的创始人姚文峰，便以其跌宕起伏的创业历程，书写了一部现代版的凤凰涅槃故事。

姚文峰，出身于军人家庭，胸怀大志，不愿被银行稳定却单调的工作所束缚。在香港回归前夕，他毅然决定携带全部积蓄赴港闯荡，开启了人生的新篇章。在香港，他初次投资虽受挫，但视野却因此得到了极大的拓宽。随后，他转战佛山，凭借在香港积累的资源，开设了第一家化妆品店，并成功引进了国际知名品牌。

然而，姚文峰的创业之路并未就此止步。他大胆尝试，涉足多个领域，但始终在寻找那份真正让自己心动的事业。最终，他与美容行业结缘，凭借化妆品店积累的客户资源，成功引流至伊丽汇，并成为这家美容连锁机构的大股东。

伊丽汇，早在 1989 年便已正式注册登记，最初由姚文峰妻子的三姐妹分别经营三家门店。直到 2005 年，姚文峰才正式掌舵这家企业。在初创时，伊丽汇原名为“伊丽莎白”，但在注册时遇到了障碍。经过深思熟虑，他们决定启用“伊丽汇”这一新名，寓意着“伊人汇聚之地”。

姚文峰

面对美容行业的艰辛与挑战，他从未退缩。2006年，国家大力整顿美容行业，伊丽汇遭遇巨大冲击。姚文峰没有逃避，而是召集所有员工坦诚剖析问题，并承诺有错必改，该退则退。这次危机过后，伊丽汇正式确立了合规、合法的经营理念。

然而，好景不长，2008年的金融危机又让伊丽汇遭遇了合伙人拆伙的困境。面对产品合规困难和资金链断裂的双重压力，姚文峰再次展现了他的决断力和领导力。他不仅把公司所有的现金都交给了大股东，还一肩挑起了公司运营的职责，并着手进行融资。在危机中，他意识到只有自我颠覆才能迎来新生，于是决定让伊丽汇从一个传统的美容连锁机构转型为一个美业品牌管理公司，创建一个互联网平台，提供一站式解决方案。

姚文峰提出了“部门公司化、员工创客化、公司平台化”的战略思路，将原先的一些业务独立出来，成为独立运营的公司。这一变革不仅打破了伊丽汇的发展瓶颈，还为其构建了一个小型生态圈，推动了美业的繁荣发展。为了更好地服务客户，他还创造性地提出了“三好六力五步”组织系统，其中“三好”理念——放心、有效、便捷，成为了伊丽汇服务客户的核心理念。

随着企业的不断发展，姚文峰逐渐意识到，自己肩负的责任已经远远超出了个人的梦想与追求。他开始思考如何构建企业的架构、如何制定共同的目标、如何通过管理来推动企业的持续发展。

如今，姚文峰的经营理念和职业生涯都带有一种返璞归真的意味。经历过众多投资项目的繁华过眼后，他怀揣着打造“千亿万店，共创共赢”的宏伟愿景，坚守在美容行业这片热土上。从最初的挣点钱到如今致力于实现行业使命，姚文峰经历了从追求个人梦想到承担行业责任的深刻转变。

破解人才难题，做难而正确的事

进窄门，走远路，见微光——这句话寓意深刻，它启示我们，唯有勇于选择艰难的道路，勇于挑战自我，方能行稳致远，见识到更加壮美的风景。

余华的小说《兄弟》后记中有一句话，精妙地道出了写作的奥秘：“写作从狭窄开始，往往能写出宽广；而从宽广开始，反而可能写出狭窄。”这句话同样适用于创业领域。选择看似宽广无垠、门槛极低的道路，往往会让人陷入困境；而选择那条狭窄、充满挑战的道路，则可能越走越宽广，越走越有前景。

每个时代的转折点，都呼唤着企业进行商业模式和产品的革新。迟疑者可能会错失整个时代，而勇敢者则面临巨大的不确定性和风险。然而，正是这些风险与机遇并存的时刻，才孕育出了真正的行业领袖。

美容行业，一个年营收近千亿、拥有数百万从业者及上百万家店铺的庞大市场，潜力与机遇显而易见，但挑战也同样严峻。尤其是人才管理难题，一对一的服务模式对每位员工的专业素养和服务意识提出了极高的要求，使得人才流失成为行业痛点。

面对这一挑战，姚文峰推出了创客计划。该计划的核心在于提供全方位的创业支持，从选址、装修设计到施工，公司全程参与，确保开店成功率。这一模式不仅降低了员工的创业门槛，更激发了他们的创业热情，为伊丽汇带来了新的增长点，也为整个美容行业注入了新的活力。

创客模式并非简单的资金支持计划，而是一个涵盖多方面的支持体系。伊丽汇凭借强大的品牌影响力、完善的培训体系、高效的组织系统以及丰富的产品线，为创客们提供了坚实的后盾。随着创客模式的深入实施，伊丽汇逐渐从一个传统的直营连锁企业转型为一个孵化创业的平台。

创客模式的实施，让企业摆脱了传统商业模式的束缚，为员工提供了更多可能性。通过分享财富、能力和价值观，伊丽汇帮助更多美业精英创业成功，从而建立一个成人达己、共创共赢的美业生态组织。每个门店都有自己的合伙人，包括优秀的创客、导师、管理层及员工。他们不再是为公司打工，而是为自己创业，为自己的梦想而奋斗。这种变革带来了角色、责任和利益的深刻变化，极大地激发了合伙人的积极性和创造力，推动了伊丽汇的快速发展。

从“姚文峰的伊丽汇”到“伊丽汇的姚文峰”，这是一个角色转变的过程，也是企业成长的过程。在创客模式的推进中，姚文峰意识到，对于企业家而言，转变角色并不难，真正的难点在于创客们。他们原本都是打工者，虽然被赋予了老板的身份，参与了分红，成为大股东，但部分人的思维方式仍停留在打工层面。这是一个需要时间去转变和适应的过程，但伊丽汇坚信，只要坚持创客模式，不断激发员工的创业热情和创新精神，就一定能够克服这一挑战，实现企业的持续发展和壮大。

数字化赋能，科技与美业融合

美容行业，长久以来被视为手工化、经验化的传统行业，信息技术似乎难以在此生根发芽。然而，姚文峰和他的伊丽汇却成功打破了这一常规认知，将数字化运营、科技美容与美业深度融合，为行业开辟了一条全新的发展道路。

姚文峰对数据与信息技术的重要性有着超前的认知。早在2006年，当众多美容连锁企业仍热衷于粗放式扩张时，伊丽汇便已携手信息技术咨询服务公司，率先启动了信息系统的建设。2008年，伊丽汇更进一步，成立了独立的信息技术部门，全面强化了自身的数字化能力。

2016年，为推动创客计划的深入实施，伊丽汇与美业云团队强强联手，推出了集CRM（客户关系管理）、ERP（企业资源计划）、BI（商业智能）、HRM（人力资源管理）等多重功能于一体的综合管理系统。该系统至今仍在美容行业中保持着领先地位，为行业的数字化转型树立了标杆。

凭借这一领先的数字化平台，伊丽汇能够精准描绘每一位顾客的画像，为其量身定制健康美丽方案，打造独特的消费体验。同时，依托强大的数据分析能力，伊丽汇能够捕捉、汇聚、分析、应用海量数据，实现对消费者的精细分类和前瞻性需求趋势分析，进而引领产品设计和精准营销服务的新方向。姚文峰坚信，凭借公司多年的专业经验积累以及数字化平台的强大助力，伊丽汇将能够“比顾客更懂顾客”。

数字化运营与供应链的深度融合，不仅显著提升了门店的经营效率，还实现了集中采购、降低成本、规范行业秩序等多重目标。伊丽汇的终极目标并非单纯追求利润最大化，而是致力于推动整个美容行业的效率提升和健康发展。

目前，伊丽汇的数字化平台仍在持续完善中。该平台旨在为中国乃至全球美业生态提供全方位服务，顺应互联网时代的潮流，在将来成为一个开放、共享的系统，以开放的心态积极开展合作，实现共赢。

在科学美容的道路上，伊丽汇不断探索、勇于创新。他们引入了先进的检测设备，通过科学手段精准解读用户需求。无论是脸部还是身体，都能通过检测获得准确结果。基于这些检测结果，伊丽汇为用户推荐个性化的解决方案。这些解决方案并非凭空臆造，而是基于伊丽汇丰富且完善的产品体系，分为定制美丽和定制健康两大板块，均根据检测结果为用户量身定制。

在产品设计上，伊丽汇遵循“一肤一方”“一人一方”的个性化定制理念。每个用户都能获得最适合自己的产品组合。虽然这听起来颇为复杂，但实际上，伊丽汇的后台系统已经实现了标准化和智能化。通过基因检测、AI 检测等先进技术，他们能够更准确地了解用户的肤质和需求，从而推荐更准确、更有效的产品。

如今，伊丽汇已经实现了从检测设备到产品规划，再到用户需求匹配的全程数字化。解决方案的推荐也初步实现了系统自动化，这不仅大幅提高了工作效率，更确保了解决方案的准确性和个性化。

当然，顾客的需求是多元化的。除了基本的美容需求外，他们还需要情感上的满足和对于更深层次的生活方式的指导。因此，伊丽汇在品牌塑造上不仅注重产品和服务的品质提升，还致力于倡导精致生活、健康等理念。伊丽汇通过举办丰富多彩的线上线下活动，让品牌更加立体、生动，与顾客建立更深层次的情感连接。

成人达己，赋予从业者尊严

面对“我们究竟追求何种目标”这一深刻命题，姚文峰在无数次的思考与探

伊丽汇门店

索后，终于找到了答案。他坚信，企业的使命在于推动社会与行业向善，赋予美容从业者应有的尊严。这一观点不仅深刻揭示了当前行业的现状，更是对每一位从业者内心渴望的深切回应。

“这个初心，其实在我们创业之初就已萌芽。”姚文峰谈及初心时，眼神坚定而执着。尽管这个初心最初并不成熟，但它如同一颗种子，在心中生根发芽，逐渐成长为他今天所坚守的信念。

美容从业者大多出身平凡，凭借精湛的手艺与满腔的热情，为顾客带来美丽与自信。然而，在光鲜亮丽的背后，她们同样渴望得到尊重与关怀。合理的薪酬、良好的工作环境以及应有的权益保障，是她们应得的回报。

“我们不能仅仅将顾客视为上帝，而忽视了这些默默付出的从业者的尊严与价值。”姚文峰强调。只有真正赋予从业者尊严，行业才能实现健康、可持续的发展。为此，他致力于推动美容行业的规范化、透明化，让每一位从业者都能在工作中感受到尊重与价值，从而激发她们更大的工作热情与创造力。

对于用户而言，伊丽汇提供的不仅是放心、有效且便捷的美容服务，更是一种对美好生活的向往与追求；对于员工而言，这里不仅是实现自我价值的舞台，更是找到尊严与归属感的家园。

“成人达己，匠心奋斗”是姚文峰对员工价值观的深刻诠释。他鼓励美容师和创业者要有卖油翁的精神，专注于技艺和事业。

在外界眼中，伊丽汇或许已足够强大。但伊丽汇的员工，始终保持着一种谦逊与自省的态度。他们深知，真正的成功并非一时的辉煌，而是持续的成长与进步。因此，他们并未急于拓展广东以外的市场，而是选择继续深耕细作，强化内功，提升自我。

面对团队内部的不同意见，姚文峰始终坚守初心。他认为，还需继续提升，完善组织系统。因为没有坚实的根基、组织支撑以及标准化的流程与可复制的模式，任何盲目的扩张都将徒劳无功。

伊丽汇选择了“蹲得更低，跳得更高”的策略，正投入大量资源与时间，用于完善数字化系统、供应链以及加强组织建设。他们深知，只有脚踏实地，才能飞得更高。

正心正念，坚守信仰

如今，伊丽汇的管理层大多曾供职于世界500强企业，这独特的现象不禁引人深思：这些高素质人才为何会选择加入一个美容企业？

这并非偶然，而是源于他们对“千万亿店，共创共赢”理念的深度认同，以及对伊丽汇文化的深切信赖。

姚文峰凭借其“正心、正念”的理念，不仅赢得了员工的广泛信赖与追随，更为伊丽汇的长远发展奠定了坚实的基础。在他的引领下，伊丽汇不仅追求经济效益，更将行业责任与人文关怀深深融入企业血脉之中，铸就了其独特的品牌魅力。

面对美容行业激烈的竞争与瞬息万变的市场环境，伊丽汇独树一帜，选择了一条与众不同的道路。他们摒弃了“提成至上”的行业风气，致力于与员工共同构建独特的文化体系。通过系统的教育培训、严格的考核机制以及完善的保障体系，伊丽汇积极推动企业文化的建设与落地，即便成本高昂，亦不忘初心，矢志不渝。

在伊丽汇的发展历程中，传承与坚守始终如影随形。他们坚守着对使命、愿景和价值观的执着追求，不断迭代更新产品与服务，但“正心、正念”这一核心理念始终未变。

然而，将“正心、正念”这一抽象理念转化为具体行动，并非易事。在经营过程中，伊丽汇始终坚守诚信与道德底线，面对市场上不规范、高利润的产品诱惑，毅然选择下架，即便牺牲部分利润与用户群体。这种对“正心、正念”的坚守，不仅赢得了用户的尊重与信任，更铸就了伊丽汇良好的品牌形象。

正心、正念是企业价值观的主轴，它贯穿于企业发展的各个阶段，与战略和商业模式紧密相连。无论是对用户、员工，还是对合作伙伴，正心、正念的核心精神始终如一，指引着伊丽汇不断前行。

从最初的带领员工致富，到如今的“共创共赢”，伊丽汇的创客模式更加开放包容。只要有能力、愿意参与并认同企业使命、愿景和价值观的人，都可以加入这个大家庭，共同创造更加美好的未来。

姚文峰坦言，“正心、正念”的理念与他军人子弟的出身密不可分。正心正念是一种与生俱来的品质，乐观而坚定。从学习到工作，再到创业，他始终保持着这种品质，并将其融入企业的价值观中，成为企业精神的内核。

在创业的道路上，姚文峰始终保持着危机意识。他深知企业的衰败往往源于内部价值观的缺失，因此，伊丽汇始终坚守正心、正念，将用户、员工与企业的长远利益放在首位。

因善而美，共筑责任

在伊丽汇人心中，对顾客、员工及社会的深切责任感，构筑了企业持续繁荣与长远发展的坚实基础。这份家国情怀与社会担当，使伊丽汇在激烈的市场竞争中稳健前行，不断开创更加广阔的未来。

伊丽汇在客户服务、技术创新及人才培养等方面树立了新的标杆。公司主导起草的《生活美容服务接待标准》团体标准，为美容行业树立了新的服务典范，引领行业向更加规范、标准化的道路迈进。同时，伊丽汇在手法技艺上进行了深入的研发与创新，自主研发的《大美八道》荣获国家版权认证，并被上海复旦大学出版社编入《美容美体技术》教材，为行业培育了大量高素质的专业人才。

早在2007年，伊丽汇便着手筹建美容培训学校，汇聚优质教育资源，专注于人才培养与选拔。通过校企合作，伊丽汇与全国多所中高职院校建立了紧密的合作关系，共同培养了一批又一批专业人才。2012年，伊丽汇成为全国首家医美专业现代学徒制试点企业，为行业的创新发展提供了坚实的人才支撑。此外，伊丽汇还针对内部员工推出了丰富的培养项目，其中《金种子训练营》荣获全国“培训杂志”年度优秀学习项目荣誉，充分展现了伊丽汇在人才培养方面的卓越实力。

如今，伊丽汇秉持开放心态，愿意与更多合作伙伴分享成功经验，共同推动行业发展，为美容行业注入新的活力和动力。

在履行社会责任、支持公益的道路上，伊丽汇从未停歇。无论是扶贫济困，还是关爱女性儿童，伊丽汇都积极投身其中，用实际行动传递温暖与希望。这份爱与责任深深植根于每位员工的心中，最终将传递给用户，形成一股强大而真实的力量。

新冠疫情前，伊丽汇携手员工与客户，共同向新疆贫困地区的学校捐赠书籍，为那里的孩子们送去知识的光芒。疫情肆虐时，伊丽汇第一时间响应号召，向一线防疫人员捐赠口罩、防护服等医疗物资，为抗击疫情贡献了自己的力量。

近年来，伊丽汇积极响应政府号召，对口帮扶贵州贫困山村，助力乡村振兴。通过提供资金、技术、人才等多方面的支持，伊丽汇为当地经济的发展注入了新的活力。此外，伊丽汇还联合麦田教育基金会发起了“伊起爱”特殊儿童关爱项目，通过艺术疗愈的方式助力特殊儿童康复成长，为他们的母亲减轻负担。该项目已在多个城市成功举办特殊儿童公益艺术展，并在社交平台进行公益宣传，得到了广泛的社会关注和支持。

截至2024年12与31日，“伊起爱”公益项目已引起18万多名爱心会员及社会爱心人士的关注并得到了他们的支持，共筹集超过157万元爱心善款，成功举办了172场针对特殊儿童的艺术疗愈活动，累计为2 303人次特殊儿童提供了切实有效的帮助。该项目还得到了多位名人的爱心支持与接力，影响力持续扩大。

伊丽汇致力于建设美好企业，助力社会发展，希望在社会上，在用户心中，都是一家值得信赖与尊重的好公司。相较于仅仅追求强大，伊丽汇深知成为一家好公司更为艰难，它意味着担当、责任、分享，以及对真、善、美的坚定践行。伊丽汇期待与用户、员工、合作伙伴一起成长，传播美丽，向美而生。

坚韧创业，感恩前行

在繁忙的工作之余，姚文峰通过跑步与健身维持着强健的体魄，同时也在挥洒汗水的过程中享受着愉悦与满足。

回顾在美容行业三十年的奋斗历程，姚文峰的眼中闪烁着自豪与遗憾交织的光芒。他自豪于自己提出的“千万亿店”梦想，这一愿景不仅激励着他不断前行，也带动了身边无数人的财富增长和生活改善。然而，他也遗憾于自己早年对企业不够专注，未能将这一愿景推向更高的层次。但正是这些经历，使他更加成熟和睿智。

姚文峰对企业、对行业乃至对整个经济环境都有着洞察和独到的见解。在很多人的眼里，他已不仅仅是一个企业老总、行业的领跑者，更是一个深谙时势的行业学者。他在虚怀若谷与激情飞扬中，驰骋在思想与人生的广阔天地里。

在职业生涯中，姚文峰遇到了许多值得感激的人，特别是那些在公司工作了十几年、二十几年的老员工。他们的陪伴与支持，让他更加坚定了前行的步伐。

随着年龄的增长和阅历的丰富，姚文峰变得更加柔和与温暖，更加珍惜身边的人和事，更加感恩自己所拥有的一切。

泰享受 艾济师

理疗养生赛道上的创新者

在悠长的时光河流里，
寻觅一隅静谧之地，
泰式 SPA，如梦似幻的温柔乡，
引领您踏上一场身心的奇幻之旅。

温热的精油，缓缓渗透，
带走了一身的疲惫与尘埃，
闭上眼，任思绪飘远，
仿佛置身于清迈的古老庙宇，沐浴着佛光。

耳边是轻柔的泰国音乐，
如溪水潺潺，拂过心田，
每一个音符，都是灵魂的洗礼，
让人忘却尘嚣，回归最初的纯净……

在繁忙喧嚣的都市生活中，寻找一片宁静与放松的天地成为许多人追求的梦想。泰享受如同一股清泉，缓缓流淌进每一个渴望放松与宁静的心灵。而这一切的缔造者，便是一位充满激情与梦想的80后创业者——广州盈侨企业管理咨询有限公司广州艾济师品牌咨询管理有限公司董事长丁洪桥。

他的故事，是一段关于挑战、创新与不懈坚持的传奇，更是对传统理疗养生行业的一次温柔而深刻的“颠覆”，短短数年间泰享受创造了在全国成立300多家门店的行业奇迹，而在细分赛道上推出的“艾济师”艾灸养生服务品牌，展现了其在服务业连锁经营方面的深厚功力和前瞻视野。

泰享受：不只是品牌，更是健康生活

提及泰国，人们总会联想到一系列生动的画面：曼谷的古老与神秘、芭提雅的活力四射，以及普吉岛的宁静与美丽。在这片充满魅力的土地上，泰式按摩以其独特的魅力和显著的疗效，成为中国游客泰国之旅中不可或缺的一部分。作为泰国传统医学的瑰宝，泰式按摩不仅承载着深厚的文化底蕴，更以其精湛的技艺和卓越的疗效赢得了全球游客的广泛赞誉。

丁洪桥，一位曾经的房地产资深从业者，在一次泰国之旅中偶然踏入了一家

泰享受

丁洪桥

泰式 SPA 馆，瞬间被其魅力所折服。他深感泰式按摩不仅能够有效缓解身心疲惫，更是一种值得分享的健康生活方式。于是，一个创业的念头在他心中悄然萌生。

丁洪桥深知现代都市人对身心放松的迫切需求，同时也洞察到了行业中的诸多痛点。他发现，许多技师因业绩压力而过度推销，忽视了服务的本质，导致客户体验大打折扣。这让他深感忧虑，也坚定了他创立一个专注于服务本质、以客户体验为核心的品牌的决心。

在深入调研和分析行业现状后，丁洪桥于 2018 年创立了“泰享受”品牌。他希望通过现代化的管理方式，赋予泰式按摩这一古老疗法新的生命力。同时，他也希望“泰享受”能够成为连接东西方健康理念的桥梁，让更多人体验到纯正的泰式按摩和源自古老印度的智慧与慈悲。

“泰享受”这个名字不仅听起来令人联想到无与伦比的舒适与惬意，更蕴含着丁洪桥对品牌的期许。他希望通过这个品牌，让更多人享受到来自异域的健康与快乐。

在掘金“大健康时代”的背景下，“泰享受”走出了一条独特的路径。它主攻纯正的泰式按摩技艺，提供高性价比、沉浸式的“泰国体验”。在后疫情时期，

“泰享受”交出了不俗的经营业绩答卷，实现了逆势扩张。

如今，“泰享受”已在全国范围内拥有超过 300 家门店，年服务客户数量超过 100 万人次。这些数字背后，是丁洪桥和他的团队对技艺的传承、创新与对服务的执着追求。他们始终聚焦于服务本质，不遗余力地剔除所有与服务体验无关的冗余环节，致力于营造纯粹的放松享受空间。

“泰享受”不仅是一个品牌，更是一种文化的交流与融合。在这里，人们可以体验到纯正的泰式按摩，感受那份源自古老印度的智慧与慈悲；同时，也能在现代化的环境中享受到便捷、高效的服务体验。这一切的成就，离不开丁洪桥这样尊重与热爱泰式按摩的先行者。他们不仅以双手传承古老的智慧与仁爱，更让这份跨越千年的技艺在现代社会中焕发出更加耀眼的光芒。

展望未来，“泰享受”将继续秉承“去繁就简”的商业哲学，聚焦于服务本质，不断提升客户体验。同时，它也将积极拥抱行业变革，持续引领行业发展潮流，为更多人带来健康与快乐的生活方式。在丁洪桥的带领下，“泰享受”正朝着成为大健康行业领军品牌的目标稳步前行。

艾济师：以“艾”之名，引领行业正向发展

艾济师的名字寓意深远，承载着丁洪桥对艾灸文化的深刻理解与热爱。“艾”代表艾草，这一中医理疗的重要原料，蕴含着千年的健康智慧；“济”则寓意给予、帮助，彰显了艾济师致力于为客户带来健康理疗的使命；而“师”则象征着技艺精湛、受人尊敬的理疗师，他们是艾济师平台的中坚力量，更是艾灸文化的传承者。

搭建平台，解决行业痛点

面对艾灸行业的诸多痛点，丁洪桥凭借敏锐的洞察力和丰富的经验，决心通过艾济师平台来逐一破解。针对用户选择困难的问题，艾济师提供标准化、高质量的服务，通过严格的技师培训和管理，确保每位技师都具备专业技能和良好服务态度，为用户带来优质的服务体验。为了降低投资人的风险，艾济师搭建了一个稳定可靠的平台，通过标准化管理和优质服务，确保门店的稳定运营和技师的持续发展。此外，艾济师还为投资人提供全面的投资分析和风险评估，助力他们做出明智的投资决策。

对于技师这一艾灸服务的提供者，艾济师同样给予了充分的关注。他们面临流动性大、缺乏归属感和尊严的问题，这不仅影响了技师的职业发展，也制约了门店的业绩提升。为了解决这个问题，艾济师采取了一系列措施，包括提供稳定的收入来源、提升技师的专业技能和服务水平，以及加强技师的培训和管理。通过这些举措，艾济师旨在为技师创造一个更好的工作环境和发展空间，让他们在艾灸行业中实现自己的价值。

在平台搭建方面，丁洪桥借鉴了房地产中介行业的成功经验，计划打造一个类似贝壳的平台。该平台将负责流量获取、标准化技师培训和管理，以及供应链整合等方面的工作。通过平台化运营，艾济师将更有效地解决 C 端用户的选择困难、B 端投资人的风险问题以及技师的痛点，从而推动艾灸行业的健康发展。

以标准化为核心，打造行业生态闭环

丁洪桥提出了“千城万店”的宏伟目标，并坦言这是一项艰巨的任务。然而，他坚信“星星之火，可以燎原”，并基于团队在行业内深厚的积淀和丰富的经验，对实现这一目标充满信心。

在过去的十年里，丁洪桥的团队不仅服务了数百家门店和数百万客户，还在多个项目中取得了显著成绩，如泰享受等，这些成就为艾济师的发展奠定了坚实的基础。他深知，艾济师的发展目标不可能一蹴而就，需要采取“日拱一卒”的态度，对门店模型进行持续的打磨和优化，要深入了解门店用户的需求，通过时间的积累，打造出一个既经济又高效的门店模型，这个模型不仅要经济效益显著，还要在用户体验上做到极致。

为了实现“千城万店”的目标，艾济师采取了区域划分的策略，通过团队精细服务每一个区域，构建完善的组织架构。他们将以 10 个店为标准的模型进行快速裂变，通过标准化的运营和管理，确保每个门店都能提供一致的高品质服务。

丁洪桥用“标准要高、效率要快、动作要简单”来概括艾济师的发展理念。高标准是品牌发展的基石，只有确保每个环节都达到最优，才能赢得用户的信任和口碑；快速响应和高效执行则是品牌扩张的关键，只有保持敏锐的市场洞察力和高效的决策能力，才能在竞争中脱颖而出；动作简单则意味着在运营过程中尽量减少不必要的环节和流程，让团队能够更专注于核心业务的提升。

标准化是连锁门店快速复制、裂变的核心。艾济师从单店模型入手，建立一套完善的服务标准和流程。通过线上、线下一体化、预约成交以及线下技师的标准化服务，艾济师确保每个门店都能提供一致的服务。这种标准化的运营模式不仅提高了服务效率和质量，还降低了运营成本和管理难度。

丁洪桥认为，艾济师打造的是一个完整的生态闭环。这个闭环不仅包括技师高提成、低成本创业、强获客能力和运营能力这些关键要素，还包括强大的供应链支持。通过整合这些要素，艾济师能够降低成本、留住客户并吸引更多新客户加入。这种生态闭环的构建不仅有助于实现门店的持续扩张和行业的健康发展，还能够为技师提供更多的发展机会和创业空间。

择高而立，迈向第一

在谈及前期投入与后端盈利的关系时，丁洪桥展现出了其深邃的商业智慧。他坦言：“盈利主要在后端，前期需要较大的投入。”这一观点不仅体现了艾济师对于品质为先的坚持，也揭示了其对于长期发展的深思熟虑。通过优化成本结构、提升服务质量以及构建共赢平台，艾济师为后端盈利奠定了坚实的基础，确保了品牌的可持续发展。

艾济师的目标是开设 1 000 家门店，这一举措不仅是为了支撑供应链的扩展和会员数量的增长，更是为了构建一个全面的消费生态链。一旦这一目标达成，艾济师将把平台的数据拓展至后端，如中医理疗、中医门诊等板块，为用户提供更加全面、专业的健康服务。这种生态链的构建，不仅有助于提升品牌的市场竞争力，更能够为用户带来更加便捷、高效的健康体验。

在乡村振兴的大背景下，艾草作为艾灸的主要原材料，展现出了巨大的发展潜力。艾济师不仅关注艾草产业的发展，更致力于推动整个艾灸供应链的完善与升级。通过整合上下游资源，艾济师为艾灸行业的健康发展贡献了自己的力量，同时也为品牌的长期发展奠定了坚实的产业基础。

丁洪桥在采访中多次强调，艾济师不仅是一个国内品牌，更具备国际视野。中医艾灸作为传统医学的瑰宝，具有极高的国际价值。因此，艾济师致力于将这一瑰宝推向全球，让更多人享受艾灸带来的健康与福祉。这一愿景不仅体现了艾济师的社会责任感，也彰显了其对于品牌国际化的坚定信念。

他进一步阐述了艾济师的品牌理念——“择高而立，迈向第一”。择高而立，意味着艾济师从高起点出发，秉持远大目标，不局限于短期利益，而是坚持长期主义。迈向第一，则彰显了艾济师的雄心壮志，不仅要在国内中医艾灸领域占据领先地位，更要将中医艾灸推向全球。

颠覆：让技师尊严与收入双重提升

最简单的故事，往往最能启迪人的心智。

在链家的一次活动中，店长为平息客户怒火而下跪的事件深深触动了左晖。他意识到，若经纪人无法赢得尊严，这项事业便无意义。左晖痛恨经纪人忽悠消费者和经纪人没有职业尊严，消费者不尊重经纪人的现象，认为服务者应体面且值得尊重。他提出，争取尊严的最佳方式是让自己配得上被尊重。

虽然链家、贝壳网创始人左晖先生已去世多年，但他的理念如“坚持做难而正确的事”“做有尊严的服务者”等，仍深刻影响着行业，成为丁洪桥等创业者的指引。

“做有尊严的服务者”不仅是一句口号，而是对职业价值的深刻理解和不懈追求。

在当今社会，随着生活节奏的加快和健康意识的提升，人们对于休闲放松方式的需求日益多样化。然而，提及按摩，不少人仍固守着旧有的偏见与误解，将按摩馆视为某种“不正经”的场所，而按摩被视为低人一等、见不得光的职业。

正是在这样的背景下，丁洪桥以其独到的见解和前瞻性的视野，深度践行了理疗养生行业的颠覆性变革，不仅颠覆了客户的认知，更重塑了从业者和投资人的观念。

颠覆客户认知：理疗养生——健康绿色的休闲新风尚

SPA 行业充满各种乱象，被公众误解，多数公众对它的印象，仍然停留在“性幻想、宰客、无休止的推销办卡、缺乏标准化、服务参差不齐”等层面。把黄色 SPA 变成绿色，是泰享受 SPA 的目标。

其实，泰式按摩作为一种源自泰国的古老疗法，其核心价值在于促进身体健康、缓解身心压力。它结合了按摩、拉伸、瑜伽等多种元素，通过专业的手法作用于人体的经络与穴位，达到调理气血、疏通经络、放松肌肉的效果。然而，长期以来，由于社会文化的偏见和某些不良商家的误导，泰式按摩被贴上了不恰当的标签。

丁洪桥强调，必须颠覆这种错误的认知，让公众意识到泰式按摩是一种健康、绿色的休闲方式。它不仅能够缓解现代人因工作、生活压力而产生的身体紧张与疲劳，还能提升整体的生活品质与幸福感。通过推广正宗的泰式按摩文化，让更多人体验到其独特的魅力与价值，从而树立起泰式按摩行业正面、积极的形象。

他将“全家共享”的理念融入泰享受的品牌之中，打破传统按摩场所的界限。在这里，丈夫可以带着妻子，父母可以领着孩子，一家人共同享受泰式按摩带来的舒适与惬意。这种变化，不仅让按摩成为一种家庭活动的新选择，更在无形中增进了家庭成员之间的情感交流，提升了家庭的幸福感。

丁洪桥的这一创新之举，无疑是对传统按摩行业的一次“颠覆”，更是对现代家庭生活方式的一次温馨献礼。

颠覆从业者认知：技师是有尊严的职业选择

长久以来，技师的工作在传统观念中常被误解为低微且不体面的职业。这种偏见不仅侵蚀了从业者的自尊心和职业荣誉感，也严重阻碍了行业的健康发展。然而，丁洪桥深受左晖“让从业者有尊严”理念的影响，他决心打破这种陈规陋习，重新定义技师职业的价值与尊严。

在艾济师的平台上，丁洪桥正引领一场变革，旨在提升技师的社会地位和收入水平。他坚信，技师不仅是服务的提供者，更是艾济师品牌文化的传播者和实践者。他们通过自己的专业技能和辛勤付出，不仅实现了个人收入的飞跃，更在艾济师平台上找到了职业的尊严与价值。

在中国，技师群体数量庞大，但他们在行业中往往缺乏归属感和尊严。为了改变这一现状，丁洪桥决心打造一个让技师实现高收入、获得尊严的平台。他深知，技师除了追求物质上的回报，更渴望得到社会的尊重与认可。

为了实现技师尊严与收入的双重提升，艾济师采取了多项创新举措。他们通过优化商业模式，将原本用于流量和运营管理的费用转化为技师的提成比例，使技师的提成有望从过去的 20%—30% 提高到 60%—70%，甚至更高。

“我们希望通过这样的模式，让技师们在这个平台上找到归属感，实现自己的价值。”丁洪桥总结道，“艾济师不仅仅是一个艾灸品牌，它更是一个技师尊严与收入双重提升的平台。”

技师是艾济师平台的核心力量，他们的成长与成功将直接决定艾济师的未来。

颠覆投资人认知：以长期视角审视理疗行业的前景

在当今瞬息万变的投资环境中，不确定性似乎成为了常态。奶茶行业在短短半年内就有 13 万家门店倒闭的惨痛教训，无疑给所有投资人敲响了警钟。面对这样的市场波动，丁洪桥以其独到的见解，为投资人提供了一个全新的视角来审视理疗行业的前景。

丁洪桥指出，投资市场正在逐渐走向理性，盲目追求高回报、高风险的投资行为正在减少，取而代之的是更加稳健、长期的投资策略。在理疗养生行业，这种理性的投资态度尤为重要。过去，泰式按摩或艾灸行业往往被投资人视为快速盈利的短期项目，但丁洪桥却认为，这种看法过于短视。

他强调，随着人们健康意识的不断提高和消费观念的转变，理疗养生行业正迎来前所未有的发展机遇。泰式按摩、艾灸理疗等绿色休闲方式，以其独特的魅力和价值，正逐渐受到市场的广泛认可和追捧。因此，投资人应当摒弃急功近利的心态，以长期发展的眼光来看待这一行业的前景。

为了实现可持续发展与长期盈利，丁洪桥建议投资人注重品牌建设与服务质量提升。品牌是理疗养生行业的核心竞争力之一，只有建立起强大的品牌形象和口碑，才能在激烈的市场竞争中脱颖而出。同时，投资人还需要引进先进的管理理念与技术手段，推动行业的标准化、规范化发展。只有通过加强市场研究与产品开发，不断满足消费者日益多样化的需求，才能在市场中立于不败之地。

丁洪桥的颠覆性理念不仅为投资人提供了一个全新的视角来审视理疗行业的前景，更为行业的未来发展指明了方向。他相信，在理性的投资态度和稳健的经营策略下，理疗养生行业将迎来更加广阔的发展空间和更加美好的未来。

丁洪桥的见解无疑为众多投资人提供了宝贵的启示和思考。

连锁：细分赛道扩张加速器

什么是企业的核心竞争力？如何打造企业差异化的价值？在丁洪桥看来，真正核心的竞争要素并非店内新引进的设备或新学会的技巧手法，而是企业的人。“我们坚持先人后事，人做对了，事情才能做好。因此，在选人上我们实施了标准化的筛选流程，并通过系统化的专业培训，使她们能够更好地满足顾客个性化的需求，这对于提升顾客忠诚度至关重要。”

当然，在人选对之后，无论是源自原产地的精美饰品和物件，还是弥漫在空气中的泰式香薰的香气，丁洪桥及其团队都致力于从五感六觉上给予消费者最放松的环境和最贴心的服务。

相关报告显示，尽管 SPA 行业整体规模已突破 400 亿元，但尚未有任何一个品牌的市场份额占比超过 2%。国内并不缺乏按摩 SPA 品牌，然而多数品牌仅局限于一省一市的市场范围。当泰享受计划走出广州、迈向全国时，同样会面临诸多挑战。克服行业分散现状、实现集中连锁化，关键在于对市场需求进行标准化处理、提升企业的连锁化经营能力以及核心供应链（尤其是人力资源）的供给能力。

事实上，细分赛道内部也不乏“隐形冠军”。例如，专注于修脚服务的“郑远元”已成为首个过万店规模的修脚连锁品牌，其庞大规模甚至被网友戏称为“宇宙第一修脚帝国”；而专注于洗脸服务的“洗脸熊”，则在短短 17 个月内迅速拓展了 2 700 家门店，其扩张速度之快被市场誉为“洗脸界的‘瑞幸’”。

丁洪桥很早就将“郑远元”和“洗脸熊”视为连锁化经营的重要学习标杆。他们不仅通过物美价廉的服务模式吸引了大量顾客，还在核心供应链展现了强大的能力。

郑远元秉承“一人修脚，全家脱贫”的愿景，与地方扶贫政策相结合，几年间培训了数万名修脚技师，有效解决了基层服务人员空缺的问题。

除了批量培养基层技师为连锁店扩张奠定基础外，郑远元也非常注重对各层级管理者的培养。自 2017 年开始大规模铺开连锁店铺后，同年便开设了商学院，旨在为门店连锁经营企业提供系统化的人才赋能服务。

“洗脸熊”作为一个初创品牌，能在不到 3 年的时间内开设 2 000 多家门店并保持极高的存活率，实属不易。连锁门店的长期稳健经营是所有品牌面临的共同挑战，而洗脸熊已经取得了阶段性成功。其成功因素主要包括：有效差异化的市场定位、极简的业务模型、多渠道传播策略以及赋能式的运营管理。

“郑远元”和“洗脸熊”为泰享受和艾济师等品牌提供了“百城千店”的商业范式参考。

仔细分析泰享受和艾济师两个品牌，不难发现它们也具备连锁化的基因：持续迭代的商业模型、精简的最小存货单位、稳定的核心供应链输出以及轻量级的运营模式。

近年来，盈侨集团汇聚了一批拥有多年资深开店经验的专业人士，他们深谙大健康行业的连锁经营之道，在门店运营、管理、营销等各个环节都有着独到的见解和丰富的实践经验。为了进一步提升基础人才培养质量，盈侨集团于 2018 年与泰国卧佛学院建立了战略合作伙伴关系；2020 年又与广东体育职业学院联合开设了泰式养生专业课程，成为首家举办此类专业的企业。

为了更好地支持门店运营，盈侨集团还引入了专业管理系统。该系统集成了拓客、锁客、留客一体化管理功能以及系统化的会员管理体系。通过这套系统，门店能够高效地处理日常事务、提升服务质量并优化客户体验。同时，该系统的全面数字化和智能化也为门店运营带来了前所未有的便捷性和高效性。

更为重要的是，盈侨集团的这套成熟体系具有很强的可复制性。无论是新开门店还是加盟门店都能迅速上手并轻松掌握运营核心要领。这种易复制性不仅降低了门店的学习成本和时间成本，还为加盟商提高了经营效率进而提高了门店存活率。

连锁经营是服务业发展的重要趋势之一。通过连锁经营企业可以迅速扩大规模、降低成本、提高效率并在市场上形成强大的品牌影响力。

泰享受的连锁扩张之路已经走过了多年，并积累了丰富的经验。未来十年泰享受已制定了明确的规划：计划在 3 年内打造千家门店，并在 10 年内实现上市目标，成为泰式理疗 SPA 领域的国民第一品牌。而艾济师品牌也经过深度谋划，各个环节及流程已梳理清晰，计划在今年内打造出 100 家样板门店，力争在最短时间内达到 1 000 家的规模。

对于盈侨集团而言，在数字化的驱动下也将迎来革命性转变，预计在 2027 年将从一个连锁管理公司，正式转型为一家大健康数据平台公司，开启全新的发展篇章。

世界上没有永恒的竞争优势或护城河。如果一定要说有的话那就是企业家们不断创新迭代、持续创造长期价值的能力！

03

PART three

聚焦

垂直深耕，品类破局

蛙来哒、袁记云饺、广隆食品、樊文花、丝域养发、蒙自源聚焦于细分领域，以专业和专注打造核心竞争力，引领行业发展新潮流。蛙来哒凭借独特的牛蛙菜品，在餐饮市场中独树一帜，成为牛蛙美食的著名品牌。袁记云饺坚持品质至上，用美味的饺子征服了消费者的味蕾，赢得了广泛的认可与喜爱。广隆食品专注于烘焙领域的深耕细作，为人们带来甜蜜的味蕾享受与美好的味觉记忆。樊文花在面部护理领域持续创新，成为行业的领跑者与佼佼者。丝域养发则在养发领域深耕细作，为消费者解决养发难题，让秀发焕发光彩。五大品牌形成“品类创新（牛蛙餐饮）—工艺革新（锁鲜技术）—标准制定（护理规范）—设备研发（检测仪器）”的竞争护城河。

从街边走向全国 100 多城撼动千亿牛蛙市场

连锁力量的背后本质是强大的组织力，它支撑商业模型规模化复制。餐饮连锁不仅关乎市场、营销、供应链或产品研发，而是包括从种植养殖、生产加工，再到消费服务、数字化运营的全链条组织能力。麦当劳、肯德基等全球巨头的成功，正是组织力的体现，组织力能跨区域、跨文化，超越个人，实现长久发展。

——罗清

蛙来哒

有这样一群女性企业家，她们自强自信，温婉中彰显着刚毅；她们睿智开朗，精干中又不失柔美；她们有资本，先知先觉，爱己爱人，宛如城市中的精灵。随着时间的推移，在她们周围形成了一种良性的人文生态。在这个无形的生态圈里，她们尽情绽放，收放自如。

蛙来哒联合创始人罗清便是这样一位女性，以其特有的敏锐与坚韧，从餐饮入局，却在商界书写了一段段精彩的故事，展现了当代女性企业家的独特魅力与卓越成就。

正如她一头精干的短发，罗清在餐饮界已成为创新与时尚的代名词。她的成功，不仅是味蕾的盛宴，更是对单品类开发策略深度理解与精准执行的完美展现。

在罗清的引领下，蛙来哒不仅专注于单品，更在品质、创新与用户体验上不断寻求突破。在这个快速变化的时代，唯有不断前行，方能保持领先。蛙来哒的每一步都走得坚定而有力，用持续不断的钻研诠释了单品赛道的成功密码：精准定位、持续创新、严格品控，以及那份对美食无尽的热爱与不懈追求。

蛙来哒开创蛙类美食新赛道，不仅引领行业风向，更推动牛蛙养殖生态化发展。深圳的开放与包容，为蛙来哒提供了广阔的舞台。它在这里深耕细作，将牛蛙美食推向全国。蛙来哒的成功，是深圳创业精神的生动写照，也是餐饮行业创新与变革的典范。

它不仅满足了消费者对健康美食的渴望，更带动了整个牛蛙产业链的蓬勃发展。蛙来哒，以美食为媒，连接人与自然，传递着对生活的热爱与追求。

为梦想而创业 开创蛙类美食新赛道

罗清出生于湖南长沙，自幼便展现出典型的“湘妹子”性格：坚韧不拔、吃苦耐劳，面对困难勇往直前，从不轻言放弃。尽管是家中最小的孩子，父母却并未对她娇生惯养，妈妈那句“人要靠自己”这句话，自小便在她心中生根发芽。

长沙，这座娱乐之城、美食之都，孕育了无数对美食有着独到见解的食客。罗清的哥哥罗浩，便是一位不折不扣的“美食家”。自七八岁起，他便开始为妹妹掌勺，对烹饪的热爱与天赋显露无遗。他对酱料和调味料的敏锐感知，总

罗清

能在平凡中创造出不凡的美味。炸藕夹（藕片夹肉），这道非传统湖南家常菜，便是他儿时的得意之作，不仅让妹妹罗清念念不忘，更彰显了他对美食无尽的探索与热爱。

除了生活上的相互扶持，兄妹二人在价值观与人生理念上也高度一致。这种契合，深深植根于他们共同的家庭教育之中。“我们俩拥有许多共同的价值观，这都源于父母的家教。”罗清如是说。

罗清的父母是双职工，从事服装生产工作，他们对生意的原则有着深刻的理解和坚持：厚道与诚信。他们将这些宝贵的经验传授给子女，特别是“做人不能太精，要厚道，要讲诚信”的理念，深深烙印在罗清的心中。在他们看来，只有让合作的双方都能获利，生意才能长久；而诚信，则是他们在商界立足的无字招牌。

罗清的童年生活比同龄人更加紧凑而充实。凭借出色的身体条件，加上本身家庭教育培养出的坚韧性格，她入选了校体操队，开始了长达八年的体操训练生涯，并获评国家二级体操运动员，在全国比赛中摘得桂冠。这段经历更加塑造了她坚韧不拔的性格，为她日后的创业之路奠定了坚实的基础。

大学毕业后，罗清紧抓时代机遇，凭借敏锐的商业嗅觉和不懈的努力，在科技领域取得了显著成就，实现了财富自由。在同龄人还在为职业道路迷茫时，35 岁的罗清却做出了一个惊人的决定——“退休”。

从创业者退位后，爱好广泛的罗清做了很多自我探索的尝试，学画画、学唱歌、学跳舞、学弹琴……原来以为财富自由、时间自由之后，停下来的时光应该是挺享受的，但不工作的这一年，让她发觉一直这样也挺没意思，生活失去了挑战。

由于哥哥罗浩从小热爱美食，一直有个餐饮梦，想开一家属于自己的餐厅。但罗清觉得餐饮太复杂，甚至谈不上兴趣。餐饮包含上游养殖、中端生产加工、下游消费服务等三大环节，每一个环节都需要极强的处理能力。

罗清的餐饮创业之路，可以说是“被哥哥拉入坑”的。当被问及为何会选择创立蛙来哒时，罗清的回答简单而坚定：“这是我哥哥的梦想。”从投资人到股东，再到高管，罗清一步步深入餐饮行业，与哥哥并肩作战。这份深厚的兄妹情谊，成为了她勇往直前的最大动力。无论行业多么复杂，挑战多么艰巨，只要是为了哥哥的梦想，一切都值得。

只要自己认定的事，这个文静且坚毅的女人总能迸发出强大的劲头。

2010 年，蛙来哒第一家店在长沙解放西路正式开业，店面面积达 200 多平方米。回想起最初的创业时光，罗清感慨万分。他们仅凭一腔热情，就开起了这家以牛蛙为主打食物的餐厅。选址时，他们甚至大胆地开在了长沙一家知名牛蛙餐厅的旁边，那种“无知者无畏”的勇气，至今仍让她自我感叹。不过，也正是这份勇气与坚持，让“蛙来哒”在激烈的市场竞争中脱颖而出，成为消费者心中的美食首选。

选择聚焦于牛蛙单品类，并非突发奇想，而是基于牛蛙在全国多地，特别是湖南和四川，拥有深厚的饮食习惯和广泛的群众基础。此外，罗浩对牛蛙有独特的研究和理解，并坚信自己能创造出与市面上常见形式截然不同的菜品。

为何取名“蛙来哒”？这是一句地道的长沙话，本意为“蛙来了”。名字既通俗易懂，又直接展现了餐厅的主打品类。初闻此名时，罗清还曾有一丝顾虑，担心“哒”字在普通话中不常见，不利于品牌推广。然而，随着网络词汇如“棒棒哒”“萌萌哒”的流行，“蛙来哒”不仅未被遗忘，反而成了时尚与潮流的代名词。

创业之路布满荆棘。蛙来哒开业不久便遭遇了牛蛙价格暴涨的困境。那一年，因天气不佳，上游养殖歉收，牛蛙价格飙涨，远超他们的成本预算。面对这一突如其来的挑战，罗清坚持让哥哥保持品质不变，不涨价、不减量，用诚信和品质赢得消费者的信赖。幸运的是，两个月后，牛蛙价格逐渐回落，蛙来哒也凭借这一时期的坚守与努力，赢得了更多消费者的喜爱。

对于罗清来说，这次创业并非她人生中的第一次尝试。在此之前，她已经有着丰富的创业经验，在面对困难和挑战时，总能够保持冷静和理智。她深知生意场上的起起落落是常态，只有通过科学的管理经营手段将这些不确定性逐步降到最低，才能最终无限接近“正确答案”，因此能够以更加成熟和稳健的心态去应对挑战。

在对蛙来哒的经营管理中兄妹俩分工明确，哥哥罗浩负责产品的研发，罗清就负责品牌的战略、运营管理和内部组织的建设。

罗清与哥哥罗浩的创业故事，激励着无数餐饮追梦人。他们用实际行动诠释了一种精神：只要有梦想、有勇气、有坚持，就没有什么是不可能的。

如今蛙来哒已在全国范围内开设了500多家门店，遍布深圳、广州、上海、武汉、重庆、长沙、北京等100多座城市，是率先突破500家大关的牛蛙美食连锁品牌，引领着牛蛙行业的发展。

蛙来哒不仅荣获“长沙地标美食”和“深圳地标美食”的称号，还连续入选“中国餐饮品牌TOP100”“牛蛙产业风云榜领导者品牌”等业内榜单。2023年6月12日，蛙来哒更是获得了全球企业增长咨询公司弗若斯特沙利文的三项权威认证：“紫苏牛蛙餐品中国首创者”“2022年中国牛蛙餐饮连锁企业规模第一”“2022年中国牛蛙餐饮行业蛙锅销量第一”。

聚焦于单品爆款，多元口味蛙锅火出圈

提及“品类”一词，它在餐饮行业的兴起不过是近几年的事。2014年，蛙来哒毅然选择聚焦于牛蛙这一单品，对品牌进行了全面的包装与升级。当时行业内“品类”的概念尚未普及，这也彰显了蛙来哒在这一领域的远见和领先地位。

早在2010至2014年间，蛙来哒团队便开始了对商业模式的不断探索与测试。这五年间，他们不仅大刀阔斧地调整了“蛙来哒”品类的占比，还创立了烤鱼

品牌“爱尚烤鱼”、鱼火锅品牌“锅声嘹亮”，以及湘菜品牌“味之翼·湘”等，这些尝试累计亏损达 1000 多万元。但所有单店模型尝试，始终坚持以聚焦于牛蛙美食单品为唯一目标。

2014 年下半年，罗清从繁忙中抽身，深刻意识到对品牌进行全面梳理与改造的紧迫性。那时的蛙来哒，仍是一系列散落在长沙街头的小店，缺乏统一的品牌形象和市场定位。正是这份“不起眼”，激发了罗清内心的激情与决心。

面对未知与挑战，罗清没有退缩。她明白，要形成单品类赛道，最现实的就是做好自己的生意——你若精彩，清风自来。要让蛙来哒在众多餐饮品牌中脱颖而出，必须进行彻底的改革。她首先着手品牌形象的重塑，聘请专业设计公司，为蛙来哒量身打造了一套全新的视觉识别系统，同时邀请空间设计公司，对店铺环境进行全面升级，力求为顾客创造一个既时尚又舒适的用餐空间。

改革之路并非坦途。在品牌形象初步建立后，罗清很快意识到，虽然外在包装重要，但品牌核心在于产品。她发现，如果要实现跨越式发展，应该把目光放在连锁模式，放在更发达的日本和中国台湾等地。为此她与哥哥一同前往中国台湾、日本等地游学，深入考察当地餐饮市场的运营模式与成功经验。

在日本，罗清被单品类聚焦的商业模式深深吸引。她看到吉野家等品牌，仅凭一道牛肉盖饭便能在全球范围内开设成百上千家连锁店，且历久弥新。这种极致的专注与标准化操作，为蛙来哒指明了方向。罗清决定，与其在庞大的最小存货单位中挣扎，不如聚焦于单品，通过标准化实现产品的稳定与连锁的扩张。

回国后，罗清立即对蛙来哒的菜单进行调整。她大刀阔斧地砍掉了大量不必要的菜品，仅保留了以牛蛙为主打食物的几款核心产品。这一举措不仅简化了操作流程，提高了出品效率，更使蛙来哒的产品更加聚焦、更具辨识度。

中餐的原材料复杂多样，烹饪方法千变万化，给标准化带来了巨大挑战。但罗清凭借在科技行业和制造业积累的经验，将复杂的中餐制作过程拆解成一道道标准化工序，并通过优化供应链管理，确保了产品质量的稳定与统一。

2014 年，罗清与哥哥罗浩曾因菜单调整产生分歧。哥哥罗浩希望保留销量好的鱼类菜品，但罗清坚持认为，既已决定聚焦，就必须砍掉所有非主打菜品，只专注于牛蛙美食。最终，在罗清的坚持下，蛙来哒的菜单从原本的 200 多个菜品精简至四五十个，砍掉了超过 70% 的菜品。这一果断决策，为众多希望聚焦于单品的餐饮人树立了典范。

聚焦于单品的策略实施后，兄妹俩将更多的精力和资源投入到牛蛙菜品的研发中，最终哥哥罗浩自主研发了12种特色蛙锅，并首创紫苏牛蛙，让蛙来哒一炮而红，店店排队，甚至出现了“200元一张蛙来哒排队票”，蛙来哒迅速出圈，成为当时非常火爆的网红打卡餐厅，紫苏牛蛙也因此成为蛙来哒的招牌菜。

通过聚焦于牛蛙单品，蛙来哒建立了极高的品牌辨识度，每当人们提及吃蛙，蛙来哒便自然而然地浮现于脑海。这一成功也让兄妹俩更加坚定了聚焦于单品、深耕牛蛙美食领域的决心。

蛙来哒的菜单设计在当时别具一格，除了保留了核心主打产品——蛙锅，还创新性地引入了水果茶、调制鸡尾酒等时尚饮品。这种非传统的组合方式，却意外地产生了化学反应，赢得了消费者的广泛好评。尤其是水果茶和调制鸡尾酒的加入，不仅丰富了菜单内容，还满足了年轻消费群体对新鲜感和时尚感的追求。

2015年，蛙来哒迎来了爆发式增长。无论是湖南卫视《天天向上》等节目的推荐，还是其他媒体和渠道的报道，都为这一品牌增添了光彩。然而真正推动蛙来哒实现跨越式发展的，是其明确的商业模式和战略定位。

蛙来哒门店

如今，蛙来哒已从一家普通的街边小店，发展成为以单品类聚焦为特色的知名连锁餐饮品牌。“虽然我们在 2010 年至 2014 年间经历了不少曲折，但每一步都为我们今天的成功打下了坚实的基础。没有一条弯路是白走的，所有的尝试与努力都是通往成功不可或缺的基石。”罗清感慨道。

在科技行业多年的摸爬滚打，让罗清深刻理解到“顾客至上”的核心价值。正如科技产品的研发需要不断试错与调整以满足客户需求一样，这种以顾客为中心的理念也被她完美地融入蛙来哒的运营管理之中。

坚定加盟连锁之路，增强企业组织力

随着市场环境的日新月异，企业原有的经营模式可能已无法满足未来发展的需求。在此背景下，罗清提出了“系统性地抛弃昨天”的理念，即勇于舍弃那些不再适应市场的经营模式和沉没成本，将全部精力聚焦于新的发展方向。这种敢于转型、勇于舍弃的精神，正是蛙来哒在餐饮行业持续创新、保持竞争力的核心所在。

在转型的征途中，蛙来哒并未盲目扩张直营店，而是明智地将重心转向了加盟连锁的发展模式。这一决策深刻体现了罗清对加盟模式的独到见解。她认为，加盟不仅仅是简单的品牌授权和费用收取，更重要的是为加盟商提供全方位、深入的支持与服务，助力他们成功经营店铺。蛙来哒的加盟模式，正是基于她在科技行业积累的深厚经验，致力于与合作伙伴建立紧密的协作关系，共同开拓市场蓝海。

2015 年，蛙来哒正式进军全国餐饮市场，并选择了在当时颇受争议的一条道路——加盟连锁。面对业界“直营为正道”的传统观念，蛙来哒坚持认为加盟是实现品牌快速规模化发展的关键路径。这一决策不仅彰显了其前瞻性的战略眼光，更为其后续的蓬勃发展奠定了坚实的基础。

罗清强调，蛙来哒为加盟商提供了一整套完善的服务和支持体系，涵盖品牌授权、产品供应、技术培训、运营管理等多个维度。同时，蛙来哒还高度重视与加盟商的沟通与交流，及时了解他们的需求与反馈，不断优化服务内容与质量。这种紧密合作、共同发展的模式，使得蛙来哒的加盟商能够迅速适应市场变化，实现店铺的稳定经营与持续发展。

多年来，蛙来哒的执行流程随着实际操作的不断深入而持续优化。罗清亲自深入市场一线，了解实际情况，确保每一项标准都既有理论依据又具备可操作性。如今，蛙来哒已拥有多套完整的运营手册，这些手册涵盖了门店管理、产品标准化、企业形象识别系统管理等多个方面，为品牌的标准化运营提供了有力支撑。

蛙来哒实现了在全国范围内拥有500多家门店的壮举。这一成就不仅充分证明了加盟模式的可行性与优越性，更有力打破了“加盟即割韭菜”的偏见。通过对直营与加盟闭店率的深入调研与分析，蛙来哒发现两者之间的差异微乎其微，甚至在某些时期加盟店的运营表现更为稳健。

在餐饮行业高淘汰率的背景下，蛙来哒展现出了惊人的生命力与韧性。尤其是在疫情三年间，其闭店率仅为3.4%，远低于行业平均水平。这一数据不仅彰显了蛙来哒强大的抗风险能力，更是对其连锁加盟的合理性的有力证明。

在组织力的打造上，蛙来哒同样不遗余力。从二线城市长沙起步到一线城市北京、上海、深圳、广州的全面布局，再到三四五线城市的下沉发展，蛙来哒展现出了强大的市场适应性与穿透力。在这一过程中蛙来哒始终注重组织力的建设与提升，通过不断优化管理体系、提升团队能力、强化市场洞察为品牌的持续发展提供了坚实的组织保障与强大的动力源泉。

当蛙来哒的商业模式闭环形成后，下一组500家店，应该不会太远了。

肩挑环保责任，推动牛蛙生态化养殖

近年来，罗清不仅专注于消费终端的拓展，更致力于推动整个牛蛙产业的规范化发展，并树立了新的目标：向牛蛙产业链的上游环节深入进发。

蛙来哒立志成为一家充满创新精神的餐饮企业，将环保视为己任，积极投身于推动蛙类养殖环保化的进程之中。

自2016年起，蛙来哒便踏上了对上游供应链的深度探索与改造之旅。那时她与团队成员深入汕头的偏远乡村，骑着摩托车穿梭于荒山野岭之间，只为寻找那些分散而规模较小的养殖户。这一行动不仅展现了蛙来哒对原材料品质的不懈追求，也凸显了其在供应链整合方面的前瞻性和决心。

面对上游养殖业散乱、规模小、实力弱的现状，以及由此引发的环境破坏问题，蛙来哒没有选择回避，而是主动担当起引领行业变革的重任。罗清深知，唯有改善上游的养殖环境，企业的规模化发展才能得到保障。因此，她带领团队发起了一场生态化养殖的推广运动。

在这场推广中，蛙来哒不仅引入了水产养殖相关的大学教授等专家资源，为养殖户提供尾水环保处理、三级沉降、沉淀过滤及生物降解等专业知识的培训，还自建示范基地，直观展示生态化养殖的可行性和优越性。尽管初期这些努力并未立即带来经济上的显著回报，但蛙来哒坚信，这是对企业长远发展的必要且明智的投资。

经过数年的不懈努力，蛙来哒的推动已初见成效。上游养殖业在环保方面的意识显著增强，尾水沉降、生物降解等环保措施已成为行业标配。同时，蛙来哒还与合作供应商共同建立了严格的定期检测机制，从源头上确保食品安全与品质。

最初与养殖户沟通时遇到了不少误解与抵触，但蛙来哒坚持用实际行动展现自己的决心与诚意。通过实施押金制度、设立严格的检测标准、落实“牛蛙三级检测”等措施，蛙来哒逐渐赢得了养殖户的信任与配合，不仅保证了养殖户的经营效益，也保证了牛蛙原材料的安全，共同推动了行业的规范化和标准化进程。

企业的成功不仅依赖自身的努力，更离不开一个良性发展的生态圈的支持。因此，蛙来哒始终将社会责任与人文关怀置于重要位置，致力于通过推动行业变革来实现企业的可持续发展。一家卓越的企业不仅要关注经济效益，更要注重其社会价值与对社会的长远影响。

创人文关怀企业，让餐饮人获得尊重

罗清在深圳生活了二十多年，练就了对时尚的敏锐洞察力以及服务客户的卓越态度。在参与创立蛙来哒时，她将这些个人特质深深烙印在企业文化之中。从店面设计的每一个细节到服务流程，无不透露出她内心的世界，尤其是她对企业文化的独特理解。

谈及企业文化，罗清的讲述洋溢着温情与深情。她自 2010 年起便开始参与蛙来哒的企业文化建设，即便当时并未直接管理公司，但在构建管理结构和财务制度的同时，她始终在探寻自己为何愿意为这家企业倾注心血与时间的答案。

最终，她找到了答案，那就是帮助那些在餐饮行业中勤劳却生活艰辛的员工，引领他们走向更有价值的事业道路，让他们获得应有的尊重与认同。

“那时餐饮从业人员的社会地位并不高，员工们工作辛苦，生活条件也不尽如人意。”罗清感慨地说，“但他们却如此勤勉，我被他们的淳朴与坚韧所打动，决心要帮助他们。”这份对员工的深切关爱与责任感，驱使她立志打造一家充满企业文化、愿景、使命与价值观的企业。

“我们现在的目标是成为一家既具创新精神又富含人文关怀的餐饮企业。”罗清强调，“这并非源自网络上随意拼凑的标语，而是根植于企业成长的每一步，与品牌的成长经历紧密相连。我们每天都不懈地传达这一理念，让每一位企业成员都能深刻感受到它。”

在她的引领下，蛙来哒的员工们从青涩走向成熟，不少人从普通的服务员蜕变为店长、经理乃至全国战区的负责人。罗清分享了许多员工成长的动人故事，比如第一家店的店长如今已掌管100多家店的分区管理人战区，第一家店的财务也成长为财务总监，并成功转型为分公司总经理。这些故事不仅是个人成长的见证，更是蛙来哒企业文化与团队精神的鲜活体现。

当然，公司的持续培养与支持至关重要，但员工自身的努力与坚韧不拔的精神同样不可或缺。在成长的每一个阶段，公司都为员工提供专业的指导和精神的慰藉，助力他们突破自我，实现蜕变。

罗清以她的初心与行动，深刻诠释了企业文化的核心——一个充满温情与人文关怀的企业，其追求的不仅是企业的成功与发展，更是员工的成长与幸福。在蛙来哒这个温馨的大家庭里，每一位成员都在为实现共同的愿景而不懈奋斗。

在挑战中成长，于事业中修行

在蛙来哒的创业征途中，罗清历经了无数次挑战与磨砺的洗礼。正是这些宝贵经历，促使她不断自我反思与成长，实现了个人能力的层层跃升。她坦言，这份事业不仅为她带来物质回报，更让她找到了生命的深层意义与价值所在。

人生是一场深刻的修行，而真正的修炼场并非远离尘嚣的山林古刹，而是纷繁复杂、充满机遇与挑战的人世，尤其是那竞争与合作并存的商海。在这里，每一次挑战都是对自我极限的勇敢探索，每一次跨越都是生命价值的坚实累积。

面对工作的艰辛与压力，罗清展现出了独特的见解与态度。工作中的疲惫是成长道路上绕不开的困难，关键在于如何积极面对与巧妙化解。她倡导每个人都应拥有选择工作的权利，不应将工作视为一种沉重的负担，而应将工作视为基于兴趣与热爱的自主选择。唯有如此，工作才能成为滋养心灵的源泉，带来无尽的乐趣与成就感。

罗清深受稻盛和夫思想的影响，极力推崇“你必须热爱你的工作”理念。她认为，人生与事业都是个人自主选择的结果，并鼓励每个人勇敢追求内心的梦想与热爱，不受外界的束缚。她坚信，只要坚守内心的选择并持续努力，人生的道路必将越走越宽广，步伐也将愈发坚定。

罗清的经历与感悟为所有有梦想的创业者提供了一种全新的视角与思维方式。她以实际行动诠释了“在挑战中成长，于事业中修行”的人生哲理，激励着每个人勇敢迎接挑战，热爱所从事的工作，并坚持自主选择权，从而在人生的舞台上绽放出独特的光芒。

回首往昔，罗清以过去 14 年的创业历程为镜，向所有创业者传达了一个重要的信息：成功从来不是唾手可得的果实，它需要坚韧不拔的意志、敏锐的洞察力、持续的创新精神以及坚定不移的执行力共同孕育。在餐饮这个古老而又充满创新的行业中，罗清以她的故事生动诠释了长期主义与创新精神的完美融合，证明了只要心怀热爱，勇于挑战，每个人都能书写属于自己的辉煌篇章。

袁记云饺

品质筑基　口碑载道

从品牌发展的视角审视，连锁模式无疑是实现扩张与成长的优选策略，对整体社会与市场具有显著的正面效应。连锁企业充当着行业联合倡导者的角色，肩负着助力行业标准化与推动相关法规建设的重要使命。

——郑伯奇

饺子，在庞大的餐饮江湖中，似乎只是微不足道的一个分支。它不如火锅那般热辣奔放，也不像烤肉那样香气扑鼻，然而，正是其独特的包容与细腻，让它深深烙印在国人的味觉记忆之中。

正是这看似平凡的细分市场，却孕育出了袁记云饺，一个拥有超过 4 000 家门店的餐饮企业。其创始人袁亮宏，怀揣着打造万家门店的宏伟愿景，以袁记云饺为起点，书写了一段餐饮界的传奇。

郑伯奇

昔日市场角落小店如今已成为遍布全国的连锁餐厅。根据窄门餐饮 2024 年 11 月实时数据，袁记云饺的门店数量已是云吞及水饺连锁经营细分行业第一。袁亮宏用十二年的辛勤耕耘，一步步将梦想变为现实。袁记云饺线上、线下渠道并进，助力了手工水饺品牌化、标准化、连锁化的新进程。

谈及袁记云饺的成功，有人将其归功于那些巧手匠心、技艺精湛的“包饺师傅”，说她们是品牌口碑的基石；有人将其归功于深入街巷社区的下沉路线，与消费者建立起深厚的情感纽带；还有人坚信，袁记云饺凭借产品品质和外带体验，赢得了市场的广泛赞誉……

在袁记食品集团副总经理郑伯奇看来，袁记云饺的崛起绝非偶然，而是其在传统饺子市场中，勇于打破“有品类、无品牌”的困境，进行创新的必然结果。

这种创新，不仅局限于产品品类、店铺选址、商业模式等单一维度，而是贯穿于整个品牌发展的全过程，形成了一种从感官体验到心理认同的多方位、体系化革新。

袁记云饺一直深耕产品品质与消费者体验，致力于为消费者提供卓越的产品和服务。

从菜市场小店到 4000 多门店的成长之路

每一个成功的企业背后，都站着一位擅长创造奇迹的老板，袁记云饺的创始人袁亮宏便是如此。

袁亮宏，湖南益阳人，毕业于湖南科技大学体育专业。2012 年，他带着多次创业的宝贵经验，从长沙转战广州。在这座繁华都市的街头巷尾，他品尝了各种美食，其中一家广式饺子店给他留下了深刻的印象。走进店内，他看到街坊邻居、老人小孩围坐一桌，边品尝饺子边聊天，那份纯粹而幸福的氛围深深触动了他。

在这家小店里，饺子不仅是一道美食，更成为情感的纽带。那一刻，袁亮宏心中萌生了一个强烈的愿望：将中国传统的饺子文化发扬光大，把这份家的温暖和传统的味道传递给更多人。在他看来，饺子不仅是餐桌上的美味佳肴，更是中国人对家庭、生活的热爱与向往的载体。因此，他决定开一家蕴含中国人情感的饺子云吞店，这既是一个商业挑战，更是一种责任和使命。

在广州荔湾老西关的一个菜市场，袁亮宏开启了现包水饺的生意，并将店铺命名为“袁记饺子云吞连锁店”。这是袁记云饺从零到一的突破，谁也没有想到，这样一家小店会为水饺行业的发展带来颠覆性的创新。

当时，“连锁”概念在国内餐饮行业尚未普及，但袁亮宏敏锐地捕捉到了这一趋势，决心将袁记打造成为饺子云吞领域的连锁品牌。尽管饺子云吞作为中国传统美食拥有庞大的市场基础和深厚的文化底蕴，但在这个领域中，却缺乏一个能够引领行业的餐饮品牌。

无论是三全、思念还是湾仔码头，它们主要提供的是冷冻速冻水饺，而在生鲜、现包饺子这一领域，却存在着巨大的市场空白。正是这一洞察，为袁记的未来发展奠定了坚实的基础。

为何将第一家店开在菜市场里？袁亮宏曾在接受媒体采访时表示：“‘从群众中来，到群众中去’这句话让我感触颇深。因此，在选址时，我决定采用贴近群众的策略，把店开在人群最密集的地方，将这份家的温暖和味蕾上的温馨记忆传递给更多人。”

凭借精湛的手艺和贴近群众的策略，袁亮宏很快开设了第二家店。然而，由于水饺行业入门门槛较低，竞争异常激烈。为了提升竞争力和影响力，加快规模化发展步伐，袁亮宏开始以品牌化的思维经营饺子店。

2014 年，袁记云饺实现了从一到十的突破。同年，为了让品牌更加丰富和完整，袁记云饺开始实施品牌视觉识别系统 1.0 版，借此机会实现了品牌形象的统一化和标准化发展。

随着门店数量的不断增加，为了减少损耗并提升生产效率和产品品质，袁亮宏于 2015 年在佛山建立工厂，实现面皮、馅料的标准化生产，尽可能保证产品口味的一致性和稳定性。同时，为了提升配送效率，他自建物流体系向终端门店配送原料。

凭借现包、美味的优势，袁记云饺在起初的五年中以“小而美”的姿态平稳发展。2016 年，袁记云饺开始通过加盟模式向湖南、湖北、四川等地拓展。同年，袁记云饺全国门店突破 100 家，标志着其从餐饮界一个无名小卒成长为地方区域性品牌。

创业不仅要紧跟时代步伐，更要融入时代潮流。对于创业者而言，更要在时代浪潮中拥抱变化，勇于创新。

2020 年被称为餐饮行业的转折年。受新冠疫情影响中国餐饮业遭遇了前所未有的危机。

袁亮宏和团队成员们深感责任重大，他们思考着如何在这个特殊时期，让大家依然能够品尝到美味的饺子。

经过深思熟虑，袁亮宏带领团队迅速调整战略方向，将目光投向了生鲜外带和外卖服务。这一战略调整取得了显著成效，街坊邻居们纷纷下单，将袁记云饺的饺子打包回家。

正是在这一系列战略调整的有力推动下，袁记云饺的订单量持续攀升，不仅有效缓解了消费者的迫切需求，还得到了众多加盟商的青睐。2020 年，在行业普遍低迷的背景下，袁记云饺凭借敏锐的市场洞察力和高效的应变能力，成功实现了逆势突围。当年，袁记云饺的全国门店数量突破 1 000 家，实现了翻倍式的增长。

无人能预知困难和挑战何时到来，企业只有在环境变化时，充分发挥自身优势，迅速做出调整，才能走向持久的成功和繁荣。而袁记云饺能够迅速调整的前提，是他们自 2017 年起便在门店生鲜业务的基础上，进行了“生熟一体化”的创新尝试。

2023 年，袁记云饺的全国门店数量已超过 3 500 家，其中大部分是加盟店。在佛山新总部办公室的墙上，“首个突破 4 000 家门店的中国饺子品牌”“成为全球饺子行业知名企业”等标语赫然在目。

在 2024 年，袁记云饺主动放缓了扩张步伐，开始有意控制规模增速。他们在坚持做好原有的赛道和业务的基础上，希望保证和加快加盟商的投资回收，并尝试一些新业态和新店型，包括猪肉铺子、咖啡厅等。“对于袁记而言，品牌的多元拓展，不是‘盲目扩张’，而是‘小步快跑’。”郑伯奇表示，袁记希望在“主干道”坚固、有条件的前提下，做局部的关联性尝试，为企业未来发展提供更多可能性。

情感共鸣的品牌升级之路

在袁记云饺横空出世之前，市场上对于手工现包水饺的认知尚属空白。因此，手工、现包云饺无疑是一个亟待开发的市场，而可生鲜零售的手工现包水饺品牌更是潜力巨大。袁宏亮敏锐地捕捉到了这一机遇，毅然选择创立手工、现包云饺品牌，精准地满足了消费者的需求。

从一家简陋的小店起步，袁记云饺逐渐发展成为集生、熟产品于一体的连锁餐饮品牌，始终致力于传承和发扬饺子这一传统饮食文化的精髓。在线下，袁记云饺以“家人般的现包、现煮水饺”为核心理念，为消费者营造温馨而熟悉的就餐体验，成功在消费者心中留下了深刻的品类印记。

走进袁记云饺的门店，消费者总会看到统一着装的工作人员，他们身着整洁的服饰，手法娴熟地包制着饺子。甄选猪肉与各种蔬菜拌成的馅料在他们手中被巧妙地包裹进面皮，给人以干净、卫生且专业的第一印象。尤为值得一提的是，袁记云饺并未选择在繁华的商业中心开店，而是将店铺开设在生活气息浓厚的社区和市场，让消费者在疲惫的下班路上也能轻松找到这份家的味道。

这种选址策略让袁记云饺成为消费者生活中的一抹亮色，而橱窗里工作人员包饺子的温馨场景，则拨动了消费者的心弦。节假日回家时母亲包饺子的画面、回老家时奶奶为自己捞满一大碗饺子的情景……这些熟悉的场景让消费者在袁记云饺找到了家的温暖，从而加深了对品牌的情感认同。

为了让手工、现包的认知更加深入人心，袁记云饺采用了与传统饺子店截然不同的生产模式——明档现包。以往，饺子品牌大多在门店后厨制作饺子，消费者难以了解饺子的制作过程，对馅料的好坏也无从判断。而袁记云饺则通过明档模式，让消费者清晰地看到工作人员手工现包水饺的全过程。这一创新举措不仅巩固了袁记云饺手作鲜饺的品牌形象，还吸引了众多顾客驻足观看，实现了品牌与消费者的双赢。

如今，袁记云饺已拥有 300 多最小存货单位的丰富产品线，让消费者可以在店里找到心仪的口味。除了健康、营养、皮薄馅大的饺子云吞外，还有匠心独运的现榨饮品、配饺小菜等，充分满足了消费者的需求。

袁记云饺的品牌经历了多次迭代升级，品牌名称从最初的“袁记饺子云吞连锁店”到“袁记饺子”，再到如今的“袁记云饺”，模式从主打“纯生鲜外带”的社区店发展到“零售 + 外卖 + 外带”的多种复合模式店型，这些都见证了品牌的快速崛起和年轻化趋势。

袁记云饺始终将产品创新置于企业发展的核心位置。馅料、酱料、风味等创新元素是饺子或云吞区别于其他产品的关键。随着门店数量的不断增多和覆盖地域的逐渐扩大，袁记云饺针对不同地区的口味开发了多种类型的酱料，成了品牌的重要增长点。

面对消费新场景新业态的不断涌现，袁记云饺不仅与“好欢螺”“三养火鸡面”等品牌跨界联名，还在广州天河区核心商圈开设了概念店“袁记云饺的猜想”，推出“木姜子”“冬阴功”等创新口味的饺子锅，为消费者带来意想不到的惊喜和味蕾享受。

袁记对下沉市场的雄心同样不容小觑，从其对袁小饺的布局中，可以看出品牌对全国三、四线城市市场的重视。2024 年 3 月，袁记食品集团将在湖南长沙与益阳分别建设袁小饺的总部与生产基地，计划三年内建成，总投资达 6.5 亿元。袁小饺将主要服务于全国三、四线城市，计划五年内门店总数达 8 000 家，再造一个“袁记”。

线上业务 10 倍增长背后的执行力

在挑战与机遇并存的 2021 年，袁记云饺凭借其线上业务的迅猛增长，赢得了业界的广泛关注。这一变革，离不开行业“老将”郑伯奇。

拥有超过 10 年餐饮从业经验的郑伯奇，不仅深谙餐饮行业的运作规律，更具备前瞻性的互联网思维。在与袁记云饺的创始人袁亮宏初次会面后，袁亮宏低调内敛、思维活跃的特质给郑伯奇留下了深刻印象，也让他对袁记的未来充满了期待。

加入袁记云饺后，郑伯奇毅然挑起了线上业务拓展的重任。面对袁亮宏提出的“从 8 000 万到 2 亿”的宏伟目标，郑伯奇却显得胸有成竹。他坚信，凭借自己的丰富经验以及团队的共同努力，完全有能力将这一目标翻倍，实现 6 个亿的 GMV（商品交易总额）。而最终的结果，也正如他所预料的那样，袁记云饺的线上业务实现了从 8 000 万到近 8 个亿的飞跃式增长。

然而，这一成绩的取得并非一帆风顺。在郑伯奇加入之前，袁记云饺的线上业务还处于相对零散的状态：团队分散、策略不统一，大部分门店未上线外卖服务，甚至一些加盟商还在自行运营线上业务。这样的局面导致袁记无法获取完整的数据，对线上业务的掌控力也大打折扣。

郑伯奇深知要让当时 1 000 多家门店愿意将线上业务交给公司统一管理并非易事。为了改变这一现状，郑伯奇果断决策，成立独立的外卖事业部，并亲自带领团队不断打样、树立标杆，逐一攻克了加盟商的难题。经过半年的不懈努力，他们成功收回了 95% 的门店外卖业务，实现了由公司统管的目标。

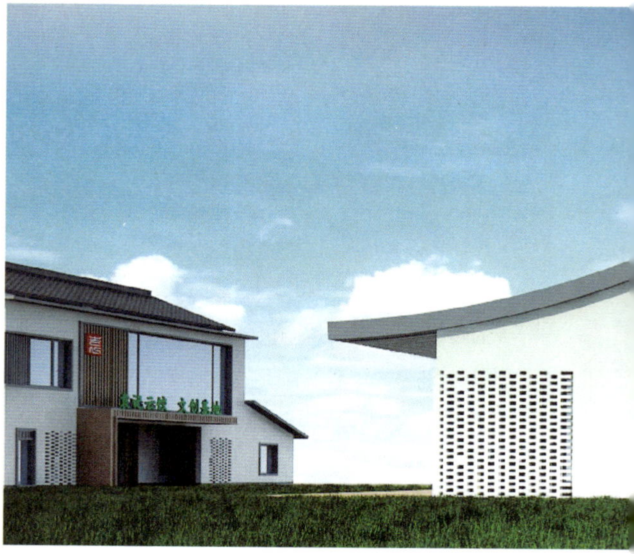

自 2021 年大力发展线上渠道以来，袁记云饺已经几乎

覆盖了全部的线上销售渠道。除了美团、饿了么、小红书、抖音等常见渠道外，袁记还进驻了高德地图等本地生活服务平台，采用了天猫、京东的优惠券团购模式。

目前，袁记云饺的外卖业务已经占据了相当大市场份额（不同区域有所差异），但随着线上渠道的不断发展，袁记云饺也面临着新的挑战和机遇。与三年前相比，袁记云饺已经从原本落后于市场的状态逐渐追赶上了行业的步伐，且现在的外卖市场已经更加成熟。然而，随着平台流量的结构、算法和逻辑的变化，要想达到更高的水平，袁记云饺还需要付出更多的努力，打造一支更专业的团队来快速响应市场的变化。只有这样，才能在激烈的竞争中实现线上业务的持续增长。

数字化助力供应链的完善

罗马并非一日建成，品牌的规模扩张只是其发展征途中的一个显著标志。深入剖析袁记云饺的成长路径，可以清晰地看到，品牌的发展是建立在坚实的基础之上的。

袁记云饺博物馆

在品牌升级与加盟网络不断扩大的过程中，袁记云饺始终坚守对品质的严格把控和服务质量的持续提升。要生产既优质又价格合理的产品，离不开标准化的管理体系，而这一切又都需要一个强大的供应链作为坚强的后盾。一个完备的供应链体系不仅增强了袁记云饺对原材料采购成本的掌控能力，还极大地提升了产品的品控水平。

“买得放心、吃得安心”是人们对食品消费的基本需求。为了进一步提升食品安全管理水平，袁记云饺依托先进的数字化和智能化技术，建立了准确、高效的食品安全质量追溯系统。

从田间到餐桌的食品安全信息，这一系统均可把控，并通过产品批次精准快速地追溯到包括原辅料信息、加工过程信息、库存信息、销售信息等在内的每一个环节。

袁记云饺通过数字化系统，实现了对全国 4 000 多家门店的实时监控，确保每一家门店都规范操作，为消费者提供安全、卫生、高质量的产品和服务。从前端到后端、从线下到线上，袁记云饺实现了多方位、多渠道的产品护航，不仅让消费者能够吃到美味、放心的云饺，也为新品研发提供了更有力的支撑。

务实与感恩并重的企业文化

作为一个拥有超过 4 000 家门店的庞大企业，其成功的背后，凝聚着三万名员工的不懈努力与智慧。如何高效管理这样一个规模庞大的团队，确保每位员工都能与企业同心协力、共谋发展，始终是袁记云饺管理层深思熟虑的焦点。

郑伯奇坦诚地分享道：“企业文化，是企业管理庞大团队、塑造员工行为模式的核心。”袁记云饺的企业文化深受其创始人袁亮宏个人魅力的深远影响。袁亮宏以低调务实的作风、勇于开拓的胆识、勤勉不懈的努力以及常怀感恩的心态，不仅形成了自己独特的行事风格，更将这些宝贵品质深深烙印在袁记云饺的每一个角落，使之成为企业的灵魂和精神支柱。

务实精神不仅体现在简朴而不失格调的办公环境中，更深深植根于每位员工的内心深处，成为他们的行为准则。这种精神力量，如同一条无形的纽带，将全体员工紧紧凝聚在一起，共同推动企业不断向前发展。

面对一个庞大团队，如何确保企业文化能够深入人心、遍地开花，让每位员工都能深刻理解并自觉践行，无疑是一项复杂而艰巨的任务。对此，郑伯奇有着清醒的认识："企业文化绝非空中楼阁，它需要自上而下、由内而外，逐步渗透、层层深化。"

随着企业规模的持续扩大和员工数量的不断增加，企业文化的传递过程中难免会遇到各种挑战和变化。但郑伯奇坚信，只要核心管理层始终保持对企业文化的高度重视，定期审视团队的变化，就能够确保企业文化的核心价值始终如一。这种对团队变化的敏锐洞察和及时调整，正是袁记云饺能够保持企业文化一致性和生命力的关键。

在袁记的企业文化建设中，务实精神、创新意识与团队协作能力并重。企业鼓励员工敢于尝试新事物，勇于挑战自我，不断寻求突破和进步；同时，通过组织丰富多彩的团队建设活动，增强员工之间的沟通与合作，提升团队的整体凝聚力和战斗力。

感恩社会、践行公益也是袁记企业文化的重要组成部分。在郑伯奇看来，袁记开设几千家门店，不仅为企业自身创造了价值，更重要的是，通过加盟店的模式，袁记云饺已经为3万多人提供了就业岗位，为社会的就业市场作出了积极贡献。

除了创造就业岗位，袁记云饺在乡村振兴和公益事业上也倾注了大量心血。多年来，袁记云饺在深耕餐饮美味的同时，不断践行公益，向社会传递温暖。

正是这样的使命和愿景，赋予了企业不断发展和向善的动力。从社区中来，到社区中去。近年来，袁记云饺积极在社区开展公益活动。2023年，每月起1日和15日，袁记云饺佛山旗舰店都会免费为65岁以上的老人送上一份云吞和饺子。截至目前，袁记云饺在全国42个城市的门店启动了"长者饭堂"项目，助力构建老年友好型社会。

此外，袁记云饺携手顺德区乐从社工深入社区，为困难群众送去温暖，推动社区的和谐与融合；与壹基金联合发起公益行动，支持乡村学校建设多功能运动场，助力乡村教育发展……

将中国饺子文化带向全球舞台

饺子，这一看似简单朴素的食物，实则蕴藏着深厚的文化底蕴。它以薄薄的面皮紧紧包裹着各式各样的馅料，无论是猪肉、鸡肉、鱼肉，还是各类果蔬，都能化作饺子的美味内核。这种对食材的广泛包容，不仅体现在饺子的制作技艺中，更象征着一种包容的文化精神，与中国传统文化中的儒家思想相契合，共同展现了中国传统文化中的和谐与包容之美。

饺子作为中国传统美食的杰出代表之一，更是中国文化走向世界的一张闪亮名片。通过饺子这一美食载体，袁记云饺可以让更多的人认识和了解中国文化，促进中外文化的交流，助力中国文化在全球舞台上绽放光芒。

袁记云饺海外首店在 2024 年 12 月 15 日在新加坡盛大开业。在海外开设门店既是作为行业知名企业的责任担当，也是实现袁记云饺企业愿景“带向全世界”的重要一步。

袁记云饺在国际化道路上保持稳扎稳打的作风，先把现有的事情做好，再寻找合适的机会拓展海外市场。郑伯奇强调，机会永远留给有准备的人，而袁记云饺正是这样一家有准备、有实力的企业。

当然，在国际化进程中，他们也面临着诸多挑战和考验，如不同国家和地区的法律法规、食品监管标准等。同时，供应链能力是出海餐饮品牌面临的重要考验之一。

展望未来，袁记云饺将以新加坡为起点，逐步扩大海外市场的版图。他们将中国饺子文化的独特魅力和中国传统美食的精湛工艺带向全世界，让中国饺子文化在全球舞台上绽放更加璀璨的光彩。

广隆蛋挞王

小蛋挞如何成就创业梦？广隆蛋挞王给出了答案

蛋挞，这款集东西方饮食精粹于一身的精致点心，在岭南大地经历了从外来文化到本土创新的华丽蜕变，现已成为岭南美食文化中不可或缺的一部分。其深厚的历史底蕴、广泛的传播渠道以及持续的改良创新，无不彰显着岭南文化的包容性和创新精神。

广隆蛋挞王，是璀璨绽放的文化交融之花。每一层酥皮的细腻、每一滴蛋液的香浓，都凝聚着张灶金及其团队的匠心独运与智慧结晶。他们将岭南文化的精髓巧妙融入蛋挞的制作之中，让每一口蛋挞都散发出独特的岭南风味。

张灶金，以一颗匠心独运的执着之心，将广隆蛋挞王打造成为集糕点美食、文化传承与情感共鸣于一体的连锁烘焙知名品牌，荣获“专精特新”的美誉。他始终坚守“利他文化”的企业核心价值观，致力于携手加盟商和合作伙伴共创辉煌，为消费者提供极致的糕点美食体验。

自 2001 年创业起，张灶金与太太谢桂琴便怀揣着一个品牌梦想。二十多年的坚持与奋斗，他们的梦想终于照进了现实，他们终于闯出了一片属于自己的天地。他们用自己的经历，证明了夫妻同心、携手并进的真谛，也再次验证了“成功没有捷径，唯有坚持、创新、学习与感恩”这一朴素的真理。

创业征途：苦乐年华，磨砺成金

20 世纪 90 年代，东莞这片热土既是打工者的天堂，也是寻梦者的乐园。无数人在这里挥洒汗水，追逐梦想，书写着属于自己的光辉创业史。然而，也有许多人在这片繁华之地奋斗多年，却仍在迷茫与徘徊中，为找不到人生的方向而苦恼。这片土地上，从不缺少故事，更不缺少书写这些故事的主人公。

年仅二十岁的张灶金，怀揣着对未来的无限憧憬，踏上了这片充满机遇与挑战的土地。尽管东莞的繁华令人心生向往，但要在这里站稳脚跟绝非易事。这里汇聚了来自五湖四海的人才，竞争异常激烈，每个人都在为了生存和梦想而努力拼搏。

初到东莞的张灶金，与众多追梦者一样，没有显赫的背景，也没有强大的人脉。在这个陌生的城市中，他只能依靠自己的双手，为了生存而努力奋斗。在纸箱厂打工一年后，不甘于现状的他毅然决定离开，踏上了充满未知与艰辛的创业征途。

1995 年，张灶金与妻子谢桂琴携手创业，他们与厨师表弟合伙借钱开起了大排档。起初，生意还算红火，然而好景不长，当他们接手另一家大排档后，人气却一落千丈。面对高昂的店租和承包费用，他们最终无力支撑，首次创业之路遭遇了挫折。

1996 年至 2000 年，是张灶金夫妇最为艰难的时光。孩子的出生让他们的生活压力倍增，张灶金不得不骑摩托车拉客以维持生计，而妻子则留在家中照顾孩子。在这几年里，他们尝试了多种生意，包括农产品批发、榨樟树油等，但都以失败告终。然而，他们从未气馁，将每次失败视为成长的学费和宝贵的经验。他们坚信，只要敢于尝试，就一定能够找到属于自己的创业之路。

张灶金

生活的艰辛与磨砺锻炼了他们的坚强意志，也让他们更加坚定了创业的决心。凡是与张灶金交往过的人，都对他有着极为深刻的印象，几乎没有人认为他会甘于平庸。

2000 年，因为亲戚在做面包生意，张灶金夫妇时常会批发一些面包在市场上卖。在这个过程中，他们发现面包的受众十分广泛，无论是小孩还是大人，都非常喜爱。于是，张灶金夫妇发现了新的商机，开始筹备自己的面包店。

2001 年，一家名为“广隆面包房”的小店在虎门东方小学门口悄然开业。店面虽然只有 27 平方米，但却承载着张灶金夫妇对未来的美好憧憬。为什么叫广隆？因为那个年代，大家都希望生意兴隆，“隆”字非常吉祥，店铺又在广东，所以取名为“广隆”。

然而，创业之路并非一帆风顺。张灶金用“不温不火”来形容当时的生意状况。尽管店铺有了一定的起色，他始终觉得缺乏竞争力。他曾考虑过将店铺打包出售，但未能如愿。“当时想过把5个店一起打包，50万卖掉，但别人只愿意出到40万，没有交易成功。没办法，只能硬着头皮继续做下去了。”面对困境，张灶金没有选择退缩，而是坚定了背水一战的决心。他深知，如果这次再失败，就真的没有退路了。

正是这份决心，让他在困境中不断寻找突破口。他不断尝试新的产品、新的营销策略，努力提升店铺的竞争力。最终，他找到了属于自己的成功之道——蛋挞。经过无数次的尝试与努力，张灶金终于在创业的道路上找到了属于自己的方向。

张灶金的故事告诉人们：在失败与挫折面前，只要坚定信念、勇于尝试、不畏艰难、持续努力，就一定能够迎来属于自己的辉煌时刻。岁月磨砺铸就金色梦想，他的创业征途正是对这一理念的最好诠释。

品牌突破：聚焦于单品，终成王者

常言道：“机遇总是青睐有准备的人。”在人生的旅途中，关键之处往往只有几步，能否走好、走对，关键在于平时的精心准备与积累。张灶金，一位深谙市场之道的创业者，正是凭借这份准备与敏锐的观察力，找到了打破困境的钥匙。

在过去几年经营面包店的过程中，张灶金敏锐地观察到一个细节：店里的蛋挞销量异常火爆。这一发现如同一道闪电，照亮了他前行的道路。他开始深入思考，如何围绕蛋挞这一单品进行突破，打造属于自己的品牌。

2005年，经过深思熟虑，张灶金决定将店名改为“广隆蛋挞王”，并同步对店铺进行了全面改造。他将橱窗设计成透明状，让顾客能够亲眼目睹蛋挞的现烤现卖过程，这一创新举措立刻吸引了大量顾客的目光。重新装修后的开业当天，店铺前排起了长队，知名度迅速攀升，业绩也随之大幅提升。

“广隆蛋挞王”这一品牌名称不仅易于记忆和传播，更赋予了品牌新的文化内涵和市场定位。选择“蛋挞王”这个名字的原因是，张灶金受到了市场上单品突破的成功案例的启发，如王老吉等单品在全国范围内的热销，以及同行中如肠粉王、板栗王等特色单品的成功。他坚信，只要将蛋挞做到极致，就一定能在市场上独树一帜，成为真正的王者。

为了打造无与伦比的蛋挞品质与口感，张灶金带领团队对蛋挞进行了全面的优化。从精选原料到精湛制作，再到独特的烘烤工艺，每一环节都经历了无数次的试验与探索。他们精确掌握了油心与水皮的储存温度比例，确保了面皮的理想硬度与延展性。更为重要的是，张灶金对蛋挞皮进行了革命性的开酥技术革新，内馅参考广东特有的炖蛋工艺，保证了外酥脆、内嫩滑的至尊口感。这款蛋挞一经上市，便受到消费者的热烈追捧，店里一天能卖掉数千个蛋挞，有时甚至能达到上万个。

爆品的诞生往往基于多个条件的共同作用，其中最重要的是产品的品质与口感。在张灶金看来，一个产品要想成为爆品，首先必须好吃，能够让消费者产生惊艳感，从而激发复购欲望。此外，爆品还应该从大众产品中寻找灵感，因为这些产品无需市场教育成本，消费者容易接受。同时，爆品还需要具备创新性，能够在传统的基础上做出突破，给消费者带来全新的体验。

广隆蛋挞王在研发新品时，正是从大众化的产品入手，通过不断改进制作工艺和配方，成功地将这些传统产品升级为爆品。例如，广隆蛋挞王推出的葡式蛋挞、日式芝士蛋挞、北海道吐司等，不仅保留了传统糕点的精髓，还融入了新的元素和口味，深受消费者喜爱。

一个好的产品不仅要满足味蕾需求，还要触动消费者的内心。张灶金强调："蛋挞可能在我理解中是这个味道，但吃完后可能超乎想象。这种共鸣也是爆品不可或缺的部分。"正是这种对消费者情感的深刻洞察和把握，让广隆蛋挞王在激烈的市场竞争中脱颖而出。

凭借卓越的品质和良好的口碑，广隆蛋挞王声名远播。然而，张灶金并没有止步于此。他有着更为深远的规划。2013 年，他再次引领变革，小型门店继续专注于蛋挞专卖，而大型门店则转型升级为面包综合店。在以蛋挞为招牌的基础上，他创新性地探索出了综合店新定义的经营策略，将大单品战略打造成了一系列战无不胜的商业秘籍。

广隆蛋挞王的故事，是聚焦于单品、追求极致的典范。它告诉人们：在激烈的市场竞争中，只有敢于创新、敢于突破，才能成为真正的王者。

品牌腾飞：开放加盟，共创辉煌

随着首家店铺的成功开张，张灶金踏上了店面复制的征途。他将旗下所有店铺统一换上了醒目的"广隆蛋挞王"品牌标识，并相继在虎门和东莞其他镇开设分店，自此，他的事业如同插上了翅膀，迈上了规模化发展的快车道。尽管当时的规模尚未庞大，但足以在本地市场稳稳扎根。

2008年，成为张灶金事业真正的转折点。这一年，他在东莞向阳路开设了一家专营蛋挞的小店。这个看似不起眼的决策，却意外地引发了轰动效应。尽管店面仅有8平方米，却吸引了络绎不绝的顾客排队购买，这一现象迅速在当地传为佳话，并吸引了众多寻求加盟的投资者纷至沓来。其中，第一家开在东莞以外的加盟店，便是由一位在品尝后深感美味的惠州老板所开设，他将广隆蛋挞王的美味带到了惠州。

为何开放加盟？因为张灶金自己过去的创业经历充满艰辛，所以他深知创业之路的不易。如果当时有人给予指导，他可能会少走很多弯路。因为自己曾经淋过雨，所以他想为他人撑起一把伞，用自己的经验，帮助更多的创业者，提高他们创业的成功率。

2010年，东莞市广隆食品有限公司应运而生。在接下来的几年里，广隆蛋挞王的加盟店数量如雨后春笋般迅速增长，至2013年已突破100家大关。最近三年来，广隆蛋挞王更是实现了跨越式发展，每年新增门店数量均超过百家。目前，其门店已遍布广东、广西、湖北、江苏四省（区），总数近600家，尤其在东莞地区，已经实现了28个镇区及4个区的全面覆盖。

在创业路上，广隆蛋挞王经历了多次转型与蜕变，每一次都伴随着挑战与机遇的交织。而加盟模式的引入，无疑是其发展历程中的一个里程碑。

张灶金始终将加盟商的成功视为企业发展的核心要务。在选址这一关键环节上，他表现得尤为审慎。他深知，店铺的成败往往从选址的那一刻便已初见端倪。“我们拥有一支经验丰富的选址团队，对每一个潜在店面都会进行严格的评估与审核。只有符合我们高标准的店面，才能成为广隆蛋挞王大家庭的一员。我们绝不会为了眼前的短期利益，而让加盟商承担选址不当所带来的风险。”

早年的创业经历，让张灶金对店铺选址有着独到的见解和深刻的认识。他曾选址不当而导致大排档生意惨淡，最终血本无归。这段经历让他深刻体会到选址对于店铺成功的重要性。

加盟商的成功不仅关乎他们个人的切身利益，更与广隆蛋挞王的品牌形象紧密相连。“如果加盟商因经营不善而倒闭，我们的品牌也会受到严重的牵连和损害。因此，我们不仅要为加盟商提供优质的选址服务，还要在后续的经营管理、

广隆蛋挞王门店

产品培训等方面给予全方位的支持与指导。”

为了确保加盟商的成功率，广隆蛋挞王聘请专业的顾问公司，帮助梳理和管理店铺架构，请专业的培训机构，对店铺所有的店长进行系统的培训，务必让店长做到提供一流优质服务，这些举措成效显著。

在选择加盟商时，张灶金最看重的是他们的诚实与信用。在这个快节奏、高压力的社会里，诚信已成为一种稀缺资源。广隆蛋挞王把诚信放在首位，只有那些诚实守信、本分经营的加盟商，才能成为其中一员。

虽然市场环境瞬息万变，但无论外界如何变化，诚信始终是广隆蛋挞王不变的坚守和信仰。品质好的人通常也会更讲诚信、更值得信赖；勤劳的人往往更有毅力、更能克服困难；心态和价值观相同的人则更容易与他们产生共鸣，形成强大的团队合力。

品质保障：自建工厂，坚守初心

提及广式糕点，广隆蛋挞王在大湾区民众心中的地位无可撼动。

从最初的一家小店，到如今全国范围内超过 500 家门店的广泛布局，广隆蛋挞王的发展历程稳健而坚实，每一步都留下了深刻的印记。在连锁业态中，核心竞争力在于为消费者提供品牌保障和标准产品。

连锁店的最大优势之一，在于能让消费者在任何地方都能品尝到同样口味的美食。为了实现这一目标，广隆蛋挞王在品质保障和口味标准化方面倾注了大量心血。面对众多分布在不同地区的分店，如何确保每个分店的产品口感始终如一，是广隆蛋挞王面临的一大挑战。毕竟，每个店的烘焙师傅技艺各异，制作出来的产品难免会有所差异。

在一开始，张灶金就明智地选择了统一中央工厂配送生产的模式。中央工厂在这一模式中发挥了至关重要的作用，它生产的大部分半成品会送往门店，进行现场烘烤和销售，从而确保了产品的新鲜度和品质。此外，广隆蛋挞王还在服务等方面也实现了统一标准化，为消费者提供了始终如一的消费体验。

在产品的标准化工艺上，广隆蛋挞王更是精益求精，注重每一个细节。为了确保每个店的产品味道几乎一致，广隆蛋挞王在产品的工艺流程、原材料选择等方面实施了严格的管理。原料的稳定性是保障产品一致性的关键所在。

早在十多年前，广隆蛋挞王就开始着手建设自己的中央工厂。工厂不仅是生产加工的中心，更是资源整合的平台。广隆蛋挞王可以根据市场需求和消费者口味的变化，灵活调整配方和生产工艺，从而确保产品的品质和口感始终保持在最佳状态。自公司成立以来，张灶金始终秉承着极致的匠人精神，十年如一日地走访国内外知名企业，遍访烘焙大师，严苛选材，专注于工艺，执行“3 个 1”标准——精确到每 1 克、每 1 度、每 1 秒。公司所用面粉、油、酵母等原材料均通过严格筛选机制选定供应商，奶制品原料采购流程符合国际生产规范，鸡蛋经质检后全程恒温配送，确保入厂原料处于最佳保鲜状态。

“我认为要做好食品的话，坚持把品质做好是第一位的。”张灶金坚定地说，“产品才是根本，一直以来我都坚持以产品为先，因为产品不好，你再怎么说都没有用。”

目前，广隆蛋挞王在珠三角地区已经拥有超过 550 家门店（占全国总门店数量的 95% 以上）。为满足日益增长的市场需求，他们不断加强后端供应链建设。在现有东莞虎门、广西南宁两个中央工厂的基础上，又新增了佛山三水工厂。这三大工厂为广隆蛋挞王的长远发展奠定了坚实的基础。

三大工厂自动化设备成熟，参与面包制作的设备如面团分割机、自动化方包成型线、自动化隧道炉等有100多台，完全能够满足500多家门店的产品需求。各类糕点、面包、热酥等出品已超过一百多种，从配方到原料，从工艺关键点到每一道流程都严格把控，确保食品安全。广隆蛋挞王还率先通过了ISO22000食品安全管理体系认证，为消费者提供了更加安全的产品。

从选择大品牌原材料供应商到自建工厂，从整合资源到提升品质，张灶金和广隆蛋挞王始终坚守着匠心筑梦的初心和使命。他们以实际行动诠释了什么是真正的品质保障和消费者至上，为消费者带来了更加美味、安全的广式甜点。

产品创新：糕点为媒，传递岭南文化

为了将岭南文化的精髓与蛋挞完美融合，张灶金及其团队历经无数次的尝试与创新。张灶金不仅对蛋挞有着深厚的情感，还对广东的传统糕点情有独钟。在过去的十几年间，他不仅对产品品质有着极高的追求，更怀揣着一个梦想——将岭南糕点文化发扬光大。

自推出广隆蛋挞王后，张灶金逐渐意识到单一品类的局限性。在广东市场，若仅经营蛋挞专卖店，市场容量相对有限。为了实现更大的发展，必须丰富产品线。这一观点与广东庞大的烘焙市场紧密联系。广东拥有全国最多的面包房，数量高达十几万家，这里的人们对烘焙食品有着极高的接受度和热爱，这为广隆蛋挞王提供了广阔的发展空间。

正是基于这样的市场洞察，广隆蛋挞王开始逐步拓展产品线，推出了北海道吐司、芝士蛋糕以及一系列特色伴手礼。面对日益年轻化的客户群体，张灶金深知创新的重要性。为了更好地满足年轻消费者的需求，广隆蛋挞王在产品研发上倾注了大量心血。他们每年都会推出多款新品，并根据市场反馈不断优化产品。

张灶金对传统广东糕点进行了优化，旨在打造出既有岭南特色又符合年轻人口味的广东特色糕点伴手礼。例如，他们推出了口感更脆更酥、更符合年轻人口味的鸡仔饼，以及颠覆传统的帝王酥（月饼）。这款月饼将蛋黄与绿豆的香气完美融合，彻底改变了传统月饼重油、重糖的口感。在这一系列的创新后，这些传统糕点的销量显著提升，“帝王酥”更是成为每年月饼季的爆款产品。

广东的饮食文化丰富多彩，值得探索的地方还有很多。除了蛋挞和鸡仔饼外，还有许多其他的美食和特产都蕴含着岭南的文化韵味。每一次的创新和尝试，都是对这份文化的一种传承和弘扬。

此外，广隆蛋挞王还通过传统媒体和新媒体等渠道，将自己的产品与岭南文化相结合进行宣传推广，让更多人了解并爱上这份来自岭南的美食。

从第一款爆品“广隆蛋挞”融合了港澳甜品文化并被客户誉为“广隆蛋挞王”开始，到深耕广府、发扬岭南饮食文化并匠心经营23载，广隆蛋挞王形成了“粤港澳基因＋岭南文化＋广隆特色”的新一派独特风味。广隆蛋挞王每一步都代表着不凡的追求与纯粹的企业文化，代表着新时代粤系经典的品味与创造力。

如今，广隆蛋挞王已经不仅是一个美食品牌，更是一个文化的传播者。它希望通过糕点将岭南的文化韵味传递给更多人，让更多人了解和喜爱这份岭南的美食和岭南文化。

利他之心：谋事先为他人想，自有荣华在己身

古语云：“谋事先为他人想，自有荣华在己身”“广结善缘”。这些话语深刻揭示了为人处世的智慧：多为他人着想，终将惠及自身。

在合作伙伴的眼中，张灶金是一位极具格局的企业领航者。他从不拘泥于小事，能够包容一切，有着清晰的企业发展规划。广隆蛋挞王的蓬勃壮大，背后蕴藏着其独特而深厚的企业文化底蕴。深入探究，不难发现，这种文化的根源深深植根于企业创始人张灶金的文化修养与价值观之中。

张灶金热爱阅读，从书中汲取了丰富的管理智慧和人生哲理。其中，“利他”思想对他影响深远。2013年，他接触到稻盛和夫的故事，深受其利他文化的启发。自此，张灶金将稻盛和夫的利他文化内化于心、外化于行，时刻鞭策自己践行这一理念。

“经营之圣”稻盛和夫曾言：“要以‘利他之心’经营企业，在决策时，经营者需扪心自问是否‘动机至善，了无私心’。”张灶金在无意中遵循了这一哲学，将利他之心融入企业管理之中。他认为，在商场上若一味追求个人利益，往往会陷入困境，道路越走越窄；而秉持利他之心，则有望实现双赢。

谈及利他文化的实践，张灶金分享了广隆蛋挞王的成功案例。在定价策略上，企业更倾向于将更多利润让渡给加盟商，而非自身。这一做法不仅助力加盟商取

得成功，还促进了企业的蓬勃发展，体现了相互成就的理念。

人活在世上需有坐标、有方向，因此常给自己定位。做企业亦是如此，要想发展、基业长青，也需明确定位。张灶金给自己和企业的定位简洁而深刻：做好当下。这四个字虽简单，却蕴含着深刻的道理。于人生而言，知足常乐、保持平常心；于企业而言，厚积薄发、脚踏实地。

张灶金自认为是一个很“佛系”的人，对于广隆蛋挞王的未来，他有着谦逊而务实的规划。他更注重脚下的每一步，倾向于顺其自然，先深耕广东市场，待时机成熟再逐步向外拓展。这种“佛系”态度并非逃避世事，而是他多年商海沉浮后的深刻感悟。他的稳健步伐为广隆蛋挞王的发展奠定了坚实基础，也为创业者提供了宝贵启示：在瞬息万变的商业世界中，保持平常心，踏实走好每一步，方能赢得更加辉煌的未来。

如今，张灶金正从生意人向企业家转变。他对广隆蛋挞王的期望不再是跑马圈地，而是更加聚焦于企业的内在成长与提升。从他身上，人们能够深切地感受到“责任”二字的重量。他对行业的责任，驱使他积极宣传推广岭南文化，为行业的繁荣发展贡献自己的力量；对消费者的责任，促使他不断创新，以满足消费者日益多样化的需求；对员工的责任，让他致力于提升员工的归属感，携手员工共同成长进步；对加盟商的责任，则使他全力以赴地提供支持与帮助，共同搭建共赢的桥梁。

感恩之心：夫妻同心，携手同行

璀璨的星空离不开每一颗星辰，茂盛的森林得益于每一棵树木。同样，今日的广隆蛋挞王，其辉煌成就背后，离不开成长过程中每一双援手的温暖与支持。心怀感恩，方能虚怀若谷，有所作为。张灶金始终强调并坚持着这一信念，将感恩之心融入生活的每一个瞬间。

成功的男人背后，往往有一个贤惠而伟大的女人以及一群得力助手和合作伙伴。这句话虽非千古名言，却道出了成功的真谛。张灶金的成功，离不开他太太谢桂琴的默默支持与无私奉献。无论是在创业的艰难时期，还是在企业稳步发展的阶段，谢桂琴始终如一地站在他身后，给予他坚定的支持与鼓励。

爱学习的人，总能散发出一种独特的魅力。张灶金夫妇共同投入大量时间和精力在学习上，一起报读了企业管理课程。共同的生活、学习经历让他们在工作中保持高度默契，成为令人羡慕的夫妻创业典范。

张灶金眼中的谢桂琴，是一位事业、婚姻、家庭都打理得井井有条的杰出女性；而谢桂琴眼中的张灶金，则是一位战略眼光独到、计划周密的优秀领导者。他们夫妻二人身上所展现的正能量，正是当今社会所提倡和推崇的。

张灶金常常心怀感恩，感恩妻子的陪伴与支持、员工的辛勤奉献以及合作伙伴的鼎力相助。这些支持是他和广隆蛋挞王能够走到今天的重要力量。感恩之心，如同细雨滋润，悄无声息地融入企业文化之中。

张灶金的感恩之心，深受自身成长环境、教育水平以及社会经历的影响。在人生的风雨中，他始终保持乐观积极的心态，克服了一个又一个难关，度过了一段段艰苦的岁月。这颗感恩的心，让他在复杂的商业关系中保持清醒与明智，在成功与失败面前更加坦然与从容，从而在顺其自然中铸就了广隆蛋挞王的辉煌。

在东莞这片充满活力的热土上，广隆蛋挞王不仅扎根生长，更辐射全国，展现出强大的生命力和较高的市场地位。它的成功，不仅为烘焙行业树立了新的标杆，更为草根创业者提供了宝贵的经验和启示。东莞的民营经济崛起和制造业信心增强，为广隆蛋挞王这样的本土品牌提供了广阔的发展空间，也让更多创业者看到了希望和机遇。在这里，匠心与梦想交织，共同绘就了一幅绚丽的创业画卷。

广隆蛋挞王门店

面部护理赛道如何跑出6000家门店超级品牌？

连锁的本质，在于标准的可复制性，这种可复制性是企业迅速扩张、快速占领更多市场、获取更高市场占有率的关键。我们的阶段性目标是通过连锁的力量，将一个“樊文花”裂变为N个“樊文花”，让更多人能在创业旅程中实现个人价值，自信绽放美丽。

——樊文花

樊文花

她是20世纪80年代第一批美容院个体承包者；

她创立了国内首屈一指且独具特色的面部护理品牌——樊文花；

她麾下的连锁门店数量已突破6 000家，成为了名副其实的标杆品牌；

她就是被尊称为美业“花木兰”的樊文花——一位秉持“因为热爱，所以专注”人生信条的女性创业者，一位在面部护理领域深耕细作、以匠心精神铸就品牌辉煌的领航者。

樊文花品牌以创始人樊文花的名字命名，以自己的名字承诺要给顾客更好的产品体验和服务。在樊文花品牌的世界里，每一滴精华都蕴含着对美的极致追求，每一次护理都是对肌肤的专业呵护。她坚信，美丽不仅仅是外表的华丽，更是内在自信与光芒的展现。

6 000余家门店遍布全国各地，拥有建筑面积10万平方米的产业园，樊文花品牌已走过37载辉煌历程。从初创的艰难到如今的枝繁叶茂，樊文花品牌的发展之路是一部关于坚持与创新的灿烂史诗。她凭借女性独有的细腻与敏锐，精准捕捉每一位顾客的需求，巧妙融合科技与传承的力量，中式手法搭配科技功效产品，开创出一条既符合现代顾客需求又不失传统韵味的面部护理之道。在这条道路上，樊文花品牌不仅帮助无数女性重拾自信，更激发了她们对自我价值的认知与追求。

历经岁月的洗礼与沉淀，樊文花品牌已深深植根于广大女性心中，成为她们追求美丽的信赖之选。而樊文花的创业故事，不仅是商业领域的成功典范，更是女性创业者自强不息、勇敢追梦的生动写照。她激励着无数女性勇敢追寻自己的梦想，绽放属于自己的独特光彩，成为自己生命中最耀眼的花朵。

以勤奋与热爱，书写美业创业传奇

能够将自己热爱的事作为终身职业，无疑是人生中最大的幸福。在文化底蕴深厚的山西汾阳，就孕育出了一位美业的杰出企业家——樊文花。她的名字与其自创品牌“樊文花”紧密相连，共同成为中国美业的一张璀璨名片。

樊文花自幼便对美有着无尽的热爱与追求。在那个物资匮乏、女性护肤理念尚未普及的年代，樊文花已经敏锐地感受到了美的力量，并为之努力。

20世纪80年代，樊文花在太原南城服务公司做学徒。她以勤奋、能干和对手艺的深厚热爱，赢得了领导的赏识与同事的认可。尽管条件艰苦，但她从未有

樊文花面部护理品牌创始人 樊文花

过丝毫怨言，因为对美的热爱足以让她克服一切困难。

随着改革开放的深入，樊文花迎来了人生的重大转折。她凭借在美容行业的积累与沉淀，大胆承包所在国营单位的美容部，并将其更名为皇室医学美容院。创业初期，樊文花面临着资金、技术、市场等多方面的挑战。然而，这些困难并未击垮她，反而激发了她内心的斗志与创造力。她深入了解顾客需求，不断优化服务流程，提升产品质量，逐渐在市场上赢得了消费者的信赖与好评。

谈及最初的创业动力，樊文花深情地提到了对父母的敬爱与心疼。她希望改善家庭生活条件，给父母买一套好房子。这个朴素而坚定的梦想，支撑着她走过了创业初期最艰难的时光。

“父亲从小就教导我们不能说假话，要诚信做人。做任何事情，越是看不见的地方，越要用心。”这些话，不仅在她学艺时得到了体现，更在她日后的管理生涯中发挥了重要作用。父亲不仅教导她勤奋与诚实，更教会了她坚韧不拔的精神。

业内人士曾称赞她为“打不死的花木兰”，这一称号既是对她坚韧精神的肯定，也是对她不懈努力的赞誉。

1998 年，樊文花南下广州创办工厂生产面膜。为了给顾客更好的产品，她不断改进技术研发新产品。随着时代的发展，生活节奏越来越快，顾客需要更专业便捷的面部护理，樊文花敏锐地捕捉到这一市场机遇。在美容行业沉浸多年，樊文花觉得美容院项目不聚焦，价格不透明，护理时间过长，而日化店只有产品，没有服务，不够专业。在长时间的思考与探索下，2000 年，樊文花决定大胆创新商业模式，开创了面部护理连锁时代。

经过反复的探索与打磨，专注于面部护理的第一家樊文花面部护理店于 2013 年正式落地，开启了“产品 + 服务”的线下体验店模式，将科技产品与中式手法完美结合，为顾客带来了前所未有的护理体验。在推行新模式的路上，樊文花仍然奉行其拙朴的处世法则。她并未贸然放开加盟，以免合作者承担亏损风险。前期以公司直营为主，在模式高度成熟之后，才逐渐放开加盟。

很多人都问过樊文花创业成功的诀窍，她说很简单：一是心定脚动，即心中有明确的目标和信念，同时付诸实践，不断努力；二是专注于自己擅长的事情，不盲目跟风或追求不切实际的目标。樊文花以自己的经历为例，讲述了如何围绕面部护理这一事业，不断精进和成长。她的故事，是勤奋与热爱的最好诠释，也是美业创业传奇的生动写照。

精准定位，专注于面部护理 37 载

日本商界传奇人物、小林制药董事长小林一雅在其著作《小池大鱼》中深刻阐述了一个观点：聪明的企业会选择在细分市场中深耕细作，成为小池塘里的大鱼。樊文花品牌自转型后，便决心在面部护理这一细分领域做一条大鱼，专注而执着。

37 年来，樊文花品牌凭借其深厚的品牌底蕴和顾客信任，照亮了无数爱美女性的面部护理之路。樊文花始终坚守初心，致力于让每一位顾客在每一次护理后都能亲眼见证肌肤的显著改善，这一追求成为她不断前行的动力源泉。

在面部护理的道路上，樊文花从未停止探索的脚步。她创新性地提出了“分肤护理”的理念，根据数以万计的用户肌肤数据，结合地域差异、气候变化、环境污染、睡眠饮食等因素将肤质细分为 10 种。通过 AI 肌肤检测仪，顾客可以全面了解自己的肌肤状况，而专业护理师则会根据检测结果制定个性化的全周期护理方案，确保每一位顾客都能得到最适合自己的护理。

这一新模式迅速赢得了市场的认可与顾客的信赖，樊文花的生意蒸蒸日上，加盟商也纷至沓来。目前樊文花面部护理全国门店已经突破 6 000 家，2024 年 3 月，全球增长咨询公司弗若斯特沙利文授予樊文花品牌“全国美业门店规模第一”的市场地位认证，这是对樊文花品牌实力和市场地位的最好证明。

如今，樊文花品牌已拥有庞大的用户群，这让她有了足够的底气奋力开启数字化转型。她与华为云强强联手，借助数字化手段精准定位目标客户群体，提供个性化的产品和服务。通过精准的数据分析，樊文花品牌能够深入了解每位顾客的肌肤状况与个性化需求，从而提供更加专业、高效的护理建议。智能技术的融入让顾客在享受护理的过程中感受到了前所未有的精准与便捷。

在数字化转型的推动下，樊文花品牌的经营模式也焕然一新。线上 + 线下双管齐下，借助抖音、美团等新媒体平台进行产品的售卖与品牌推广。全网团单销量突破 450 万单。同时，她还构建了四层矩阵式运营团队，持续创作新内容以提升短视频和直播的转化效率。这些变革不仅提升了樊文花品牌的影响力与市场份额，更让品牌在竞争激烈的市场中保持了绝对的竞争力。

作为全国面部护理连锁头部品牌，樊文花品牌不仅致力于提供高品质的面部护理服务，还积极推动行业标准的制定与实施。樊文花牵头制定了首个面部护理团体标准——《面部护理门店服务规范》，使面部护理的标准服务更加规范化、

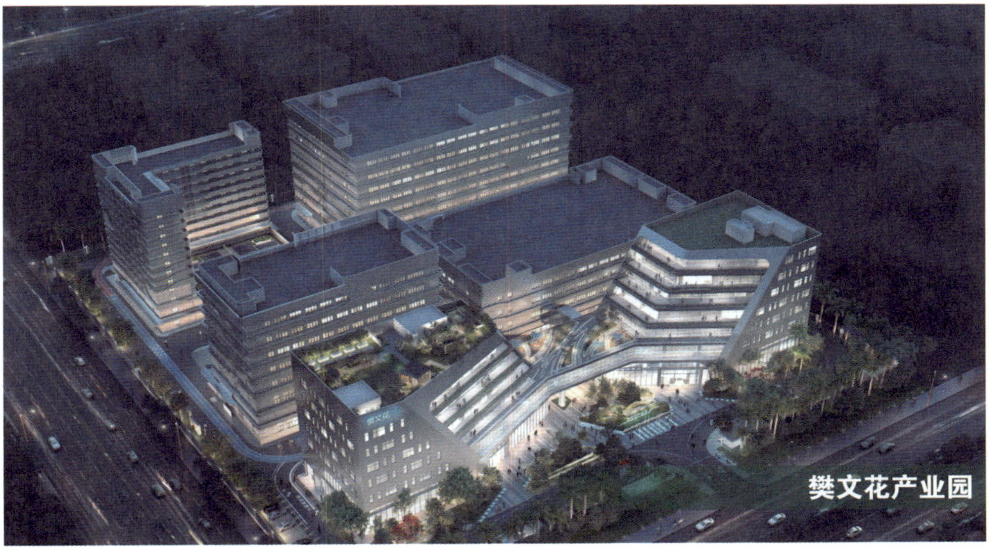

樊文花产业园

专业化。同时，樊文花品牌还始终坚守“千店如一店、千人如一人、千手如一手”的理念，确保每一位顾客在任何一家门店都能享受到统一标准、统一手法、统一形象的面部护理服务。

展望未来，樊文花将继续深耕面部护理领域，加快部署“百城万店”的步伐。她希望未来帮助1万名女性创业，5万名女性就业，让1亿女性的面部肌肤得到改善。

科技护肤的领航者，展现“专精”力量

作为一个专业级的面部护理品牌，樊文花致力于满足任何肤质的需求，为每一位顾客提供专属护理方案。这背后，樊文花洞悉市场需求和用户面部问题，整合产学研力量，旨在将面部护理事业做精做强。

随着科技护肤浪潮的兴起，樊文花敏锐地意识到，想要在竞争激烈的市场中保持领先地位，必须不断加大科研投入，持续推出具有卓越功效的产品。

早在2017年，樊文花便前瞻性地成立面部护理研究院，致力于以科技力量推动产品创新。同时，樊文花与众多前沿科研机构建立了长期稳定的战略合作伙伴关系。例如，与浙江清华长三角研究院衰老科学创新研发中心携手，该中心汇聚了包括诺贝尔奖得主迈克尔·莱维特（Michael Levitt）在内的众多顶级专家，共同探索AI靶向科技护肤的新领域；此外，樊文花还与“重组胶原蛋白第一股”锦波生物强强联合，率先将A型Ⅲ型胶原蛋白融入产品之中，显著提升了护理产品的功效与吸收度。

科技创新的硕果催生了樊文花品牌的明星产品——奢级科技抗皱之作“玻色因胶原Pro系列”。这一系列中的玻色因胶原Pro霜，以30%高浓度的玻色因溶液为核心，辅以专利A型Ⅲ型胶原蛋白与科技环肽（十肽-4），在抗皱淡纹领域实现了又一次创新突破。更令人瞩目的是，樊文花在确保产品卓越品质的同时，还保持了亲民的价格，让更多女性能够轻松享受到奢级的护理体验。

与其他美妆护肤品牌相比，樊文花品牌不仅在科技产品上发力，还通过独特的樊氏手法按摩护理，进一步放大产品的功效。樊氏面部护理手法结合了面部9条护理线、16大护理部位，以及传统的揉、点、提、拨、刮等按摩动作，通过清、排、调、补、固的护理步骤，不仅使护理效果更好，更将护理过程变成了一种享

受。这一独特的护理手法，也成为樊文花品牌的核心竞争力之一。

为了保障产品质量的稳定性，樊文花品牌斥巨资建设了建筑面积 10 万平方米的花园式产业园。这个集总部办公、研发、产品体验、工艺示范、智能制造、仓储、物流等多功能于一体的综合性基地，软硬件设施同步升级，为新质生产力提供了坚实的支撑，为产品品质提供了有力保障。

如今，樊文花已然成为美业终端领域的佼佼者。这背后，从商业模式到面部护理，再到数字化升级，樊文花品牌锐意革新，不断引进先进技术，与国际头部研究机构在产品、原料、技术等多维度开展深度合作，用行动和专业展现了面部护理领域头部品牌“专精”的力量，已荣获超 20 项行业重量级奖项。

坚持质价比，无压力面部护理新体验

樊文花以“圆规”为喻，生动描绘了自己对面部护理事业的执着追求。她坚信，以“美”为圆心，不断探索与创新，是通往成功的必经之路。无论是产品开发、服务提升，还是品牌塑造，樊文花都始终坚守这一理念，致力于为消费者创造更加美好的体验。

在樊文花眼中，美业不仅是一门生意，更是一份传递爱与美的崇高使命。她常将顾客视为亲人朋友，这种设身处地的情感投入，让樊文花品牌的服务充满了温情与力量。她强调：“绝对不能将事业仅视为赚钱的工具，而要真心热爱。只有热爱事业，你才会珍惜你的羽翼，才会爱你的客户，真正用心帮助她们解决肌肤问题。”这种以爱为核心的服务理念，不仅赢得了顾客的信赖与忠诚，更为樊文花品牌奠定了坚实的口碑基础。

创立樊文花品牌的初衷，便是为顾客打造一个无压力、轻松愉悦的美丽体验空间。在这里，每一位顾客都能感受到家一般的温暖与舒适，真正享受面部护理带来的内心愉悦与放松。樊文花倡导直接透明、明码标价的消费方式。面对美业市场的激烈竞争，樊文花却从容不迫。真正能够脱颖而出的品牌，往往是那些用心做服务、用心做产品的品牌。樊文花品牌之所以能在美业中屹立不倒，正是因为始终坚守着这份用心与执着。无论是产品的触感、视觉设计还是使用体验，樊文花品牌都力求做到极致，用看得见的改变唤醒心底的感动，让美丽成为直抵人心的情感语言。

疫情给人们带来了前所未有的冲击，也让人们开始重新审视自己的生活和需求。樊文花敏锐地洞察到这一变化，现在的消费者更加注重产品的品质和效果，更加关注肌肤健康和内心感受。因此，樊文花品牌倡导提供质价比高的产品，即在保证质量的同时，给予消费者更加合理的价格。

“我们公司要提供质价比高的产品，这是我们对消费者的承诺。”质量是产品的生命线，价格则是消费者选择的重要因素。只有真正做到质价比高，才能在激烈的市场竞争中脱颖而出。通过提供极致的服务，樊文花品牌成功将“质价比”理念植入消费者头脑。

诚然，樊文花品牌的成功离不开诸多因素的共同作用：第一个是其开店模型，6.3 万元起就能开 1 家店，小店模型的好处在于开店成本低，回本周期快，加盟人群广泛。第二点是品牌定位精准，只做面部护理，不做大而全的项目，这样更容易标准化。第三个是从供应链的角度来看，自建工厂既保证了产品的稳定性，也能保证总部和加盟商的收益，形成一个正向的良性循环。然而，在这众多因素中，唯有品牌心智这一无形资产，才是难以被轻易复制与超越的核心所在。提及面部护理，人们自然而然便会想到樊文花品牌。品牌心智的持久影响力，在于它能够跨越时间和空间的限制，持续引导消费者的决策。

以爱之名，绽放女性人生价值

每一朵花都散发着它独特的芬芳，正如每一位女性都拥有属于自己的独特光芒。

在樊文花看来，事业绝非单纯的赚钱工具，而是需要倾注真心与热爱的神圣使命。在她的引领下，无数女性创业者找到了归属感、自我价值，也从樊文花身上汲取了坚韧不拔的精神和勇往直前的力量。

樊文花不仅尊重客户、尊重女性、尊重行业，更尊重每一个人。她深信每个人都有自己的独特之处和了不起的地方，值得去学习和借鉴。

她深知自己的成功离不开团队的协作和消费者的支持，因此她始终保持着对市场的敏锐洞察力和对消费者需求的深刻理解。在她的精心打造下，樊文花品牌不仅为女性提供了工作机会，更让她们找到了归属感和实现了自我价值。樊文花品牌的加盟模式也为那些渴望自由、灵活安排时间的人们提供了一条适合自己的创业之路，实现了事业与家庭的完美平衡。

樊文花秉承“分享美，传递爱”的初心。“我觉得中国的女性要自信、要有自己的价值、要有工作、要有自己的事业、要有独立的能力，自己是闪闪发光的。我很乐意分享美、传递爱，并在这个过程中实现经济价值，帮助伙伴们提高她们的生活品质。”

樊文花品牌的核心价值，源自对女性美的深度理解与专业呵护，以及对实现女性自身价值的不懈追求。这份核心价值，如同樊文花心中的灯塔，在她的创业征程中指引方向，引领她一步步铸就了如今的辉煌。

对于想要加盟樊文花品牌的创业者们，樊文花给出了自己的建议，她鼓励大家要勇敢尝试、敢于创新，并相信自己的能力和潜力。创业虽然不易，但只要选择了正确的方向和模式，并坚持不懈地努力下去，就一定能够收获成功的果实。

从太原到广州，从北到南，樊文花不断扩展着自己的版图。它由地方品牌逐渐发展成为全国知名品牌，由美容院渠道向面部护理赛道成功转型。在这个过程中，樊文花始终保持着那份质朴与坚持，远离喧嚣的舞台，专注于自己的品牌之路。

如今，已年逾六旬的樊文花依然保持着饱满的精神状态和对美容事业的无限热爱。在采访中，她展示了自己20世纪80年代做美容时的照片，那时的她留着大波浪卷发，时尚前卫。与过往的她相比，岁月仿佛只为她增添了几分从容与睿智。

作为企业领头人的樊文花，如今仍保持着每天晨跑的习惯，常年参加各种马拉松比赛，而且工作状态时刻在线。对她而言，创业、创品牌就像一场马拉松。她说：“遇到困难的时候可以哭，但是不能放弃，因为马拉松告诉我，既然起步了，就一定要坚持到底，那里有鲜花和奖牌等着你。”

这就是樊文花的魅力，这种魅力感染了许多人。她带着真实与睿智，在美业留下了一个娇美的身影。

养发赛道的领航者
幸福哲学的践行者

连锁的力量不仅体现在单一的产品优势或培训能力上，还体现在整个运营组织能力的全面增强。唯有通过不断强化运营体系、提升品牌影响力和供应链效能、确保持续的科研投入，并积极顺应互联网的发展趋势，方能塑造出一个拥有长久生命力的美业连锁品牌。

——陈英燕

丝域养发

很难想象，引领行业 21 载，全国布局 200 余座城市，拥有 2 000 余家线下门店和 200 余万会员的丝域养发王国，其创始人竟是一位女性。

她，就是丝域养发的创始人——陈英燕，一位在商海浮沉中，凭借女性独有的细腻与坚韧，引领养发行业新风尚的领航者。

创业之路，从来不是铺满玫瑰的坦途。陈英燕深知，女性创业者所面临的挑战与艰辛，远非言语所能尽述。但她从未退缩，以不服输的性格，一次次跨越障碍，将困境化为成长的阶梯。在她的引领下，丝域养发不仅开拓了养发行业的细分赛道，更以科技为翼，翱翔于市场，成为了名副其实的行业龙头。

谈及幸福哲学与人生感悟，陈英燕的眼神中闪烁着温柔而坚定的光芒，真正的幸福源自内心的富足与对社会的贡献。在丝域养发的成长历程中，她不仅实现了个人价值的升华，更将这份幸福传递给了每一位员工、每一位顾客，乃至社会。

温婉外表下的坚韧

有梦，方显人生精彩。投身于一项事业，首先要确立志向，一旦志向确定，便应全力以赴，毫不犹豫地去实践。

在世人眼中，陈英燕或许并不具备传统“铁娘子”那般刚硬的形象，但她的内心却蕴藏着无比坚韧与执着的精神。自暨南大学化工系毕业后踏入社会，她便凭借敏锐的洞察力捕捉到了国内美容美发行业中一个尚未被充分挖掘的蓝海——养发市场。

2003 年，当国内外美业品牌如雨后春笋般涌现时，陈英燕毅然决然地创立了丝域养发。这个旨在成为中国高端养发领域权威品牌的公司，承载着她对头发与头皮护理的极致追求。丝域养发的英文商标“HAIROLOGY”与中文名字“丝域”相得益彰，共同传递着品牌的权威与专业定位。

创业之路从不是坦途，尤其是在一个全新的细分领域。起初，丝域养发作为一个日化品牌，推出了一系列头皮头发护理液。然而，推销产品的过程并不顺利。电话推销、挨家挨户拜访、邀请美发店老板上门了解产品、对客户进行培训，各种方法都尝试过，但依然难以打开销路。

当时，美发店普遍提供剪发、烫发、染发、造型等服务，但唯独对头发头皮的健康关注不足。面对消费者的认知空白和市场渗透率低的困境，陈英燕没有退

陈英燕

缩，而是选择了迎难而上。她带领团队，用汗水和智慧进行市场培育，一点一滴地唤醒消费者的养发意识。即便是在首次参加美博会上遭遇挫败，她也没有放弃，反而将这次经历视为成长的宝贵财富。

面对亏损的不断增长，陈英燕痛定思痛，决定自己开店卖产品，用服务解决问题。这是丝域养发发展历程中的重要转折点，养发馆模式在不断的打磨中逐渐成形，用专业的头发护理服务带动产品销售。

2006年，第一家丝域养发馆在珠海开业。专业的养发产品和服务让第一批尝试的客户切实感受到了头发的质变。陈英燕在培育市场、提升消费者认知方面展现出了非凡的智慧。她借用焗油的已知概念，喊出了“一次养发大于等于三次焗油”的口号，成功打开了消费者对养发的认知。此后，在消费者口口相传下，丝域养发的情况开始逐步好转。

随着时间的推移，丝域养发馆以其舒适、安静、专业的护理服务赢得了越来越多消费者的喜爱。陈英燕乘胜追击，在各大城市接连开设门店，致力于打造样板店，以证明养发馆模式的可行性和可持续性。短短几年间，丝域养发便在全国范围内迅速扩张。

到2008年，丝域养发门店数开始突破100家，并在珠海、广州等华南地区的8个城市建立了直营样板店，同期推出加盟推广方案。此后，丝域养发的发展一直顺风顺水。从2009年到2014年，丝域养发进入飞速发展阶段，不仅实现了产品的升级迭代，引入了养生仪器设备，实现了养发科技化，还在产品研发与服务项目开发方面建立起了强有力的竞争壁垒。

2014年，中信产业基金成为丝域养发的控股股东，为丝域养发提供了更为广阔的发展空间和资源支持。丝域养发迅速从社区店、街边店走进了购物中心，聚焦于中高端人群，进一步提升了品牌形象和市场占有率。

丝域养发的经验表明，一款新的产品想要在市场上取得成功并非易事。有好的“货”有时候并不够，能够刺激消费的“场”也至关重要。在丝域养发的例子中，这个“场”既是养发馆的实体门店，也是配合各种产品的护理项目。切身的体验让消费者对产品有了最直观的感受，这往往比产品参数、设计理念更有说服力。

在市场风云变幻中，各类品牌潮起潮落，但丝域养发却凭借21年的品牌实力，始终坚持把握住不变的核心：品质、服务和营销。陈英燕带领团队不断优化经营策略，在养发市场不断升级的挑战中，率先发布科技养发3.0战略，引领行业潮流。

德国作家海格门斯顿曾经说过：“坚持不懈的人，会在人们放弃的地方获得成功。”回望过去的21年，陈英燕感慨万分。她坦言，在创业的道路上，她经历了太多的挑战和困难，甚至一度萌生了放弃的念头。但正是那份对养发市场的坚定信心和对高品质服务的执着追求，让她和团队在逆境中不断成长和壮大。如今，丝域养发已经在全国200多个城市拥有逾2 000家门店，成为养发领域最具影响力的品牌之一。

丝域养发，以匠心独运，开创养发新赛道，引领行业变革之风，其贡献与影响，深远而广泛。

在喧嚣的都市中，丝域养发如一缕清风，拂去人们头发的疲惫与困扰。它不仅关注发丝之秀美，更重视头皮之健康，以自然之名，赋予秀发新生。丝域养发的崛起，不仅丰富了美业版图，更为追求品质生活的人们提供了全新的养发选择。

岁月流转，丝域养发的光芒愈发璀璨，其影响，不局限于行业之内。丝域养发所倡导的“健康养发，美丽由内而外”的理念，如一股清流，润泽着社会的每一个角落。它让人们意识到，真正的美丽，源自内在的滋养与呵护。丝域养发，以一己之力，推动了社会对健康美学的全新认知与追求。

这一切的成就都离不开陈英燕的坚韧与智慧，以及团队的共同努力和消费者的信任与支持。她用自己的实际行动诠释了什么是真正的“温婉外表下的坚韧力量”，也为更多创业者树立了榜样。

抓住年轻人的悦己需求，传递健康生活理念

一个企业的成败，往往取决于其市场推动力的强弱，以及它能否精准捕捉市场动态，从消费者需求出发，推出贴切的产品与优质服务。在养发这一细分市场中，丝域养发凭借其敏锐的洞察力和坚定的决心，成功实现了从护发到养发的华丽转身，为消费者带来了前所未有的头皮与头发护理新体验。

陈英燕深信，头皮的健康是头发美丽的根本，正如土壤肥沃、根系健康，植物才能茁壮成长。因此，丝域养发在产品研发、服务设计等方面始终坚守这一理念，致力于为每一位消费者提供精准有效的护理体验。

在经营丝域养发门店的十多年里，陈英燕察觉到品牌老化的风险。她指出，每个消费品牌在经过一段时间后，都可能面临品牌定位、产品以及消费者信息传递上的老化问题，进而引发消费者的审美疲劳。为了延续品牌生命力，丝域养发毅然启动了品牌年轻化的战略改造。这不是更换代言人的简单行为，而是从品牌内核出发的全方位的革新。

从营销策略、产品项目、空间陈列到与互联网平台的深度融合，丝域养发都进行了大胆的创新和尝试。这些努力不仅让品牌焕发出新的生机，更成功吸引了大量年轻消费者的目光。

在强化品牌体验方面，丝域养发深知高端人群和年轻人群的重合度较高，年轻消费者更加追求感官愉悦、情绪价值和仪式感。因此，丝域养发不仅注重产品的实用性，更关注消费者的内心需求，提供升级型产品和高端品牌体验。

为了精准触达年轻消费群体，丝域养发早在 2019 年就制定了品牌年轻化战略。通过深入的调研分析，丝域养发充分把握了年轻消费者的需求和偏好。在此基础上，丝域养发充分发挥其在 IP（知识产权）联名方面的优势，与故宫如梦、十二天宫等热门 IP 进行深度合作，为产品包装注入全新设计元素，并借助 IP 的影响力赋能品牌产品的迭代升级，使品牌形象更加年轻、时尚。

在争夺年轻用户方面，丝域养发通过持续的、大规模的营销投入，构建了线

上+线下全媒体广告传播矩阵。线上，丝域养发在微博、微信、抖音、小红书等热门社交平台进行广泛传播；线下，则在全国多个城市的电梯、地铁、高铁、机场、城市地标等黄金地段进行广告投放。这种全方位的传播策略，精准地打入了年轻消费者圈层，并持续吸引他们的关注。

在当今社会，尽管物质条件日益丰富，人们的内心却往往感到空虚和孤独。互联网虽然拉近了人与人之间的距离，同时也加剧了人与人之间的陌生感。

陈英燕深刻理解年轻人的心理需求。无论是脱发、白发还是头发损伤等问题，年轻人都渴望找到专业的解决方案。丝域养发的门店不仅提供了专业的服务，还成为一个让年轻人放松、疗愈和社交的场所。在丝域养发的门店里，年轻人可以感受到被理解、被尊重和被看见的状态，这种独特的情绪价值是网络世界无法替代的。

丝域养发提供的不仅是产品和服务，更是一种全方位的健康生活理念。在这里，消费者不仅可以解决头皮和头发的问题，还能找到自我疗愈的空间、结交新朋友并享受放松的时光。这种独特的品牌体验，让丝域养发在年轻消费者中赢得了良好的口碑和极高的忠诚度。

以产品为核心，开启“科技养发”时代

如果说客户开拓和场景体验是序幕，那产品护理便是重头戏，是丝域养发持续盈利乃至品牌长青的关键。卓有成效的产品及护理，才是维系客户的最有力武器。在日新月异的养发行业中，丝域养发率先提出了“科技养发”的理念。这一理念的诞生，既源于理工科出身的陈英燕对技术创新的执着追求，也离不开她对消费者需求的精准洞察。

丝域养发所倡导的“科技养发”概念，巧妙融合了新配方、高科技仪器与专业手法，并引入了微生物发酵技术、植物细胞组培技术、活花采香与香味调配技术等前沿科技，旨在为消费者提供全面且个性化的头皮头发养护方案。

在陈英燕的眼中，自然与科技并非水火不容，而是能够相得益彰，共同满足消费者的健康需求。丝域养发的产品中，自然属性强调的是安全与温和，让消费者用得放心；而科技则侧重于功能性，通过技术创新来提升护发效果。

为确保产品的安全性和功能性，丝域养发不断加大研发投入，与亚什兰全球

研发中心、华南理工大学—华南协同创新研究院、国际胜肽之父等战略研发团队及个人合作，成功研发出超过200款专业头皮头发系列产品，并荣获4项防脱特证和45项头皮头发专利认证。2023年，丝域养发更是荣获养发馆连锁加盟行业“专精特新”省级品牌的殊荣。

广东作为全国美业厂商最为密集的地区，虽然选择外采产品看似更为便捷，但厂商对于外采产品安全、功能性的把控却显得力不从心。作为行业龙头企业，丝域养发深知自身肩负的使命与责任，因此毅然选择自建工厂、实验室，坚持生产研发与技术创新。

“这是一个负责任企业应该有的态度。”陈英燕强调，“如果我们只是纯外采产品，那么对于产品的安全性和功能性的把握将大打折扣。同时，作为行业龙头，我们也很难在市场上找到能够匹配我们品牌和行业地位的优质产品供应商。”

在陈英燕看来，技术创新不仅是企业创造价值和利润的核心要素，更是企业获得行业高回报和龙头地位的关键。丝域养发在技术创新上从未懈怠，新品上市速度越来越快，每年迭代和更新的产品种类超过100种。

“技术创新是我们企业的核心竞争力。尽管这条路非常艰辛，需要投入大量的资金和精力，但我们会始终坚定不移地走下去。哪怕新品刚研发出来就被抄袭，我们也在所不辞，因为我们的发展速度和创新速度别人很难追上。”

作为行业的龙头企业，丝域养发不仅注重自身的技术创新和发展，更致力于推动整个行业的进步。行业的标准和定义很大程度上是由龙头企业来制定的。因此，丝域养发在技术创新和产品研发上的投入，不仅是为了满足市场需求和消费者需求，更是为了推动整个行业的标准和定义的建立。

“我们在行业的推动上面，如果这种投入都不做的话，那么何来这个行业龙头地位？”陈英燕反问，“就像华为一样，一个优秀的企业必须在技术投入上敢作敢当。”

面对市场上层出不穷的抄袭和“平替”现象，陈英燕显得非常从容和自信。她认为，别人可以模仿丝域养发的外观、抄袭丝域养发的概念甚至名称，但很难复制丝域养发的核心要素——品牌、配方和技术。

“我经常跟我的团队成员说，我们的核心能力体现在品牌和独创配方、技术。这些是我们多年来积累下来的宝贵财富，也是竞争对手难以复制的优势。”

科技养发不仅是丝域养发的发展理念，更是其不断前行的强大动力。丝域养发将继续坚持技术创新，不断推出更多符合消费者需求的产品和服务。随着生物工程实施和研发制造实力的持续提升，丝域养发将在养发领域取得更多令人瞩目的成绩突破。

直营与加盟共存，引领行业标准化

一家企业的成功，不仅依赖过硬的技术实力，还需要技术、营销与渠道拓展之间的紧密配合与相互支撑。

早在 2008 年，当丝域养发的门店数量突破 100 家这一重要里程碑时，公司便展现出前瞻性的战略眼光，迅速成立了教育部、建店部和营销管理部，为后续的快速发展奠定了坚实的基础。

到了 2012 年，丝域养发再次迈出重要步伐，成立商学院。这一举措进一步深化了公司在人才培养、知识传播和商业模式创新方面的努力，为企业的长远发展注入了源源不断的活力。

目前，丝域养发拥有纯直营门店 170 多家，并通过区域公司代管理着不同城市的几十或上百家的加盟店。尽管丝域养发已具备强大的品牌影响力和市场基础，足以支撑起纯加盟体系的发展，但公司仍坚持保留较高比例的直营店。

陈英燕强调，直营店对于丝域养发而言，不仅是品牌的根基和形象展示，更是商业模式的样板和核心。在经济下行的背景下，纯加盟体系可能面临加盟商急功近利、采取不恰当营销策略的风险，从而对品牌造成伤害。因此，丝域养发通过直营店树立标杆，验证并展示成功的商业模式和运营体系，为加盟商提供可借鉴的范例和成功经验。

在连锁加盟领域，外界往往对加盟商能否持续盈利持怀疑态度。然而，丝域养发却打破了这一常规认知，始终致力于探索如何确保加盟商的成功。陈英燕深知，只有让加盟商实现盈利，才能形成良好的口碑效应，进而推动企业的持续发展和壮大。

为此，丝域养发选择从直营门店入手，进行深入的打磨和优化。在积累了丰富的直营经验后，公司开始采用整店输出的模式对加盟店进行全方位的支持。从门店选址、装修设计到人员培训、仪器配备，再到营销规划和运营管理，丝域养发都提供了详尽的指导和帮助，确保了加盟店能够快速、稳健地融入丝域养发的运营体系，实现盈利和持续发展。

凭借其独特的标准化运营管理加上可复制的模式，丝域养发成功整合了超过2 000家直营与加盟门店，构建了一个覆盖广泛、服务完善的服务网络。在这个网络中，直营与加盟门店相互依存、共同发展，形成了命运共同体，共同推动丝域养发品牌的发展。

在标准化方面，面对消费者个性化需求、员工服务差异以及跨地区运营等多重挑战，丝域养发提出了“科技养发3.0”的理念。公司从产品规范、仪器使用到服务标准流程等方面进行了全面的标准化改造。通过引入高科技仪器和标准化操作流程，丝域养发不仅提升了服务效率，还确保了服务质量的稳定性和一致性，为消费者提供了更加专业、高效、舒适的养发体验。

支撑丝域养发2 000多家门店标准化执行的背后，是一个全方位的支撑体系。这包括品牌定位、核心价值、运营体系、供应链能力、信息技术、会员运营管理以及培训系统等多个方面。这些因素的有机结合和协同作用，确保了丝域养发在直营与加盟的平衡之道上能够稳健前行，引领着整个养发行业的标准化进程和持续发展。

以人为本，承担社会责任

现代管理学之父德鲁克有一个非常有名的理念：“什么是优秀的组织？那就是让平凡人做出不平凡业绩的地方。”

大部分企业都是由普通人组成的，丝域养发也是，只要领导者善于激发员工的潜能，懂得将员工的优点发挥到极致，普通员工也能创造出不普通的业绩。

丝域养发，作为养发行业的领军企业，始终站在行业的前沿，引领着行业的变革与发展。陈英燕，作为丝域养发的领航者，深知企业不仅要追求自身的快速发展，更要承担起推动整个行业健康发展的社会责任。

输送高质量人才

在养发行业中，人才是推动行业前行的重要引擎。丝域养发深知这一点，因此构建了全面的人才培养体系，源源不断地为行业输送高质量的专业人才。公司2019—2024年培训超9 500名学员，这些人才不仅成为丝域养发发展的中坚力量，还广泛地分布于养发行业的各个角落，为行业的繁荣与发展注入了新的活力。

丝域养发在人才留存率上逐年攀升，关键在于公司为员工提供了一个公平、有晋升空间的良好平台。这样的平台让员工看到了自己的职业发展前景，增强了他们的归属感和忠诚度。同时，丝域养发在品牌力、运营管理能力和企业文化等方面的持续优化，也进一步提升了人才的稳定性。公司注重员工的成长与发展，通过定期的培训和学习机会，帮助员工不断提升自己的专业技能和综合素质。

助力农村孩子成长

丝域养发在社会责任方面的实践与贡献，不仅局限于公益活动，更在于通过解决就业问题，为社会的长远发展贡献力量。公司拥有 2 000 多家门店，为大量员工提供了稳定的就业机会。这些员工中，有很大一部分来自农村，他们在丝域养发的帮助下，不仅掌握了专业技能，还逐步适应了从农村到城市的转变，成为了家庭的顶梁柱。

陈英燕在公益支教的过程中深刻反思，意识到单纯的物质援助并不能从根本上解决农村孩子的发展问题。因此，她更加坚定了“授人以渔”的理念，在丝域养发内部推行人才培养计划，为农村孩子提供一条从基础培训到专业技能提升的全面成长路径。这一举措不仅帮助了农村孩子，也为丝域养发自身的发展储备了更多优秀人才。通过这一计划，丝域养发不仅为农村孩子提供了学习的机会，还为他们提供了实现自我价值的平台。

坚持职业经理人路径

陈英燕强调丝域养发将坚持走职业经理人的路径。她认为，作为企业家，学会放手是至关重要的。个人无法代替企业，更无法战胜时间。因此，在逐步退出舞台中心的过程中，她要守好最后一班岗，帮助企业真正实现职业化的进程。这一观点不仅体现了陈英燕对企业发展的深思熟虑，也展现了她对职业化管理的坚定信念。

在这个过程中，陈英燕看到了自己事业的深远意义。丝域养发不仅是一个企业，更是一个充满爱与关怀的大家庭。它负担着企业的社会责任，引领着行业的健康发展，传递着正能量与希望。丝域养发将继续以人才培养和社会责任为双轮驱动，推动行业的持续进步与发展，为更多的消费者和员工带来美丽、健康与幸福。

陈英燕的幸福哲学：爱满自溢

对陈英燕来说，人生就是一个选择的过程，做什么样的事业，过什么样的生活，一定要自己拿主意。她从来不随波逐流，看准了方向也不会轻易放弃，经过多年努力，她拥有了成功的事业。

在谈及自己的幸福感受时，陈英燕展现了一种深刻而纯粹的满足感。她将自己的人生比作一场传递爱与幸福的旅程，这场旅程从一颗小小的梦想种子开始，经过不懈的努力与坚持，逐渐生根发芽，最终惠及整个社会。

陈英燕的幸福，首先源自对团队的深深感恩。她深知，没有团队的共同努力与支持，就没有丝域养发的今天。这份感恩之情，让她在创业的道路上更加坚定，也更加珍惜与团队共度的每一个时刻。她感激时代赋予的机遇，以及社会对新产业、新品类的接纳与认可。这些外部环境的支持，为她和丝域养发提供了宝贵的成长土壤，让她在创业的道路上能够勇往直前，不断突破自我。

回顾创业历程，陈英燕坦言自己曾小心翼翼、战战兢兢，甚至如履薄冰。面

丝域养发总部效果图

对未知的挑战和可能的失败，她始终保持着敬畏之心，不断学习和成长。然而，随着企业的逐渐壮大，她逐渐放下了心中的包袱，变得更加从容和满足。

对于未来，陈英燕充满了期待和信心。她表示，如果有更多的时间和机会，她愿意继续发挥自己的智慧和力量，帮助更多的人成长，推动企业和行业的规范化发展。这不仅是她人生的价值所在，也是她对社会的一种回馈。她深信，人生最大的幸福就是利他，这也是她幸福哲学的核心所在。

蒙自源

助有梦想者实现梦想

在云南，米线不仅是一种食物，还是当地人民生活中不可或缺的一部分，承载着丰富的记忆与深厚的情感。过桥米线的细腻、大锅米线的豪放、小锅米线的温馨……每一种米线都以其独特的风味讲述着云南独有的故事。

在喧嚣的都市中，蒙自源餐厅犹如一片静谧绿洲，每一碗热气腾腾的米线，香气缭绕，宛若冬日暖阳，温柔地抚慰着食客的心田。蒙自源，这个名字在米线界熠熠生辉，它不仅跨越南北风味，更以卓越品质与独特魅力，引领着行业的风潮。

每一滴现熬原汤，皆是时光的馈赠，是云南米线不可或缺的灵魂。在蒙自源，每一锅汤底都经过精挑细选的食材与慢火细炖的匠心独运，只为那一抹纯粹而深刻的鲜美滋味。

这一切荣耀的背后，站着一位灵魂人物——“米线大王”李红伟。他以粤商的敢闯敢拼与滇商的精益求精，为蒙自源注入了生生不息的活力与灵魂，书写着属于自己的商业传奇。在他的引领下，蒙自源不仅坚持品质至上，更将“助有梦想者实现梦想”的企业愿景深植于心，成为无数追梦人心中的灯塔。

李红伟，不仅是蒙自源的缔造者，更是勇于创新的梦想家。他深谙管理之道，深知文化的力量，用心倾听每一位员工与合作伙伴的心声与梦想，为他们搭建起成长的阶梯与梦想的舞台。

梦想种子：从米线厂长到米线大王的传奇

云南，这片被大自然慷慨赋予无尽美景的土地，不仅是李红伟成长的摇篮，还是他心灵的归宿。然而，当被问及为何放弃家乡的宁静与美好，选择远赴东莞创业时，他的回答中透露出一份难能可贵的理性与远见。他深知，经济的腾飞需要更广阔的舞台和更密集的人口作为支撑，而广东，尤其是东莞，以其蓬勃的经济活力和开放包容的姿态，成为了无数创业者梦寐以求的理想之地。

在云南，米线不仅是一种食物，还是当地人民生活中不可或缺的一部分，承载着丰富的记忆与深厚的情感。过桥米线的细腻、大锅米线的豪放、小锅米线的温馨……每一种米线都以其独特的风味讲述着云南独有的故事。

在转战东莞开设第一家米线店之前，李红伟在云南已是一位经验丰富的米线厂厂长。这段经历让他对米线的生产流程了如指掌，从选材到加工，每一个环节都渗透着他的心血与汗水。当他目睹米线从几毛钱一斤的原料，在餐厅里被高价售卖时，心中不禁萌生了一个念头：“为何不将这份地道的云南味道带到更广阔的地方，让更多人品尝到呢？”

1999 年，昆明世界园艺博览会的成功举办，如同一阵春风，为云南文化和

李红伟

美食走向世界搭建了一座桥梁。与此同时，当时的东莞作为“世界工厂”，正以其独特的魅力吸引着台商、港商等各地投资者的目光，工业厂房如雨后春笋般涌现，各类产业蓬勃发展。正是在这样的历史机遇下，李红伟怀揣着对米线的深厚情感和创业的梦想，踏上了东莞这片充满机遇与挑战的土地。

2001 年，第一家蒙自源云南米线店在东莞悄然开业。这家米线店不仅是一家普通的餐厅，更是李红伟梦想启航的港湾。“蒙自源”这个名字寓意深远，既寄托了李红伟对云南蒙自米线源头的深情厚谊，也象征着品牌源自梦想、坚守初心的执着追求。凭借地道的云南风味和贴心的服务，蒙自源迅速在东莞出名，赢得了消费者的喜爱与信赖。

多年来，蒙自源始终专注于米线这一细分领域，将满腔热爱与不懈追求融入每一碗米线之中。在李红伟的领导下，蒙自源不断创新突破，将云南米线推向全国乃至世界的舞台。在竞争激烈的粉面市场中，蒙自源凭借其独特的品牌魅力和强大的市场竞争力脱颖而出，成为米线品类的佼佼者。

2018 年，蒙自源的门店数量迈上了 600 家的新台阶；而到了 2022 年 12 月，这一数字更是突破了 1 000 家大关，标志着蒙自源正式成为米线赛道中首个千店品牌。李红伟也因此被誉为“米线大王”，他的梦想与坚持终于迎来了丰收的季节。

进入 2024 年，蒙自源迎来了创新改革的新纪元，继续保持着高速发展的态势。截至目前，蒙自源的门店数量已增至 2 000 以上，持续领跑米线赛道。然而，对于李红伟而言，这仅仅是一个新的起点。他豪情满怀地表示，在未来十年内，蒙自源将致力于实现 10 000 家门店的宏伟目标。虽然这个目标听起来有些遥不可及，但李红伟坚信，只要坚持科学的战略规划、脚踏实地的努力以及不断创新的精神，这个目标就一定能够成为现实。

在他看来，中国拥有着广阔的市场空间，从商场到社区、从铁路到公路、从机场到医院、从学校到工厂……每一处都是蒙自源潜在的开店地点。为了实现这一宏伟目标，蒙自源将采取多元化渠道拓展策略，积极寻找并抢占市场先机。同时，通过不断优化产品和服务、提升品牌形象和加强团队建设等措施，蒙自源将不断巩固和扩大自己的市场份额，实现渠道的快速扩张和市场的全面覆盖。

现熬原汤：对外塑造，对内做到

在竞争白热化的餐饮行业中，曾几何时，品牌能够凭借流量与品类的红利迅速崛起。然而，随着市场逐渐步入存量竞争时代，品类红利逐渐褪色，品牌如何在重围中破局而出？李红伟给出的答案是：强化品牌影响力。品牌影响力如同灯塔，能在信息的汪洋中指引用户，让品牌在消费者心中占据一席之地。提及米线品牌，人们自然而然地联想到“蒙自源”及其标志性的“现熬原汤”，这正是蒙自源品牌建设的成果。

在众多餐饮品牌中，蒙自源凭借其独特的“现熬原汤”特色脱颖而出，赢得了消费者的广泛赞誉。这不仅是蒙自源对产品品质不懈追求的体现，更是其品牌文化深厚底蕴的彰显。

李红伟强调，“现熬原汤”是蒙自源产品的精髓与灵魂。他认为，现熬原汤是云南米线的灵魂，一碗上乘的米线，其精髓在于汤底的品质。唯有汤底熬制得恰到好处，米线方能展现出其独特的风味与魅力。因此，蒙自源将“现熬原汤”视为品牌的核心竞争力，致力于为消费者带来最纯正的米线风味。

关于“对外塑造，对内做到”的理念，李红伟解释，这是蒙自源品牌塑造与运营管理的基石。对外，蒙自源通过多元化的宣传渠道，如广告、口碑传播等，积极塑造“现熬原汤”的品牌形象，让消费者深刻理解和认同这一理念，从而在消费者心中占据一席之地。对内，蒙自源则对每位员工提出严格要求，到店第一件事就是熬汤，确保每天开门迎客前，都能准时熬制出高品质的原汤，做到言行一致，不负消费者的信赖与期待。

近年来，李红伟在各种场合频繁分享蒙自源的发展历程、企业文化及核心价值。他坚信：“承诺如同泼出的水，若言而无信，便是在消耗消费者的信任，这是极其短视的行为。”他强调，“言必行，行必果，做了就要告诉消费者”，这不仅能形成正向的品牌口碑循环，还能推动企业不断向前发展。

为确保“现熬原汤”的品质始终如一，蒙自源建立了一套完善的闭环管理体系。从店长到员工，每个人都将熬汤视为首要任务。同时，总部客服中心与督导团队紧密配合，实时监控各门店的熬汤情况，确保每一碗米线都能达到既定的高标准。这些标准涵盖了汤的蛋白质含量、温度、熬制时间等多个关键指标，均经过精心设计与严格测试。

蒙自源能够坚守“现熬原汤”的初心的原因，是企业文化的深厚积淀与员工的共同努力。企业文化如同春雨般润物无声，滋养着每一位员工的心田，让他们深刻认识到汤底对于米线品质的重要性，从而将熬汤视为日常工作的重要组成部分。久而久之，这种对品质的坚守成为了蒙自源独特的文化基因，深深烙印在每位员工的心中。

近年来，蒙自源不断深耕细作，致力于将“现熬原汤云南米线”的产业链全面打通并优化至极致。通过聚焦再聚焦的策略，蒙自源在米线这一细分领域力求达到“一米宽，一千米深”的境界，成为行业内的标杆与典范。

“现熬原汤”不仅是蒙自源产品的一个显著标签，更是其品牌精神的集中体现。蒙自源凭借匠心独运的熬汤工艺与内外兼修的品牌建设策略，成功塑造了一个具有鲜明特色与高度认可度的米线品牌。

蒙自源始终坚持“规划十年，看三年，做一年”的战略规划，确保每一步都走得坚实而有力。在面对市场诱惑和困难时，蒙自源保持淡定与从容，不被短期利益所动摇，始终聚焦于米线这一核心赛道，为消费者带来更加纯正、美味的米线。

MCN 机构：流量时代的制胜法宝

自 2022 年起，蒙自源内部积极推行全员抖音计划，广泛鼓励全体员工参与短视频拍摄与抖音运营。其中，“蒙自源”“米线大王”及“现熬原汤”三大话题在抖音平台上累计播放量高达 14 亿次，这一数据不仅彰显了蒙自源在数字营销领域的强劲势头，也反映了其品牌影响力的日益扩大。

步入 2023 年，蒙自源又迈出了具有里程碑意义的一步——正式成立中国首个专注于餐饮领域的 MCN（多频道网络）机构，并同步启动了达人招募计划。李红伟满怀信心地表示：“未来充满了无限可能。无论是已经站在行业巅峰的头部达人，还是正在奋力前行的初级达人，我们都期待通过蒙自源 MCN 机构的赋能，助力他们迈出成功的坚实步伐。”

这一创举不仅体现了蒙自源的大胆创新与前瞻视野，更与其一直以来秉持的

蒙自源门店

梦想精神紧密相联。蒙自源致力于打造一个共创共享的平台，利用自身资源充分激发每一个普通人的潜能，共同书写属于他们的辉煌篇章。

在餐饮行业的激烈竞争中，蒙自源以其独到的眼光和勇于开拓的精神，开辟了一条与众不同的发展道路。面对传统餐饮企业普遍存在的重产品轻品牌、重质量轻营销的现象，蒙自源敏锐地洞察到流量时代的新趋势，果断决定成立 MCN 机构以应对市场的挑战。

MCN 机构对于蒙自源而言，无疑是流量时代的制胜法宝。它如同一座桥梁，连接着品牌与消费者，让蒙自源能够更高效地抓取、利用和转化流量资源。通过直播、团购、带货等多种形式的营销活动，蒙自源不仅实现了与消费者的广泛触达和深度互动，还极大地提升了品牌知名度和市场影响力。

当前，餐饮行业正处于从粗放式发展到体系化作战的深刻变革之中。在这一背景下，蒙自源深知深化组织能力、加强人才培养、优化品牌推广、创新商业模式以及提升顾客体验的重要性。因此，蒙自源将不断加大在研发、模式创新等方面的投入力度，以持续的创新为品牌注入新的活力，推动其不断向前发展，最终实现体系化作战的宏伟目标。

李红伟强调，成立 MCN 机构不仅是蒙自源自身品牌发展的一次重要赋能，更是对整个餐饮行业的一份贡献。他希望通过蒙自源 MCN 机构的专业能力和资源优势，为行业内其他品牌提供优质的营销服务和支持，共同推动整个餐饮行业的繁荣与发展。

餐饮生态链：从单一到多元的进化

蒙自源正悄然蜕变，从一家普通的餐厅个体，成长为一个蕴含深厚文化底蕴与广泛生态链接的平台型企业。这一转型历程，既是对传统餐饮模式的深刻反思，也是对未来餐饮发展趋势的勇敢探索。

李红伟指出，企业初期凭借单一产品稳扎市场，但随着市场的风云变幻和消费者需求的日益多元化，蒙自源敏锐地察觉到，仅凭单一产品已难以持续吸引并满足广大消费者的多样化需求。因此，企业果断踏上了向多元化、生态化方向迈进的转型之路。这一转型，远非产品线的简单扩充，而是对餐饮文化生态链全面构建的深度实践。

在他的愿景中，蒙自源所追求的餐饮生态链平台，是一个集门店运营、组织生态、前端渠道服务、后端养殖种植服务于一体的综合性生态系统。此平台旨在实现“从田野到餐桌”的全链条无缝对接，通过数据智能驱动、人员专业培训以及金融资本的紧密联结，为生态链的每一个环节注入强劲动力。

具体而言，蒙自源已不仅是一个餐饮品牌的提供者，更是一个深度融入养殖、种植、加工、物流、销售等多个环节的综合性服务提供商。通过与云南等地的蛋鸡养殖合作社等合作伙伴紧密合作，蒙自源构建了一个从源头到终端紧密相连、高效运转的产业链，确保了食材的安全与品质的卓越。同时，平台充分利用大数据、云计算等先进技术，精准捕捉消费者需求，为商家量身定制个性化营销方案，全面提升运营效率与顾客满意度。

在李红伟看来，平台化经济无疑是未来餐饮行业发展的重要趋势。通过构建平台，企业能够实现资源的优化配置与高效利用，提升整体运营效率，并创造更大的社会价值。更重要的是，平台为更多人和行业提供了成长与发展的机会和空间，让每个人都能在适合自己的生态位上发光发热，实现自我价值。

美团、滴滴等成功的平台型企业之所以能够迅速崛起并持续壮大，正是因为它们能够敏锐洞察市场需求、高效提升服务品质并创造巨大的社会价值。蒙自源也希望能够借鉴这些宝贵经验，通过不断的自我进化与能力提升，最终成长为一个具有广泛影响力和深远意义的餐饮生态链平台。

李红伟用“进化”这一词精准地描绘了蒙自源未来的发展节奏。蒙自源的这一转型之旅，不仅是对自身发展路径的深刻洞察与积极实践，更是对未来餐饮行业发展趋势的一次有力回应与积极引领。

使命与愿景：助有梦者实现梦想

踏入蒙自源公司的大门，首先映入眼帘的便是那句醒目标语——“助有梦者实现梦想”。这不仅是公司对外展示的使命宣言，更是深深植根于每位蒙自源员工心中的核心价值观。

“助有梦者实现梦想”，这是蒙自源的核心使命，也是李红伟多次提及并强调的企业愿景。他深刻指出，使命如同企业的天命，是其存在的根本意义和价值所在。蒙自源，远不止是一家米线连锁企业，它更是一个为怀揣梦想的人们搭建起创业舞台的广阔平台。在这里，每一位加盟商都将开设一家成功的店铺视为自己创业梦想的起点，而蒙自源则倾尽全力，为他们提供全面的支持与帮助，让他们的梦想照进现实。

蒙自源的使命不仅在于助力个人实现梦想的层面，更在于激发和汇聚更多人的梦想，形成一股不可小觑的磅礴力量。随着加盟商的日益增多，个人的梦想逐渐汇聚成共同的愿景，进而演化为一个更加宏大的梦想——构建一个完整、可持续发展的米线产业生态链。这个梦想超越了简单的创业目标，它关乎整个产业的繁荣与发展，让每一个参与者都能深切感受到梦想的力量和价值。

“我们深知，每个人心中都潜藏着梦想的种子，只是有些人尚未发现它，或者缺乏追逐的勇气。”李红伟深情地说，“我们的责任，就是通过系统的培训，帮助他们挖掘内心的梦想，点燃他们的创业激情。”

“有梦想的地方就是家，没有梦想的人则如同漂泊的浮萍。”李红伟用这句富有哲理的话，深刻揭示了梦想对于个人成长的重要性。他坚信，梦想是心灵的灯塔，是精神的支柱。只有拥有梦想的人，才能在人生的旅途中勇往直前，不断超越自我。蒙自源，正是这样一个充满梦想与活力的大家庭，它为每一个有梦想的人提供了广阔的舞台和无限的可能。

关于愿景与战略的关系，李红伟有着独到的见解。他认为，蒙自源的愿景并非遥不可及的幻想，而是与企业长远战略紧密相关的宏伟蓝图。其中，“十年10 000家店”的战略规划，正是为了实现“十年助2 000人各实现年收入100万梦想”愿景而精心设计，是蒙自源基于深思熟虑的战略考量、丰富的实践经验和坚实的平台支撑所做出的郑重承诺。

为了实现这一宏伟愿景，蒙自源为加盟商提供了全方位的服务支持，包括品牌授权、选址指导、装修设计、技术培训以及运营管理等方面。这些举措降低了创业者的经营风险和成本投入，同时也提高了他们的成功率和盈利能力。因此，越来越多的创业者选择加入蒙自源这个大家庭，共同追寻梦想与成功的足迹。

蒙自源不仅推动了米线产业的升级，更通过供应链、餐饮数字化科技化等方式，为餐饮行业树立了新的标杆。其“助有梦者实现梦想”的使命，也激励着更多餐饮人不断前行，共同推动中国餐饮行业的繁荣发展。蒙自源，一碗米线，传递的不仅是美味，更是对中国文化的热爱与传承。

文化力量：以“道”为基，点燃员工激情

在李红伟的企业管理哲学中，“道法自然”占据举足轻重的地位。他坚信，企业管理应当效仿自然界的法则，遵循客观规律，顺应时代潮流，持续优化与调整。

蒙自源的成就，离不开李红伟的卓越领导与深邃智慧。他独具慧眼，深入剖析了“道、法、术、器”的精髓，并巧妙地将这些理念融入企业文化之中，通过文化的深耕与传承，成功地点燃了员工的内在激情。

在管理实践中，“道、法、术、器”的体系化培训原则得到了淋漓尽致的展现。李红伟强调，培训不仅要注重“道”的传授与文化的渗透，更要兼顾“法、术、器”的实践与应用。其中，“道”是引领方向与目标的核心，“法”是制定战略与策略的框架，“术”是实现路径与方法的具体操作，“器”则是辅助实施的工具与资源。在这一体系中，“道”被视为根基与灵魂，而“法、术、器”则是实现目标不可或缺的支撑。

在蒙自源，文化、组织与战略三者紧密相连，共同构成了一个闭环系统。战略作为底层逻辑，为企业指明了发展方向；组织则是战略落地的关键，通过高效的协同与活力确保战略目标的实现；而文化，则是滋养组织活力的源泉，为企业的持续发展注入了不竭的动力。李红伟对此有着深刻的认识，他强调：“蒙自源是一家用文化的力量来驱动组织成长的学习型企业。”

学习不仅成为一种常态，更是一种责任与使命。李红伟积极倡导全员学习、勇于分享的文化氛围，鼓励员工将所学知识转化为个人成长的养分，并乐于将其传播给更多的人。只有不断学习、不断进步，才能紧跟时代的步伐。因此，蒙自源内部形成了一种浓厚的学习氛围，每个人都是知识的探索者、创造者和传播者。

在蒙自源的企业文化中，“老师”这一称呼成为公司内部不成文的传统。这一称呼不仅体现了对知识的尊重和对学习的重视，更传递了一种相互学习、相互成长的精神。李红伟本人也被员工们亲切地称为“李老师”，他用自己的言行诠释了企业文化的真谛。

蒙自源高度重视人才的培养与成长。他们采用“统培统招”的大规模人才培养模式，通过统一的培训和选拔机制，快速培养出符合企业要求的高素质人才。同时，他们还注重员工的个人成长与发展，通过体系化的学习和培训项目，帮助

员工建立逻辑思维、提升表达能力等综合素质，实现从“一张白纸”到“优秀人才”的华丽蜕变。

此外，“利他”精神在蒙自源的企业文化中占据着重要的地位。这种精神不仅体现在对员工的关爱与尊重上，更体现在对社会的贡献与担当上。蒙自源通过培养优秀的员工和分享先进的管理经验，为整个餐饮行业乃至社会作出了贡献。

连锁力量：构建强大平台，锁住核心价值

李红伟对于连锁力量的理解，既深刻又充满远见。在他看来，连锁的核心不仅在于构建一个强大的平台和一个深入人心的品牌，更在于如何将这些独立的店铺紧密地连接成一个统一、有凝聚力的整体。这种连接超越了地理位置的局限，深入到文化、理念、标准和服务等多个层面的深度融合。

然而，要实现这种深层次的连接并非易事。关键在于能否有效地“锁住”每一个店铺，使它们在保持个性的同时，又能共同维护品牌的整体形象和核心价值。这其中的关键要素包括供应链、人才链以及标准化的建设。

首先，供应链的统一管理至关重要。它确保了食材的品质和成本的合理控制，为每一家店铺提供了高质量的食材和高效的物流配送服务。同时，通过金融手段的运用，蒙自源还确保了资金流的顺畅和资金的安全，为品牌的稳健发展提供了坚实的保障。

其次，人才链的完善也是连锁品牌成功的关键。蒙自源注重员工的培养和选拔，确保每一个岗位都有合适的人才担任。通过统一的培训体系，不断提升员工的专业素养和服务水平，为各店铺提供了持续、稳定的人力资源支持。

再次，标准化的执行对于保证各店铺服务质量和品牌形象的一致性具有重要意义。蒙自源从产品制作、服务流程到店面管理等各个方面都制定了严格的标准，确保每一家店铺都能够为消费者提供一致且优质的服务体验。这种标准化的执行不仅提升了品牌的整体形象，也增强了消费者对品牌的信任度和忠诚度。

此外，李红伟特别强调了后端建设对于连锁品牌成功的意义。他认为，一个强大的后端体系是前端扩张的有力支撑和保障。蒙自源在发展过程中始终将后端建设放在重要位置，不断优化和完善供应链、人才链和标准化体系，为品牌的长期发展奠定了坚实的基础。这种“先强内后拓外”的策略使得蒙自源在面对市场

变化时能够迅速调整策略、应对挑战，始终保持品牌的活力和竞争力。

最后，连锁品牌的发展是一个持续优化、不断突破的过程。在激烈的市场竞争中，蒙自源凭借其对连锁力量的深刻理解、强大的平台构建能力以及核心价值的锁住策略，成功诠释了连锁品牌的魅力与力量。未来，蒙自源将继续秉持这一理念，不断创新、不断进步，为消费者带来更多优质、便捷的服务体验。

滇商与粤商精神的当代交响

在历史浩瀚的星空中，滇商与粤商以其独特的商业哲学和深邃的文化底蕴，照亮了商业文明的长河。而今，当我们聚焦于当代滇商杰出代表——李红伟时，不难发现，他正以非凡的领导力与深厚的文化修养，谱写着一曲融合滇商包容温厚与粤商务实创新的华丽乐章。

李红伟，这位地道的云南之子，其性格深处深深烙印着云南大地的独特印记。云南，这片被群山环抱、多元文化交织的土地，不仅赋予了他包容四海、温和谦逊的品格，还让他对故土怀有深沉的爱。这种性格的形成，是地理环境与人文历史共同作用的结晶。云南的偏远与封闭，让这里的人们更加珍视勤劳与质朴；而多民族的和谐共处，则培育了云南人开放包容的广阔胸怀。

在商业的广阔舞台上，每位领导者都扮演着多重角色，李红伟亦不例外。他在采访中坦诚地分享了自己如何在工作与生活、内向与外向之间找到独特的平衡点，展现了一个领导者复杂而真实的内心世界。在工作中，他展现出深沉的思考力和敏锐的洞察力；而在生活中，他则以开放的心态和积极的态度与员工互动，这种自如切换的能力，正是他作为成功领导者的独特魅力所在。

在李红伟的身上，我们仿佛还能感受到郑和精神穿越时空的回响。郑和，那位六百年前从滇池畔扬帆起航的航海家，以无畏的勇气和博大的胸怀，开启了中华民族对外交流的新篇章。郑和不畏艰难、勇于探索的精神，以及对和平与文明的执着追求，如同灯塔一般，照亮了无数人的前行之路。

李红伟不仅继承了滇商的优良传统，更在粤商文化的熏陶下，汲取了务实求变、勇于创新的精髓。他将这两种看似不同却又相辅相成的商业精神巧妙融合，形成了自己独树一帜的商业哲学。

04

PART four

传承

守正创新，文化赋能

陶陶居、新宝堂、八马茶业有深厚的历史文化底蕴，肩负传承使命，在传承中不断创新与发展。陶陶居作为百年老字号，将传统粤菜文化与现代餐饮理念相结合，让经典美食焕发新生与活力。新宝堂专注于陈皮制作技艺的传承与创新发展，让陈皮这一传统中药材走向更广阔的市场与舞台。八马茶业凭借精湛的制茶工艺和深厚的茶文化底蕴，在茶叶市场中占据重要地位并引领行业发展潮流。三家企业共同构建了“非遗活化（技艺复原）—文化解码（基因研究）—场景再造（体验空间）”的传承范式，传统文化产品销量逐年增长。

陶陶居

百年老字号焕发新生

时间回溯至 140 多年前的清朝光绪六年（1880 年），世界正处于风云变幻之中。爱迪生发明了第一盏具有广泛实用价值的电灯并申请了专利；清政府则忙于筹办水师学堂，以培养海军人才；而在中国，国内第一个机器毛纺织企业——兰州机器织呢局也正式开工。同年，在广州的第十甫路，一个跨越百年的饮食活化石——陶陶居，悄然诞生。

在广州这座既古老又充满活力的城市中，隐藏着一个跨越了世纪风云、承载着深厚文化底蕴的百年传奇——陶陶居。这家始建于 1880 年的广式酒楼，不仅是中国饮食界的一颗璀璨明珠，更是“中华老字号”中熠熠生辉的典范。

在快节奏的现代生活中，众多老字号面临着市场变迁带来的巨大挑战，但陶陶居却在逆境中实现了华丽转身，不仅守住了百年传承的根脉，更在新时代的浪潮中焕发出勃勃生机。它不仅仅是一家酒楼，一个品牌，一种文化的传承，一种生活态度的展现，更是一个关于守正与创新并重、相辅相成的动人故事。

陶陶居是如何在激烈的市场竞争中保持逆势增长，成为国有企业混合所有制改革的标杆？又是如何打破粤菜“北上难出圈”的固有印象？其“顶天立地做品牌”与“铺天盖地做规模”的发展战略是如何实施的？让我们跟随陶陶居董事长陆明森及副董事长尹江波的讲述，深入探寻陶陶居的风云传奇，揭开它逆势成长的神秘面纱。

陶陶居的涅槃与新生

2024 年，作为陶陶居的现任董事长陆明森，每当站在这座拥有 140 余年历史的骑楼前，心中便涌动着无比的自豪与感慨。陶陶居是广府文化的瑰宝，是广州这座城市沧桑变迁的见证者，更是连接过去与未来的桥梁。

一百多年来，陶陶居以其独特的魅力吸引了无数文人墨客的青睐，康有为、鲁迅、巴金、刘海粟、江孔殷等名人皆曾是其座上宾。

时间回溯至 140 多年前的清朝光绪六年（1880 年）。世界正处于风云变幻之中。爱迪生发明了第一盏具有广泛实用价值的电灯并申请了专利；清政府则忙于筹办水师学堂，以培养海军人才；而在中国，国内第一个机器毛纺织企业——兰州机器织呢局也正式开工。同年，在广州的第十甫路，一个跨越百年的饮食活化石——陶陶居，悄然诞生。

起初，这里只是广州西关一个大户人家的书院，名为“霜华书院”。1880 年，书院摇身一变，挂上了“葡萄居”的招牌，专营酒菜，兼营茶市，生意日渐兴隆。随后，一位姓陈的老板接手，灵感突发，将茶楼更名为“陶陶居”，既风雅别致又与原招牌字音相近，有利于招徕旧客。

陶陶居的辉煌历程，离不开众多文化巨匠的青睐与支持。1888 年，维新名士康有为首次上书光绪帝未果，回到广东，在广州创办了万木草堂。闲暇之余，他常光顾陶陶居，与友人共叙时事，品茗消遣。那时掌管陶陶居的黄静波，慧眼识珠，邀请康有为题写招牌。康有为欣然应允，以其最得意的“石门铭”碑法挥毫，留下了“陶陶居”三个大字，寓意来此品茗，乐也陶陶，既风雅又易于记忆。这三个字如同历史的烙印，见证了陶陶居的辉煌与变迁。

陆明森

鲁迅客居广州时，也是陶陶居的座上客。他在1927年3月的日记里写道：“18日，雨。午后，同季市（即许寿裳）、广平往陶陶居品茗。”

陶陶居总店顶层建有琉璃瓦六角的三层亭，名曰“可观亭”。“可观亭”的牌匾书写于1933年，其作者是中国近代著名书法家、教育家，被誉为岭南书法宗师的麦华三。

陶陶居是知名粤菜馆，开创了诸多新的营销手段，如远赴白云山担山泉水沏茶，将“好水沏好茶”的名声传遍大街小巷；如推出特大“月饼王”等创新产品，在饮食界声名远扬。那时的陶陶居不仅是品尝美食的绝佳去处，更是信息交流、新闻传播、友情叙旧的社交场所。达官贵人、文人墨客、粤剧名伶纷纷汇聚于此，共同书写着属于那个时代的传奇篇章。

进入新时代以来，陶陶居紧跟时代步伐不断创新与发展。2012年广州陶陶居食品有限公司的成立，标志着陶陶居品牌复兴之路的正式开启。2015年，通过在广州产权交易所公开挂牌招标，广州资深餐饮人、食尚国味集团创始人尹江波成功中标“陶陶居”除总店外餐饮商标经营权，并携手陶陶居走出“老西关”，开启了新派粤菜连锁化经营之路。此后，陶陶居品牌形象日渐清晰，成为了备受瞩目的老字号网红品牌。

2019 年广州酒家集团以近 2 亿元全资收购陶陶居公司，同年积极探索混合所有制改革之路，引入战略合作方尹江波旗下广州食尚国味公司联合持股陶陶居公司，共同为陶陶居品牌的年轻化转型和持续发展注入新的动力。由食尚国味集团斥资 7500 万元对总店进行了全面的修复，尹江波坚持“修旧如旧”的原则，与文物局多次沟通，最终复原了 1925 年民国时期这座百年老骑楼的风貌。这座充满故事的大楼在翻新后焕发出了更加迷人的魅力与崭新的活力。

广州酒家集团通过引进优质民营资本开展陶陶居公司混合所有制改革，充分发挥了国有企业的资源优势，以及民营企业的积极性与灵活性，不仅为陶陶居品牌的进一步发展和提升提供了重要支撑，也进一步完善了公司的治理结构，提升了核心竞争力。陆明森认为，作为“国家特级酒家”和“中华老字号”的陶陶居，是“国宝级”的品牌，目前正积极探索一条可复制、可推广的老字号新活力品牌盘活路径，力求快速成为在全国具有较强影响力和知名度的食品、餐饮品牌之一。

陶陶居总店

2023年，陶陶居荣获国家商务部认定的“中华老字号守正创新十大案例”之一，成为混合所有制改革的标杆企业。

近年来，陶陶居加速在粤港澳大湾区和国内重点城市布局超40家餐饮门店，在坚守岭南文化特色的基础上，以“时尚、年轻、国潮、轻奢”为品牌定位，着力打造“既时尚新潮，又不失传统韵味”的品牌形象。同时，实施“餐饮+食品”双主业协同发展战略，纵深推进“线上+线下”一体化经营，重点布局电商渠道，拉动陶陶居食品板块高速增长。

陶陶居抓住国潮消费趋势，聚焦于新消费场景，与多个知名IP打造联名产品，联合知名服装品牌创新开展“美食+时尚SHOW”，激活老字号跨界创新动能，赢得年轻一代消费者的喜爱与追捧。

陶陶居，这一承载着百年历史的老字号品牌，在改革的大潮中焕发新生，成为行业标杆。其通过混合所有制改革，引入优质民营资本，不仅盘活了老字号品牌，更提升了企业核心竞争力。陶陶居坚守传统手工技艺，融合时尚元素，让广府饮食文化焕发新的光彩。它全国布局，门店遍布各大城市，成为传播岭南文化的重要窗口。

陶陶居的转型之路，是对老字号品牌创新发展的积极探索，为行业提供了宝贵经验。

陶陶居的守正与创新

回望历史长河，中国的老字号犹如繁星点点，但能跨越世纪风霜仍熠熠生辉者，实属凤毛麟角。陶陶居，这个拥有140多年历史的品牌，便是那少数中的佼佼者，其持续火爆的态势，无疑为众多老字号提供了宝贵的启示。

刚接手陶陶居餐饮运营的尹江波，面对这份厚重的历史遗产，进行了认真地思考：如何打造这一老字号，使其恢复生机？他放眼全球，发现那些同样拥有悠久历史的品牌，非但没有被时间淘汰，反而引领着全球的时尚潮流。这不禁让他深刻意识到，品牌的生命力在于其能否与时俱进，不断创新。

一个基业长青的企业，并非单纯以规模论成败，而在于其能否在行业中占据领先地位，引领潮流。这份引领力，正是源于品牌对创新的不懈追求。因此他提出了陶陶居的“守正、创新”之道，即在坚守传统的基础上，勇于探索“三个结合”，即与时尚结合，与文化结合，与科技结合。

时尚，作为时代赋予的审美语言，是老字号焕发新生的关键所在。陶陶居深知，随着消费者需求的日益多元化，美食已不仅是味蕾的享受，更是视觉与心灵的盛宴。因此，他们在保留传统口味的同时，大胆融入时尚元素，对传统茶点进行创意改造。例如，将传统的榴莲酥塑造成优雅的天鹅形状，既保留了原有的美味，又增添了艺术美感。这一创新之举，迅速赢得了业界的关注与效仿，让陶陶居成为了时尚与美味并重的代名词。

文化，则是品牌的灵魂所在。陶陶居的长盛不衰，离不开其深厚的广府文化底蕴。他们始终坚守这份文化根基，将广府美食、岭南建筑元素以及广州人的生活方式巧妙地融入餐厅的每一个角落，让顾客在品尝美食的同时，也能感受到浓厚的文化氛围。“越是民族的，越是世界的。”正是这份对本土文化的坚守与传承，让陶陶居在市场化浪潮中独树一帜。

科技，是推动品牌现代化的重要力量。陶陶居紧跟时代步伐，积极拥抱科技变革。他们通过建立信息系统、会员系统等方式，不断提升管理水平和运营效率。在选址、运营推广、会员管理、仓储物流等各个环节中，都实现了数据化、精细化、信息化的管理。

陶陶居的成功之道在于其坚守传统而不失创新的精神。通过与时尚、文化、科技的深度融合，不仅保留了老字号的独特魅力，更赋予了其新的生命力。

陶陶居的餐饮版图：顶天立地做品牌

粤菜连锁化的征途，历来布满荆棘，因其对食材的严格甄选与烹饪技艺的极致追求，使得大规模的快速复制成为一项艰巨挑战。“我们无法像火锅店那样迅速扩张，只能脚踏实地，稳步前行，树立起陶陶居的品牌形象。顾客的每一条反馈，我们都视若珍宝，并据此不断进行调整和优化。”尹江波对陶陶居的品牌发展策略有着深刻而清晰的认识。

作为八大菜系之一的粤菜，尽管知名度颇高，但长期以来却面临着“墙内开花墙外不香”的尴尬境地。能够成功走出广东，并在省外布局分店，同时长期引起消费者关注的连锁品牌，实为凤毛麟角。而陶陶居却每开一家新店便火爆一家，屡屡掀起排队热潮。

2015年8月，陶陶居迈出了具有里程碑意义的一步，它不再局限于西关，而是入驻了当时被誉为“亚洲第一购物中心”的广州正佳广场，正式开启了商场店模式的新篇章。

谈及正佳广场店的开业盛况，时隔9年，尹江波仍难掩激动之情。尽管前期已备受关注，但现场的火爆程度仍令人咂舌。开业当天，人群如潮水般涌入，门框都被挤烂，场面一度失控，他们不得不紧急拉闸限流。这恰恰证明了陶陶居深厚的品牌底蕴与广州人对它的深厚情感。开业盛况不仅是对陶陶居团队努力的肯定，更是对陶陶居品牌历史的致敬。众多陶陶居老员工甚至坐着轮椅、拄着拐杖前来，共同见证了这一历史性的时刻，令人动容。

随后，陶陶居的版图不断扩张，深圳、上海、北京、成都等国内一线及新一线城市相继迎来了陶陶居的身影。2019年，陶陶居在上海新天地开设了华东首店，顾客排队1至2小时才能入内的场景屡见不鲜。2021年，北京三里屯的首店更是将这股热潮推向了巅峰，开业后长达一个月的时间里，顾客排队的热情丝毫未减。陶陶居更是曾创下单日正餐排位号2884号的纪录，正餐“排队王”的名号由此得来。

陶陶居究竟是如何打破粤菜北上“水土不服”的魔咒？陶陶居给出了答案：清晰的品牌定位、稳定的出品。粤菜以其高档、新鲜的食材和精湛的烹饪技艺著称，但这也使得其价格相对较高。陶陶居在拓展市场时，明确提出了“性价比”战略，旨在让更多消费者能够享受到高品质的粤菜。通过开设不同模式的门店，如商场店、街铺店、宴会店、商务店等，满足了不同消费群体的需求，提供了更专业、更多元的选择。

当然，餐饮行业的核心在于“出品”。“陶陶居永远都是‘产品主义’，出品不好什么都别谈。”在陶陶居团队看来，做好产品的关键在于食材与厨师。陶陶居不仅传承了老字号的文化内涵，还巧妙地将其与年轻人的时尚元素相结合，为食客带来超越传统的用餐体验。

在“去厨师化”“预制菜”成为行业趋势的今天，陶陶居却坚持走厨师手作的道路。这份对食不厌精、脍不厌细的执着追求，正是其坚守匠心的体现。尹江波认为：“尊重传统、延续传统才是品牌发展的正道。中华饮食文化源远流长，能够流传下来的都是具有强大生命力的。陶陶居之所以能够在全国范围内开设众多分店且出品稳定、常年高居美食榜榜首，正是因为我们坚持手工，保证了品质。”

为了打造一支优秀的厨师团队，陶陶居团队不惜重金从香港等地聘请资深粤菜师傅。他们认为这些师傅身上有着追求完美的执着精神，而香港也是传统粤菜文化保留较为完整的地区。同时他还广泛搜罗大湾区的粤菜粤点师傅，以确保菜品的地道与正宗。

陶陶居在扩张过程中，始终坚持整体文化的输出。无论是粤语文化、粤菜文化、茶点文化，还是广州人的生活方式，都是陶陶居不可或缺的一部分。为了保持这种整体文化的传承，陶陶居在开店时，坚持从广州派遣员工前往新店，以确保服务质量和文化传承的连贯性。

陶陶居在北上的道路上屡创佳绩，实现开一店成一店的传奇，这离不开其清晰的品牌定位、多元化的门店类型、优良的出品品质，以及较好的文化传承。

陶陶居的食品版图：铺天盖地做规模

消费者对于新鲜感的持续追求，促使每一个品牌都必须保持敏锐的洞察力与不懈的创新力，以免被时代的浪潮所淹没。对于拥有深厚历史底蕴的陶陶居而言，其年轻化转型的成功实践，不仅是对传统的一次致敬，更是对未来的一次勇敢探索。

走进陶陶居的餐饮门店，仿佛穿越回了那个充满岭南风情的时代。康有为题字的金字招牌、雅致的主色调、复古的花砖地面以及满洲窗、鸟笼等元素，让人在享受美食的同时，也能感受到一份独特的文化氛围。这样的用餐体验，无疑吸引了大量年轻消费者的目光，使陶陶居迅速成为网红打卡地。

在“传承”与“创新”的双重驱动下，陶陶居成功实现了从单一餐饮到多元美食的华丽转身。无论是古朴典雅的茶楼，还是时尚前卫的餐饮空间，陶陶居始终坚守健康饮食的初心，不断拓宽产品边界，满足消费者日益多元化的需求。其丰富的产品线，从季节食品到特色手信，从休闲零食到速冻美食，再到精致菜式，无一不体现了陶陶居对品质的执着追求与对市场的精准把握。

面对年轻消费群体的崛起，陶陶居更是展现出了前所未有的活力与创造力。在产品上，它追求年轻化与创意化，通过精致的外观、独特的口味以及趣味性的互动体验，打造出一系列既好吃，又好看、好玩的美食产品；在经营方式上，它积极拥抱互联网，构建线上、线下融合的销售渠道，利用电商平台、直播带货等新兴模式，拓宽市场边界，提升品牌影响力。全方位的变革让陶陶居在年轻消费者中赢得了极高的口碑与关注度。

如果说餐饮多少会受到场地等条件限制，那么食品则是最容易出创意并且实现的版块。陶陶居更是凭借其“月饼泰斗”的美誉，不断推陈出新。从酸奶味月饼到跨界创新的脆皮流心月饼，从“颐和一盒”联名礼盒到可听音乐的月饼盒，每一次创新都巧妙融合了传统与现代，让人眼前一亮。此外，为了满足现代人对便捷生活的需求，陶陶居还推出了传统手信和休闲食品系列，为消费者提供了更多元化的选择。

在渠道拓展方面，陶陶居同样不遗余力。除了传统的自有门店，陶陶居线下以广东为核心辐射全国，建立线下经销网点超 1000 个，覆盖沃尔玛、山姆、盒马等主流商超，同时，将产品出口至美国、加拿大、新加坡以及大洋洲等国家和地区。而在线上渠道方面，运营覆盖传统电商、兴趣电商、社区电商等全域电商平台及自有微商城等渠道，构建出完善的电商体系，并尝试直播带货等新兴销售方式。这种线上、线下相结合的销售模式，不仅扩大了市场覆盖范围也增强了品牌的市场竞争力。

正如陆明森所言：“陶陶居作为一张靓丽的美食名片，走的是全国化全球化的品牌路线。依托餐饮板块率先走出来的路径，食品业务要铺天盖地做规模，利用自身的品牌和供应链优势，打造更多小而美的产品，充分发挥连锁的力量，小步快跑去拓展市场。”在未来的发展中，陶陶居将继续以岭南美食文化为核心，打造超级 IP 符号与更多文化品牌进行跨界合作，共同探索美食与文化融合的新路径。

陶陶居的长期主义：慢即是快

投资大师巴菲特有句名言：“人生就像滚雪球，最重要的是发现很湿的雪和长长的坡。”人生如此，商业亦如此，长坡厚雪，坚守匠心，方能突破周期。

产品、环境、服务及价格等固然是餐饮业的构成要素，但陶陶居深知，真正的核心竞争力在于“人”。在这个勤勉与毅力并重的行业中，陶陶居始终坚持以人为本，致力于培养和激励人才，确保团队的凝聚力和战斗力。尹江波深刻认识到，只有真正理解和尊重人性，构建科学合理的激励机制，才能激发团队的潜能，推动企业持续健康发展。

在快节奏的商业环境中，陶陶居选择了稳健而扎实的道路。它不急于求成，不盲目追求速度和规模，而是将更多的精力投入团队、品质与口碑上。这种长期主义的理念，让陶陶居在激烈的市场竞争中保持了清醒的头脑和坚定的步伐。目前，陶陶居已在全国拥有 40 多家门店，每一家门店都以其卓越的品质和独特的魅力赢得了消费者的信赖与喜爱。

尹江波将陶陶居的开店速度比作马拉松运动，强调持久的耐力、坚定的信念和稳健的步伐的重要性。他认为，做餐饮就像跑马拉松一样，需要脚踏实地、一步一个脚印地前进，为品牌的长远发展奠定坚实的基础。

对连锁的力量，陆明森与尹江波都有着独到的见解。

陆明森认为，连锁不仅仅是多店经营的简单叠加，更是品牌、人才与产业力量的有机融合和有序发展。品牌力量作为连锁经营的基石，让陶陶居在激烈的市场竞争中脱颖而出；而人才力量则是推动企业持续发展的核心动力，陶陶居始终重视人才的培养与引进。产业力量更是让陶陶居在供应链管理、成本控制及效率提升等方面取得了显著成效。适应市场竞争的观念和体制机制，是国企老字号振兴的首要前提。近年来，陶陶居在体制改革与机制创新上狠下功夫，持续推进老字号连锁经营模式与产品技术的双重创新，充分发挥混合所有制改革企业的独特优势，以市场化运作方式充分激活百年老字号的发展潜力，进一步增强了企业的市场竞争力。

尹江波认为，文化是一个企业的根基，是灵魂。陶陶居代表着广州人的生活方式，是广州饮食文化的重要组成部分。通过连锁的力量，将陶陶居的文化进行传播，让中国乃至世界了解广州这座城市的独特魅力，这是陶陶居品牌建设所承担的使命。过去十年间，陶陶居不仅成功跨越了地域的界限，从老西关的古朴风情走向北上广深等一线城市的繁华商圈，更在每一个深耕的区域内，以卓越的品质赢得了消费者的广泛喜爱。这种由内而外的自我突破，不仅是品牌力量的直观展现，更是企业精神与文化的传承与创新的生动体现。

陶陶居，一个承载着深厚国资背景与红色基因，同时兼具混改活力的老字号企业，始终将社会责任视为己任，用实际行动诠释着企业的担当与使命。

在“百千万工程”的行动中，陶陶居不仅积极响应广州市委市政府及集团公司的号召，更将此视为回馈社会、促进发展的宝贵契机。从原材料的精心甄选到社会就业的积极促进，陶陶居的每一步都凝聚着对社会的深切关怀与深厚情谊。

民以食为天，食以安为先。食品安全，是陶陶居坚守的底线与生命线。他们深知，作为餐饮行业的领军者，食品安全不仅关乎企业的声誉，更直接关系到消费者的健康与安全。因此，陶陶居上下一心，以高度的责任感和严谨的态度，对食品安全问题实施全方位、全过程的严格监管。从原材料的入库检验到成品的出库把关，每一个环节都经过精心检验，确保每一份食品都能让消费者吃得安心、吃得满意。

在乡村振兴的道路上，陶陶居同样不甘人后。他们希望通过自身的产业链优势，带动一方产业发展，为乡村振兴注入新的活力。特别是通过选择优质的食材供应商，推动相关产业链协同发展，从而带动整个地区的经济繁荣与社会进步。

展望未来，陶陶居正致力于打造一个具有标杆意义的企业。这不仅可以彰显企业实力，还是承担更多社会责任的体现。作为一家备受瞩目的企业，他们的每一个举动都将受到社会的广泛关注。因此，他们将以更加严谨的态度、更加务实的行动，去履行自己的社会责任，为社会的和谐与发展贡献更多的力量。

匠心独运
百年传承

连锁经营模式的核心优势，在于其能够产生倍增效应，实现品牌影响力的“乘法”式增长，而不仅仅是“加法”的叠加。这一模式能够迅速且广泛地扩大品牌的传播范围，从而构建起一个强大的品牌矩阵。新宝堂作为行业先锋，率先将连锁经营模式引入陈皮产业，为这一传统的行业带来了全新的生机与活力。

——陈柏忠

新宝堂

在新会这片文化底蕴深厚的土地上，有一种味道，经历了百年的风雨洗礼，汇聚了岁月的精华，那便是陈皮的馥郁香气。它不仅是一种食材，更是大自然与时间共同铸就的艺术珍品，享有“一两陈皮一两金，千年人参，百年陈皮”的赞誉。新会陈皮宛如国家地理标志产品中的一颗璀璨明珠，闪耀夺目。

现今，这份珍贵的文化遗产在江门市新会区新宝堂陈皮有限公司董事长陈柏忠的手中，展现出了前所未有的生机与活力。身为百年陈皮中华老字号——新宝堂的第四代掌门人，同时也是国家级非物质文化遗产新会陈皮炮制技艺代表性传承人，陈柏忠的名字早已和这份古老技艺紧密相连，成为了传承与创新的标杆。

在陈柏忠的带领下，新宝堂不但完整地传承了传统陈皮的制作工艺，还在传承的基础上勇于开拓创新。他巧妙地将现代科技与传统技艺相结合，为新会陈皮的产业链注入了新的活力与无尽的可能。

走进新宝堂，宛如踏入了一个陈皮的世界。空气中弥漫着淡淡的香气，那是时间的韵味，也是匠心的凝聚。在这里，每一片陈皮都在静静诉说着传承与创新的感人故事，而陈柏忠正是这个故事的精彩讲述者和坚定推动者。他凭借自身的智慧和汗水，谱写着新宝堂与陈皮文化的新篇章。

“百年老字号”焕发“新活力”

广东流传着一句脍炙人口的顺口溜：“广东有三宝，陈皮、老姜、禾秆草。”其中，“陈皮”特指品质上乘的“广陈皮”，而“新会皮”更是“广陈皮”中的佳品。

明代李时珍的《本草纲目》集本草学之大成，在“橘”条目中详尽论述了陈皮的药性、产地及方剂，并明确指出广东中部的陈皮品质最优：“黄橘皮，释名红皮（汤液）、陈皮（食疗）……今天下多以广中来者为胜，江西省次之。”其中“广中”在古文献中特指现今的广东省新会地区。

清代医家凌奂在《本草害利》的泻脾篇“橘皮”目中，将新会陈皮、福建陈皮、浙江衢皮等进行了对比，并指出：“广东新会皮为胜，陈久者良，故名陈皮。”

2006年10月，“新会陈皮”与“新会柑”一同被列入国家地理标志保护产品，这在同类水果中极为罕见，历史上少有同一个水果能同时拥有两个“国家地理标志”的称号。2008年6月，“新会陈皮”成功注册为国家地理标志证明商标，自此，

“新会陈皮”成为官方正式名称，并广泛应用于宣传推广之中。

历经岁月洗礼，新会陈皮凭借其独特的营养价值和深厚的历史文化底蕴，焕发出新的发展活力。新会陈皮从业者以辛勤汗水续写着这片土地的传奇故事，让新会陈皮在新时代绽放出更加璀璨的光芒。

在新会陈皮的发展历程中，新宝堂无疑扮演了举足轻重的角色。这家中华老字号创办于清光绪年间，祖辈四代均以经营新会陈皮为生，业务涵盖新会柑的种植、制作、研发及销售等全产业链。

新宝堂创始人陈继耀于清光绪三十四年（1908 年）在新会鱼栏开设了一间专门售卖陈皮的店铺，命名为“新宝堂”，寓意陈皮乃新会之宝。凭借灵活的经营策略和诚信经营的理念，新宝堂迅速成为当地知名的陈皮商号。

第二代传承人陈社源和阮瑞莲在前人的基础上，不仅传承了新会陈皮的炮制技艺，还改良了储存方法。第三代传承人陈辉林自幼便参与家中新会柑的种植和管理，后来更在泗丫综合加工厂（农村集体单位）从事新会陈皮的供销工作。1989 年工厂转制后，他承包了该厂，并将其改名为“新宝堂陈皮批发部”，继续沿用祖辈创立的“新宝堂”老字号名称。

第四代传承人陈柏忠，是国家级非物质文化遗产新会陈皮炮制技艺代表性传承人。他自幼便与新会陈皮结下了不解之缘。从 8 岁起，他就开始与新会陈皮共处一室（房间被当作仓库使用），协助父母进行晒陈皮、缝麻包装、仓储堆放等简单操作。随着年龄的增长，在父亲的悉心教导下，他逐渐学习了采摘、开皮、翻皮、晒皮、陈化等一系列技艺。在岁月的积淀和家庭氛围的熏陶下，他 18 岁时便完全掌握了新会陈皮炮制技艺，并继承了祖传的独特储藏陈皮之法。

对于陈柏忠而言，陈皮不仅是他事业的基石，更是他生命中不可或缺的一部分。因此，在大学毕业，并积累了一定的社会经验后，他毅然决然地回到家乡，追随父亲的脚步，致力于经营新会陈皮。

当时，陈皮行业的品牌意识尚不强，市场竞争主要依赖“价格战”。初入行的陈柏忠也曾跟随这一趋势。然而，在陈皮行业中摸爬滚打三年后，他发现传统的经营模式已无法满足市场需求。陈柏忠意识到低价竞争并非长久之计，于是，他决定重振“新宝堂”这一祖传名号，用品牌为行业注入新的生命力。

陈柏忠摸着石头过河，从产品入手，认为先有“优质”才能有“优价”，进而形成影响力，树立品牌。2008 年，陈柏忠正式成立新宝堂陈皮有限公司，并

陈柏忠

注册了"新宝堂"自有品牌。新宝堂在新会和江门等地开设专卖店，成为新会本土首个实行品牌连锁经营模式的特产企业。这一创新之举让新宝堂在陈皮行业中脱颖而出。

除了连锁经营外，陈柏忠还敏锐地抓住了电子商务的黄金发展期。早在2005年，他便注册了阿里巴巴电商平台，开拓电商渠道。虽然初期的电商事业并未取得显著成效，甚至面临亏损，但陈柏忠坚信自己对市场的判断。

新宝堂陈皮的产品不断演变，从最初的煲汤原料到茶饮，再到如今的食品、酒、酵素饮料等创新产品，这正是适应时代新需求的体现。

2012年，陈柏忠作为新会陈皮的代表人物，在《舌尖上的中国》第一季中介绍了新会陈皮，由此广受网友关注。同年，他也被广东省文化和旅游厅确认为广东省非物质文化遗产"新会陈皮制作技艺"的传承人。这一荣誉不仅让新宝堂这一老字号更加深入人心，也为陈柏忠的陈皮事业注入了新的活力。

此后，陈柏忠同步着手打造陈皮非遗IP。他不仅将家中珍藏的老物件、老照片等悉数搬出，还邀请了专业团队进行细致整理、深入挖掘与精心提炼，巧妙地将这些元素融入产品包装设计与品牌宣传之中。

在陈柏忠的引领下，新宝堂始终保持着创新的步伐，不仅在陈皮的品质与口感上不断追求卓越，更在包装设计与营销策略上倾注了大量心血。

在新宝堂的成功引领下，新会本土企业逐渐觉醒，开始重视品牌，众多新会陈皮品牌如雨后春笋般涌现。在2023年揭晓的中国区域农业产业品牌影响力指数TOP100榜单中，“新会陈皮”以993.87的高分连续两年荣登该指数榜首，充分展现了其卓越的品牌影响力。而新宝堂董事长陈柏忠，也在2024年12月获授“2014–2024区域农业品牌·时代榜样人物”称号。紧接着的2025年3月，新宝堂第四代传承人陈柏忠先生被中华人民共和国文化和旅游部认定为国家级非物质文化遗产新会陈皮炮制技艺代表性传承人。

敬天时，匠心铸就臻品

自1908年创立之初，新宝堂始终秉持“敬天时，唯守诚求真”的理念。这既是对新会陈皮炮制技艺的深刻传承，也是对大自然无尽敬畏与尊重的体现。

2004年陈柏忠正式接手新宝堂的经营以来，转眼间已历经二十载春秋。在这段时间里，新会陈皮的价值日益凸显。然而，许多人仍难以理解，为何同样是陈皮，新宝堂的陈皮却能拥有如此高的价值?

陈柏忠认为，新宝堂陈皮之所以价值斐然，是因为它展现出四项独特优势：

品种之优是首要的。新宝堂陈皮精选道地的茶枝柑品种，并拥有3 500亩的自有生态种植基地。此外，新宝堂还与当地300多户农户携手，共同成立了新宝堂新会柑种植合作社，合计种植面积超过1万亩。为确保每一片陈皮的品质，新宝堂建立了完善的农事记录机制，从种植、采收、仓储等各个环节都进行详尽的记录，从而实现了新会陈皮的全程可追溯，让每一片陈皮都拥有了属于自己的“身份证”。

在种植过程中，新宝堂始终严格执行无公害农产品和绿色食品的标准，确保新会柑的源头质量。正是这份坚持，使得新宝堂荣获了国家科技部重点研发项目“广陈皮生态种植基地与产地加工技术示范”的专项支持。

水土之养，同样至关重要。新会地处西江与潭江交汇之处，加之南海海潮的定期倒灌，形成了独特的“三水融通”水土特色。这种独特的水土条件为新会陈皮提供了丰富的养分，使其具备了独特的品质和口感。相比之下，许多地方的水土条件都无法与之媲美。

气候之韵，亦不可小觑。新会被圭峰山、古兜山和牛牯岭环抱，形成了一种湿润的盆地气候。同时，新会边上的崖门镇又是一个出海口，使得新会兼具海洋性气候。这两种气候的完美结合，为新会陈皮的生长提供了得天独厚的条件，使其既能够得到湿润气候的滋养，又能够感受到海洋的活力，从而形成了独特的品质和风味。

最为关键的是新宝堂陈皮独特的炮制技艺。这项技艺已被列入国家级非物质文化遗产名录，成为新宝堂的核心竞争力。“敬天时”是新宝堂不变的信仰。在炮制过程中，新宝堂始终严格遵循自然规律，因时制宜，确保每一道工序都与天地同步。从采摘、开皮、翻皮、晒皮到陈化，每一个环节都精益求精，以确保陈皮的品质达到最佳。

在长期的实践和探索中，新宝堂逐步建立起了一套独特的分级标准和科学的炮制技艺流程。这套流程包括“三时”（三个采收时段）、“三式”（三种货式）、“三色”（三种颜色）、“三级”（三个等级）以及“三瓣”（三瓣开皮）的分级标准，以及“三年”陈化的科学流程。这些标准和流程的制定，使得新宝堂陈皮的品质得到了进一步的提升和保障。

陈柏忠坚信，只有真心对待每一片陈皮，才能让其释放出纯粹且动人的味道。这不仅是对顾客的诚挚承诺，更是对自然的崇高敬意。

除了大胆开启“智慧农业”的革新之路外，新宝堂始终传承和弘扬国家级非物质文化遗产新会陈皮炮制技艺。新宝堂通过建立新宝堂陈皮仓储流通中心等措施，全力保障新会陈皮源头的质量管理。

新宝堂陈皮仓储流通中心面积达 10 万平方米，遵循国家级非物质文化遗产新会陈皮炮制技艺仓储标准，以“科学化、标准化、管家式、全方位”为服务核心，建立新会陈皮标准仓储管理体系。依据新会独特的“冷暖交替，干湿交替”气候条件，新宝堂实现了从田间到餐桌的全过程质量控制。

守诚求真，品质见证辉煌

岁月如梭，新宝堂已从昔日的小店铺，蜕变为陈皮行业的领军者。然而，无论时光如何流转，新宝堂对“守诚求真”的执着追求始终如一。

在这个物欲横流的市场洪流中，新宝堂犹如一股清流，坚定不移地抵制利益的诱惑，坚决拒绝化学添加剂和速成法，始终坚守着传统的工艺精髓。他们用心甄选新会道地的茶枝柑，严格遵循国家级非物质文化遗产——新会陈皮炮制技艺，秉承“天然生晒，自然陈化”的核心理念，对每一道工序都精益求精。

陈柏忠不仅从父辈那里继承了精湛的制作技艺，更传承了坚定不移的经营理念——守诚求真。他说道：“从我父亲那里传承下来的，始终不变的就是我们的经营理念——讲诚信、守信用。这是新宝堂立足之根本。无论是经商、创业，还是个人立身处世，诚信与信用都是赢得他人信赖的基石。”

在广东新会，陈柏忠的名字与新宝堂紧密相连。他以坚定的诚信精神，为这家企业增加了深厚的底蕴。即使面临亏损的困境，他也始终坚守诚信与产品品质的底线，不为利益所诱。

创业之初，新宝堂尚未建立自己的新会柑种植基地，陈柏忠不得不高价进购柑皮。然而，在销售过程中，他却遭遇低价竞争的困境。更令他痛心的是，当时市场混乱，部分商家为了暴利，竟将外地柑皮掺杂其中，以次充好。面对这种欺诈行为，陈柏忠的父亲毅然决然地捍卫了品质与诚信的底线。他亲自挑选陈皮，将假冒的“新会陈皮”一一剔除，即便这意味着巨大的经济损失。

“第一年我亏了 30 万元，在当时是一笔不小的数目。”陈柏忠至今对刚入行时的艰辛印象深刻。那次经历，让他深刻认识到诚信经营的重要性。只有坚守品质，才能赢得顾客的信任；只有坚持诚信，才能在激烈的市场竞争中屹立不倒。因此，他更加认真地向父亲学习新会陈皮的制作技艺、储存工艺、质量鉴别技艺等，亲自参与陈皮的种植、采摘、制作和销售等各个环节，确保每一片陈皮都源自新会大地。

如今，新宝堂已拥有自己的新会柑种植基地，实现了从源头到终端的全产业链把控。无论市场如何变化，陈柏忠始终坚守诚信经营的初心与信念。他坚信，只有诚以立身、信以兴业，才能让新宝堂的古老的技艺在新时代焕发出更加璀璨的光芒。

在这个快节奏的时代，当一些人追逐短期利益、编造虚假信息时，新宝堂依然坚守百年不变的“老路”——守诚求真。他们对“敬天时，唯守诚求真”的执着追求，不仅是对品牌历史的尊重，更是对每一位消费者的真诚承诺。

为确保消费者能够购买到真正的新宝堂陈皮，新宝堂陈皮全国防伪系统设置了一瓶一码，为每一件商品设置了独有的“身份证”。消费者只需通过防伪查询，即可轻松辨别产品的真假，彻底杜绝了购买假冒伪劣产品的风险。

在品牌发展的过程中，新宝堂也面临着假冒伪劣产品的挑战。对此，他们采取了法律手段进行维权和打假，坚决维护消费者的权益和品牌的声誉。

作为新会陈皮行业的从业者，陈柏忠深知自己的责任与使命。他希望通过自己的努力，能够让更多的人了解新会陈皮、品味新会陈皮的独特魅力。同时，他也希望将这份关于时间、诚信与匠心的传统文化传承下去，让更多的人共同守护与传承这份中华智慧。

在这里，每一片新会陈皮都承载着匠人的情感与汗水，它们不仅是药食同源的佳品，更是时间的见证者、诚信的传承者。新宝堂将继续坚守初心，用实际行动诠释“守诚求真”的真谛，让这份古老的技艺在新时代绽放新的光彩。

从传承到创新，延伸陈皮产业链

接手新宝堂后，陈柏忠对新会陈皮事业的理解与追求迈上了新的台阶。新会陈皮不仅承载着传统农产品的价值，更有着广阔的发展前景与巨大潜力。因此，他矢志通过科技创新，将这份传统事业推向新的高峰。

传统的炮制技艺是新会陈皮非物质文化遗产的源和根，但随着时代进步，传承数千年的中医药文化需要不断创新，老字号不能只停留在传承阶段，运用现代科技挖掘新会陈皮更多内涵，可以为传统陈皮行业带来新思维、新变化和新成果。

“我们不愿仅仅停留在销售原始皮料的层面，而是要借助科技手段，赋予新会陈皮更丰富的内涵。通过文化、创新与科技的深度融合，提升新会陈皮的价值，开发出多元化的产品。从农产品到食品，再到保健品、药品，乃至未来的大健康产品，我们将逐步拓展新会陈皮的产业链，带动新会地区农民增收，同时也为企业开辟出一条可持续发展的道路。”陈柏忠深知，新宝堂不仅是一个品牌，更是一份责任和使命。

在新会陈皮品牌的发展征途中，传承与创新如同鸟之双翼，不可或缺。在新会陈皮产业中，新宝堂始终扮演着示范引领的角色，走在行业前列。面对当时行业较为原始的状态，陈柏忠敏锐地意识到，要实现陈皮产业的更大发展，必须进行创新和变革。通过科学研究，他们揭示了新会陈皮的有效成分，用科学依据证

明了其药用和膳食价值。

新宝堂的科技赋能之路并非一蹴而就。自 2007 年起，他们先后与中国药科大学、中国台湾南台科技大学、中山大学、五邑大学、广州医科大学、广州中医药大学、广东药科大学、中南财经政法大学、华南理工大学等九所大学，以及广东省中医院、南方医科大学中西医结合医院、中国农业科学院南方经济作物研究中心、广东省农业科学院农业生物基因研究中心等两所三甲医院和两所科研机构建立了产学研和商业合作关系。这些合作不仅为新宝堂带来了技术支持，更为其产品的创新提供了源源不断的动力。

2016 年，广东新宝堂生物科技有限公司成立，以生物技术结合中医药技术为核心技术，在产品研发上不断推陈出新，实现了新会柑肉资源的再利用，将新会柑价值最大化，陆续向市场推出陈皮酵素等一系列陈皮衍生新品，企业营收持续增长，老字号的品牌活力再次被释放出来。

在科研方面，新宝堂取得了显著成果。他们承担了广陈皮研究的国家自然基金项目，发表了多篇SCI国际期刊论文和国内研究论文，拥有多项发明专利和实用新型专利，并荣获了多项科技奖项。新宝堂陈皮酵素整体技术达到国内领先水平，新会柑综合利用项目荣获2022年度广东省科技进步奖一等奖。

在品牌塑造方面，新宝堂同样不遗余力。他们与专业设计公司合作，设计了独特的标志和包装视觉识别系统，提升了产品的档次和品牌形象。同时，他们推出了宣传单张和宣传册子，用文化赋予陈皮更多的内涵和价值，提升了整个陈皮产业的知名度和美誉度。

在销售模式上，陈柏忠同样敢于创新。他开设了新会第一家品牌化的陈皮专卖店，并将其成功打造为连锁经营模式。此外，他还是整个行业中第一个尝试电商的人。早在2005年，他就涉足电商领域，虽然初期面临亏损，但他从未放弃。随着《舌尖上的中国》在央视的播出，新会陈皮作为亮点被全国观众熟知，新宝堂的电商业务也迎来了转机。

这条创新之路并非坦途，陈柏忠和他的团队面临着科技、资金和市场的多重挑战。然而，凭借着对新会陈皮的深厚情怀和使命感，他们毅然决然地投入了大量资金和精力，进行了科研实践。陈柏忠坚定地说："这些都是我在开辟一条前所未有的道路，可想而知其难度。但既然选择了这条路，就一定要走下去，并且要走出一条属于自己的路。"

正是凭借着这种敢于创新、勇于尝试的精神，新宝堂在陈皮产业中脱颖而出，成为行业的领航者。陈柏忠用自己的实际行动诠释了真正的企业家精神，也为行业树立了一个值得学习的榜样。

新宝堂的迅速成长，以企业标准树立行业规范，优化市场秩序，起到了表率作用，同时提高了农产品附加值，进而推动区域农产品品牌的可持续发展。数据显示，2024年，新会全区产出的新会柑产量超18万吨，这一数字不仅彰显了新会陈皮产业的蓬勃发展，也反映了新宝堂等企业在其中的重要贡献。而新会陈皮全链条总产值达261亿元，更是体现了这一传统产业在现代科技和创新驱动下的巨大潜力。

展望未来，新宝堂将继续秉持创新精神，推动新会陈皮产业的持续发展和升级，为区域农产品品牌的可持续发展树立新的标杆。

文化自信，让新会陈皮香飘四海

每个人的人生之旅都是独一无二的，但当一个人的旅程足以影响一个行业的变迁时，其力量和价值便深深烙印上了时代的印记。陈柏忠，就是这样一位将新会陈皮融入生命，书写传奇的人物。

自 2009 年荣获江门市人民政府授予的“新会陈皮制作技艺”传承人称号以来，到 2012 年荣获广东省非物质文化遗产“新会陈皮制作技艺”省级传承人身份，再到 2025 年，被中华人民共和国文化和旅游部认定为国家级非物质文化遗产新会陈皮炮制技艺代表性传承人。陈柏忠的每一步都凝聚着对陈皮行业的深厚情感与执着追求。在他看来，这份荣誉不仅是对他个人的认可，更是对家族四代坚守陈皮行业，以及他为传统陈皮行业注入新思想、引领新变革的肯定。

在新宝堂的办公室里，陈柏忠展现出一种由内而外的文化自信。这份自信，源自他对新会陈皮文化的深厚情感与坚定信念。新会陈皮，这一历史悠久的传统瑰宝，不仅承载着丰富的文化底蕴，更是陈柏忠心中永恒的骄傲与自信的源泉。这份自信，是对民族文化的认同与自豪，使他在面对任何挑战时都能保持坚定的信念，勇往直前。

对于陈柏忠而言，传承不仅是一种责任，更是一种幸福和荣耀。他深知，自己所做的每一件事，都是在为后人留下宝贵的文化遗产。因此，他并未止步于传承，而是将新会陈皮的事业推向了一个新的高度，让这一传统瑰宝走出新会，走向全国，甚至全世界。

为了实现标准化生产，新宝堂投入了大量人力物力，将原本零散、模糊的传统技艺系统记录下来，形成了完整的教材。通过媒体宣传、博览会、交流会等多种渠道，新宝堂广泛传播新会陈皮的文化，让更多的人了解并认可新会陈皮。

尤为值得一提的是，新宝堂与教育机构建立了紧密的产学研合作关系，将新会陈皮炮制技艺这一非物质文化遗产引入校园，编制教材向学生传授这一技艺。陈柏忠经常亲自走进学校，为学生们讲解新会陈皮的文化与技艺，激发了学生们对这一传统文化的浓厚兴趣。学校也定期组织学生到新宝堂的工厂和种植基地进行研学活动，亲身体验陈皮的制作工艺流程。这种双向互动的模式，不仅为学生们提供了实践的机会，更为新会陈皮文化的传承培养了未来的接班人。

在国外的传播方面，新会陈皮也取得了显著的成就。新宝堂在新加坡、马来西亚、澳大利亚等地设立了代理商和合作伙伴，共同推广新会陈皮。在美国的唐人街和华人社区，新会陈皮同样备受青睐，许多华人华侨都在积极推广和销售新会陈皮。

从2004年接班至今，这二十年里，陈柏忠凭借对陈皮文化的热爱和执着追求，成功地将新会陈皮推向了世界舞台。他不仅围绕新会陈皮炮制技艺的传承保护和文化推广开展工作，还带领团队积极开展公益活动，回馈社会。他们关心环卫工人、退伍军人、学生等群体，并发挥新会陈皮药食同源的价值，积极助力中医药抗疫事业。从2015年至今，新宝堂累计捐资赠物已达到1 698万元，这些爱心之举得到了社会各界的广泛认可。

此外，新宝堂还完整保留了自1929年至2024年各年份的新会陈皮实物，这些实物具有丰富的历史、文化、科学和技术价值。他们将这些珍藏的新会陈皮捐赠给了国家中医药博物馆、北京中医药大学中医药博物馆、广东中医药博物馆等机构，用于收藏与展示，为挖掘和研究新会陈皮文化提供了宝贵的物质条件。

陈柏忠和新宝堂的故事，是文化自信与传承的生动写照。他们用实际行动证明，只有坚守品质、传承文化、勇于创新，才能让传统瑰宝在新时代焕发出更加璀璨的光芒。新会陈皮，这一承载着千年文化的瑰宝，将在他们的努力下，继续香飘四海，走向世界。

以品质筑品牌，何以从“领先”到“第一”？

真正的品牌意味着优良的产品品质、稳定的供应链、售后服务的闭环，以及合理的管理、组织结构。而要做到这些，就需要一定的行业积累。没有行业积累，品牌就像一盘散沙，随便一个浪袭来就散了。

八马茶业

有这样一家企业，它虽深植于历史悠久的传统行业之中，却勇于突破陈规，拥抱现代管理理念。它不仅保留了传统工艺的精髓与匠心独运，更巧妙地将现代科技、大数据分析及互联网思维融入日常运营之中，实现了传统与现代的完美融合。

而在这家企业中，聚集着这样一群人。他们身处传统行业的环境，却不被其局限，反而展现出极强的品牌意识。他们深知，在这个品牌竞争日益激烈的时代，打造独特且深入人心的品牌才是企业长远发展的关键。

这群人具备敏锐的市场洞察力，能够准确捕捉行业趋势与消费者偏好的微妙变化，及时调整品牌策略，确保品牌始终保持活力与竞争力。同时，他们也深谙品牌故事的力量，通过讲述品牌背后的文化、理念与价值观，增强消费者对品牌的认同感与归属感。

这家企业就是拥有近三百年历史的中华老字号企业——八马茶业，而这群人就是以王文彬、王文礼、王文超及吴清标为首的企业领军人物。他们不仅将传统制茶工艺发扬光大，更引领企业走向品牌化、国际化的道路，让八马茶业成为中国茶叶的一张亮丽名片，也让更多人通过八马茶业，品味到了中国茶文化的博大精深与独特魅力。

百年传承，构建一个茶业王国

在许多人眼中，八马茶业的发展是一个“谜”。的确，八马茶业的成长、发展有它独特轨迹，也有它符合一流企业经营和成长规律的地方。

要讲好八马茶业的故事要从创始人之一王文礼说起。

王文礼所在的王氏家族对茶叶行业的重要贡献之一，就是他们的祖先王士让在1736年发现了一株茶树，而由这株茶树制成的茶叶被乾隆皇帝亲自赐名为“铁观音”。

在王士让的作品《尧阳乡南岩小引》中，他生动地描述了1736年的一个情节，记录了自己在南山山麓的一次偶然机会下的精彩发现。他偶然间发现了一株茶树，这株茶树的叶子制成茶叶后，竟然散发着令人陶醉的芳香。

随后，王士让前往京城，带着这份宝贵的茶叶专程前往拜访礼部侍郎方苞。方苞深知好茶应该分享给更多人品尝，于是将这批茶叶进贡给皇帝。乾隆皇帝亲自品尝了这款茶叶，他被这茶的味道所折服，感受到了其中的独特韵味，细观茶叶形似观音脸重如铁，于是特意赐名为“南岩铁观音”，以表彰其独特之处。

到清朝咸丰年间，铁观音的第十代传人王滋培在福建安溪和南洋成立、壮大了信记茶厂和信记茶行。

新中国成立初期，铁观音的第十一代传人王学尧曾担任当时最大乌龙茶精制生产厂家国营安溪茶厂的首席评茶师。第十二代传人王福隆在 20 世纪 70 年代曾担任国营安溪第八茶厂的首席评茶师。

王学尧和王福隆就是八马茶业创始人王文礼的爷爷和父亲。传到王文礼这一代，已经是铁观音第十三代传人了。

不过，王文礼最初并没有从事茶叶生意。他 1970 年出生，1992 年毕业于福建师范大学历史系，但他并未局限于传统的职业道路，而是选择了南下深圳，成为深圳法制报社的一名助理编辑。

那一年，国际茶叶巨头立顿和国际咖啡巨头雀巢进入中国市场，标志着中国茶行业正面临着前所未有的挑战与机遇。

然而，在一次偶然的同事聚会中，他发现一杯咖啡居然可以卖到几十元。

“我们家乡铁观音的味道一点都不比咖啡差，为什么两者的价格差这么多？”这让他深刻反思了茶叶与咖啡在价格和价值上的巨大差异。

这一思考不仅触动了他的家乡情怀，也激发了他对茶行业未来发展的深刻洞察。王文礼意识到，尽管中国茶拥有悠久的历史和卓越的品质，但在品牌塑造和市场价值上却远远落后于国际品牌。这种认知的转变，成为了他人生和职业道路的重要转折点。

经过深思熟虑，王文礼毅然决然地放弃了稳定的新闻工作，转而投身于茶产业的品牌化、市场化探索之中。

1993 年 3 月，王文礼回到福建老家，在王氏家族第十代传人王滋培创建名扬东南亚的信记茶行的基础上，经营定位于“生产商”的溪源茶厂。此时，溪源茶厂主营的还是外贸出口业务。20 世纪 90 年代初，乌龙茶风靡日本。当时王文礼家族已经经营茶庄生意多年，他回到家乡时，出口量已经从一年前的年仅 60 吨，一下跃升至 500 吨。

“我是读历史的，更能感受一个铁观音家族传人的责任。”作为铁观音发现者王士让的第十三代传人，在铁观音世家长大的他，从小就喜欢跟着父母一起采

茶、制茶。

诚然，出口业务曾为企业奠定了坚实的基础，带来了初始的财富积累。然而，在那个时期，中国茶叶外贸出口的路径上布满了挑战与限制。依赖代理模式进行出口，意味着必须支付额外的代理费用，这无疑增加了企业的运营成本。

同时，缺乏自主品牌成为了制约企业长远发展的另一大瓶颈。面对这些挑战，许多茶叶企业开始寻求转型与升级之路。

1997年的春天，一个关于茶叶未来的重要决策在王文礼的心中悄然生根发芽。他坚信，要让中国茶以全新的姿态走向市场，就必须走“标准化”“品牌化”的道路。于是，同年3月，王文礼携手其兄长王文彬，怀揣着共同的梦想与愿景，在深圳罗湖区这片繁华之地，正式创立了八马茶业，并开设了第一家连锁店，标志着八马茶业开启了茶叶内销的新篇章。同年7月，刚在厦门一家期货咨询公司工作一年的表弟吴清标加入了八马茶业。

时间是最好的见证者。在八马茶业这片沃土上，吴清标凭借着战略眼光、市场洞察力，在短短数年间便脱颖而出。在2009年，吴清标被任命为八马茶业的总经理，成为王文礼兄弟不可或缺的左膀右臂。

2009年，对于八马茶业而言，是荣耀与传承交相辉映的一年。这一年，随着八马茶业在国内市场的深耕细作，其品牌声誉日益隆盛。而在这辉煌时刻，王文礼，作为铁观音制作工艺的第十三代传人，更是收获了一项至高荣誉——“国家级非物质文化遗产项目乌龙茶制作技艺（铁观音制作技艺）代表性传承人”。

这一份荣誉，不仅是对王文礼个人技艺与贡献的高度肯定，更是对八马茶业所承载的深厚文化底蕴与传承精神的最高赞誉。它意味着王文礼及其家族所传承的铁观音制作技艺，已经超越了时间与地域的限制，成为了中华民族非物质文化遗产宝库中的一颗璀璨明珠。

对于八马茶业而言，王文礼的这一荣誉无疑是其最佳的创始人背书。它不仅增强了八马茶业的品牌影响力和市场竞争力，更为其未来的发展注入了强大的文化自信与品牌自信。

品牌驱动，品质引领

真正的品牌意味着优良的产品品质、稳定的供应链、售后服务的闭环，以及合理的管理、组织结构。而要做到这些，就需要一定的行业积累。没有行业积累，品牌就像一盘散沙，随便一个浪袭来就散了。

在“八万家茶企抵不过一个立顿”“茶行业有品类无品牌”的行业尴尬中，八马茶业打造出了一家全产业链、全茶类连锁的“茶业王国”。从铁观音品类第一做到中国茶专卖店连锁第一，经过多年的品牌建设及销售渠道拓展，现已成为拥有超 3 500 家连锁店的中国茶业领军品牌。

与此同时，不管是线下，还是线上，八马茶业都保持稳定的增长速度，顺利渡过一个个经济周期，许多人觉得“不可思议”。

其实，没有什么不可思议的。八马茶业的发展，就是不断探索品牌和渠道升级的道路，不断探索，不断修正，不断迭代，用品牌建设发挥产品品质的内在力量，打造一批质量竞争力强、品牌附加值高的拳头产品。

如果说，八马茶业是中国茶叶品牌化与连锁化的先行者，估计没人不认同。

王文礼从 1992 年的那杯咖啡中获得的灵感，不仅点燃了他自建品牌的热情，更成为他推动溪源茶厂转型升级的重要契机。从那一刻起，他意识到品牌建设和标准化生产对于茶厂未来发展的重要性。

受到欧洲酒庄现代化工艺的启发，王文礼开始思考如何将这种先进的管理模式引入到茶叶生产中。他深刻认识到，标准化 SOP（Standard Operating Procedure，即标准作业程序）是确保产品质量一致性和提升生产效率的关键。于是，他开始着手制定茶厂的标准化生产流程，坚持 8 道制茶工序、24 定律匠制，从赛珍珠到东湖之光，再到四大茗珠，不断推动产品品质进化。

这种基于品牌名称和标准化 SOP 的品牌建设思路，虽然起初看似朴素，但实际上却蕴含了品牌建设运营的基础之道。它要求企业在品牌建设之初就树立清晰的品牌定位和形象，同时注重产品质量的控制和生产流程的优化。

“八马”这个名字确实朗朗上口，简单易记，很少人知道为了这一名称以及视觉识别系统，八马团队和专业设计公司付出了多少努力。

八马茶业将原名“溪源”更名为“八马”，这一决策无疑是经过深思熟虑的。一方面，“八骏图”作为中国传统文化中的经典元素，为“八马”这一名称赋予了丰富的文化内涵和视觉联想。另一方面，“马到成功”这一寓意在中国人心中有着极高的认同度，它象征着迅速成功和美好愿景，与高端商务成功人士追求事业成功的心理需求高度契合。

很多业内人士都记得，2022 年武夷山茶业高峰论坛上，王文礼和吴清标的

八马茶业

发言无疑为八马茶业指明了方向，展现了八马茶业对于品牌建设和品质追求的深刻理解和坚定决心。

王文礼的“无品牌　无未来”演讲直击茶行业的痛点。他强调了品牌对于企业长远发展的重要性，指出在竞争日益激烈的市场环境中，只有拥有强大品牌力的企业才能脱颖而出，赢得消费者的青睐和市场的认可。

而吴清标的“品质引领　品牌驱动”演讲进一步阐述了八马茶业对于品质的追求和坚守。他指出，品质是品牌的基石，没有高品质的产品作为支撑，品牌就无从谈起。八马茶业始终将品质放在首位，从茶叶的种植、采摘、加工到销售，每一个环节都严格把控，确保每一款茶叶都符合高标准、严要求。

2024 年 1 月，八马茶业旗下高端普洱茶品牌“信记号”获国家商务部等 5 部门评为“中华老字号”。2024 年 3 月，八马茶业获得国际权威咨询机构弗若斯特沙利文授予的“高端中国茶全国销量第一”认证，正如王文礼所言，“以营销领先，只是暂时领先。以品质领先，终成行业冠军”。品质好茶和品质好店两方面让八马茶业领跑高端中国茶市场，从“百年制茶世家”到“中华老字号”、从“全国销量领先”到“全国销量第一”的跃升。

目前，除了“八马”以及势头正盛兼具收藏价值的普洱茶品类的“信记号”这几个原叶茶品牌，八马茶业进一步开启了针对年轻群体市场的多品牌战略，令人十分期待。

直营加盟两手抓，线上线下一体化

“渠道为王”这一观点强调了渠道在市场推广、产品销售或服务中的重要地位。渠道不仅是连接企业和消费者的桥梁，更是实现市场覆盖和销售增长的关键。对于连锁企业而言，渠道的建设和管理直接关系到企业的市场布局、品牌形象和销售业绩。

八马茶业作为连锁企业的代表，在渠道建设方面展现出了独特的智慧和策略，彰显连锁的力量。

1998 年，八马茶业在深圳开设第一家连锁专卖店，标志着其正式进入连锁经营时代。面对当时市场对铁观音，尤其是浓香型铁观音认知不足的挑战，八马茶业通过免费试饮、汽车广播宣传、博览会参展等多种推广方式，积极培育消费

者市场。

同时，八马茶业也尝试与沃尔玛、家乐福等商超、茶叶店第三方渠道合作联营设立专柜的模式。但经过试错后，发现连锁专卖店模式更适合自身发展，因此在深圳和福建等核心根据地进行了快速复制，迅速扩大了品牌影响力。

然而2012年前后，由于整体市场环境的影响，茶行业一度陷入低迷，悲观情绪蔓延，市场上闭店的现象不断出现，包括八马茶业的连锁扩展之路也面临重重挑战。

身为北大汇丰商学院2011级EMBA（高级管理人员工商管理硕士）学生的吴清标非常善于将课堂所学应用于实战。一次课堂分享上，教授问吴清标："在当前的市场环境下，八马茶业是否需要按下暂停键？"

基于对行业趋势的判断，吴清标坚定说道，八马茶业不仅不会停止开店，而且要按下加速键，在市场低迷的时候更多去开拓市场。由于中西部相对低廉的租金和未充分开发的市场潜力，八马茶业可以去那里开拓市场。此外，八马茶业准确把握宏观经济形势并及时对企业战略进行调整。

趁着市场变化，吴清标以"自饮茶"为导向调整产品和店面结构。实体门店调研结果显示，以前被大众消费者抱怨最多的"价格贵"问题，已不复存在。与此同时，八马茶业减少了对竞争日趋激烈的一线城市的关注，转而布局二、三线城市，逆势扩张，做其他企业不敢做的事。

事实证明，吴清标的判断是正确的，眼光是独到的，魄力是巨大的。

随着连锁门店的日益增多，八马茶业开始重视连锁经营管理，耗费重金搭建并不断完善自身的 ERP（企业资源计划系统），以加强连锁门店的运营管理。这一举措不仅提高了管理效率，也为后续的快速扩张奠定了坚实的基础。

在连锁经营扩张的过程中，八马茶业发现不同地域的饮茶习惯、发展阶段等各不相同，区域市场环境迥异，给八马茶业的扩张带来了不小的困难。同时，连锁经营的各项成本也居高不下，包括税收等支出。为了应对这些挑战，八马茶业在连锁店的基础上探索出了“加盟模式”，通过个体加盟者的加盟经营，实现了品牌的快速扩张和渠道的广泛覆盖。

经过多年探索，八马茶业形成了一套完整的营运标准作业程序，以此规范、统一门店运营标准，使得直营店和加盟店共同达到营运作业的一致性与标准化。该运营标准作业程序囊括新店开业、团队建设、陈列指引、门店日常管理、客户关系管理、营销活动设计、专业知识问答等方面，为门店营运作业的标准化提供了全方位的详细指导。

如果说品质好茶是成功的基石，那么品质好店是八马茶业成功的另一个基石。极致的服务来自极致的培训，八马茶业通过“创富学院”线上学习平台，已成为全行业培训次数最多、规模最大的企业，累计学习 678 万人次，82 万小时。通过这一价值共享平台，八马茶业“利他”价值观得到充分的体现。

2011 年，是八马茶业转型的关键节点。吴清标敏锐洞察到电商发展的趋势，带领八马茶业积极投身数字化转型，正式切入线上电商领域，进入一个全新的渠道。这一举措不仅拓宽了销售渠道，也提升了品牌的市场竞争力。

历经几年的渠道转型，八马茶业是整个行业唯一具备线下经营能力和线上突进能力，而且融合得比较好的一家茶企。多年来，八马茶业积极搭建“直营 + 加盟”“线上 + 线下”全渠道销售体系，并开展基于大数据的茶叶消费研究，采用智能时代的数字化工具，赋能终端门店；同时积极布局主流电商平台，并紧跟消费趋势，持续发力“直播 + 电商”模式，成为全渠道发展的新亮点。

相关统计数据显示，在 2024 年“双 11”期间，八马茶业全渠道终端销售额突破 3.2 亿元，同比增长 18%，稳居天猫与京东两大头部平台茶类目销售额榜首。在细分领域，八马茶业连续 10 年蝉联天猫双十一乌龙茶类目第一，实现乌龙茶十连冠。

不管传统产品，还是创新产品，其实对消费者而言都有需求，站在渠道角度，要尽量满足消费者的多元需求，要通过渠道这道窄门，才能被接入消费者的上帝之城。

传好中国茶文化 讲好中国茶故事

中国人种茶、制茶、饮茶的历史，已有数千年，中华文明的历史画卷，每一帧都浸润着茶香。中国茶，是中华民族的骄傲，是世代相传的中国印象。

“茶，不仅是一种饮品，它更是一种文化的传承，一种生活的态度。”吴清标话语温和而坚定，仿佛每一句都蕴含着他对茶深深的热爱与敬畏。在他的眼中，八马茶业不仅是一个企业，更是一个承载着历史使命与文化的载体。

“客来敬茶”“以茶会友”历来是中国传统礼俗，“一杯春露暂留客”“下马逢佳客，携壶傍小池”是古人对中国茶的生动践行。从古代丝绸之路、茶马古道，到丝绸之路经济带、21 世纪海上丝绸之路，中国茶深受世界各国人民的喜爱。

而如今，中国茶再度频频亮相国际舞台，在“茶叙外交”中担当重任，架起互鉴交流、和平与友好的桥梁，成为中国人友善而独特的待客之道。

以茶为载，弘扬国粹。不可否认，茶与中国一起崛起。随着国潮风起、国茶兴盛，八马迎着国茶出海的东风，走向世界。自启动 2011 年泉州赛珍珠铁观音（2018 年升级为东湖之光全球品鉴会，2023 年升级为“非遗八马 · 世界共享”高端中国茶全球品鉴会）全球巡回品鉴会以来，八马茶业已走过美国、英国、法国等 31 个国家，81 座城市，款待 192 国贵宾。八马茶业多次代表中国茶服务重要国际活动，如三次茶叙外交，2017 年金砖国家领导人第九次会晤（厦门）、2018 年东湖茶叙、2019 年豫园茶叙，以及三次世界博览会，2010 年上海世界博览会、2015 年米兰世界博览会、2020 年迪拜世界博览会。礼献茶叙外交，让世界爱上中国茶！

八马茶业对行业的贡献显著，不仅推出了安溪铁观音、武夷岩茶、白茶、普洱茶等一系列高品质茶叶产品，还通过智慧茶园、智慧工厂的建设，推动了茶叶产业的数字化、智能化发展。秉持着创新和科技驱动的经营理念，八马茶业为茶叶产业的升级和创新发展注入了源源不断的活力。

深圳，作为改革开放的前沿阵地，为八马茶业的成长提供了肥沃的土壤。在这里，八马茶业不仅迅速拓展了市场，还积极履行社会责任，通过诚信纳税等方式回馈茶叶原产地，助力地方经济社会的全面发展。同时，深圳消费者对高品质茶叶有着较高的需求，这也促使八马茶业不断提升产品品质和服务水平，以满足日益增长的市场需求。

国兴则茶兴，国强则品牌强。随着祖国的日益强盛，与中国一同崛起的中国茶，必将孕育出伟大的品牌。作为中国茶业优秀代表的八马茶业，必将肩负起“让中国茶走向世界，让世界爱上中国茶”的历史重任，让全球在茶香中领略到中华文化的博大精深与独特魅力。

05
PART five

进化

数字蝶变，智慧转型

天虹、美宜佳、九毛九、百果园积极拥抱数字化变革与转型升级的大潮，实现了从传统零售到数智商业的华丽蜕变。天虹通过数字化技术优化供应链管理并提升运营效率，为消费者提供更加便捷与高效的购物体验。美宜佳借助大数据分析精准把握消费者需求与市场趋势，实现门店的精细化运营与个性化服务。九毛九通过数字化营销打造具有影响力的餐饮品牌与形象，让美食与品牌深入人心。百果园则利用物联网技术实现水果品质的全程追溯与保障，让消费者吃得放心、安心。四家企业不断加大数字化投入，重塑“人（精准营销）—货（智能供应链）—场（全渠道融合）”的商业逻辑。

天虹数科

从传统零售到数智商业

创新引领未来

天虹数科身处国计民生行业，通过精准把握市场脉搏，洞悉消费者需求，整合供应链，以连锁经营模式连接更多的消费者，也联结供应商、生产商及商业物业、政府机构，将市场洞察与经营智慧进行共创共享，推动零售繁荣，助力国家经济发展与民众生活品质提升。

深圳，这座充满活力与梦想的城市，在短短四十年间，从小镇蜕变为举世瞩目的国际化大都市。这一奇迹般的蜕变，离不开无数企业勇于探索、敢为人先的创新精神。在这片创新的沃土上，天虹数科商业股份有限公司凭借其卓越的成就，生动诠释了深圳的创新与务实精神。

一部天虹的发展史，几乎可以视作半部中国零售发展演进的缩影史。从成为第一个中外合资的商业零售企业，到开国内全面开架销售的先河；从率先提出价格承诺，到坚定打假反假不售假的立场；从率先通过 ISO22000 食品安全管理体系认证，到成为数字化转型最早、思考与执行程度最深的零售企业……天虹不断在商业零售领域树立新的里程碑。如今，40 岁的天虹，已华丽转身，成为数智商业的领航者，引领中国零售企业迈向数字化转型的新篇章。

古语云“四十不惑”，更应“谋局当远”。在商海浮沉中，天虹愈发坚定，始终秉持“创造与分享生活之美”的使命，矢志不渝地朝着成为全国领先的数智企业的目标迈进。

2024 年，实体商业正面临着前所未有的挑战与机遇并存的局面。天虹在数字化转型道路上的探索与实践，为业界提供了宝贵的经验和深刻的启示。现在，让我们一同走进天虹的世界，深入探寻天虹背后的故事与智慧，共同见证这家零售企业在数字化转型中的卓越风采与非凡魅力。

天虹进化史：创新与变革并驱

1984 年，正值深圳经济特区成立五周年之际，在这片充满活力的热土上，骄阳似火，汗水与机器的轰鸣交织成动人的乐章，数百万建设者挥洒青春，共同书写着时代的传奇。为了保障这些背井离乡、勇于开拓的建设者的生活需求，“天虹商场”应运而生，成为他们生活中不可或缺的一部分。

1984 年 1 月 24 日，深圳市天虹商场注册成立。为获得进出口权以售卖进口商品，同年 5 月 3 日，一个具有里程碑意义的日子，由中航技深圳工贸中心、香港五龙贸易公司及另一家国营商业企业强强联合，“天虹商场”注册为合资企业，这标志着我国第一家合资的商业零售企业的诞生。次年 1 月 18 日，天虹在深圳开设了第一家门店——深南天虹，正式吹响了进军零售业的号角。

然而，创业之初的天虹并非一帆风顺，面临着诸多经营困境，业绩一度不尽如人意。在股东、董事会和领导班子的科学决策下，天虹毅然决然地进行了大刀阔斧的改革，制定了一系列前瞻性的规章制度，如实行承包责任制，严明劳动纪律，利用经济杠杆，把企业的经济效益和员工的切身利益挂钩，对全体员工实行“百分制”考核，做到“多劳多得，少劳少得，不劳不得”，彻底打破了原有的铁饭碗模式。同时，天虹还率先在全国高举打击假冒伪劣商品的大旗，于 1987 年响亮地提出了“反假、打假、不售假”的口号，并付诸实践，此举在社会上引起了强烈反响，使天虹成为深圳一张闪亮的商业名片。

1994 年 3 月，天虹再次引领潮流，在深圳商界率先实行“商品质量先行赔付制”，这一举措赢得了深圳市民的广泛赞誉和支持。凭借“敢闯敢试、敢为人先、埋头苦干”的深圳精神，天虹创造了一个又一个深圳乃至全国的“第一”。

随着市场的进一步开放，1996 年外资零售企业纷纷涌入深圳，给本土商业零售企业带来了前所未有的挑战。面对挑战，天虹没有退缩，而是虚心向对手学习，在不断尝试中找到了适合自己的发展道路。天虹确立了“质量为本”的发展战略，推行“全面顾客满意战略”，并开创了“百货 + 超市 +X”的业态模式。1998 年起，天虹在行业内率先引入了 ISO9000、BSC、精益六西格玛等国际先进管理工具，构建了坚实的运营体系。

20 世纪 90 年代的天虹，以商品质量、服务、信誉赢得消费者的青睐，通过人本、科学的管理和专业、高效的运营，取得令人瞩目的业绩，成为深圳商业繁荣与发展的标志。

进入 21 世纪，中国经济迎来了快速增长的黄金时期，百货行业也迎来了前所未有的发展机遇。经过十多年的深耕细作和精细运营，天虹羽翼渐丰，也迎来了自己的“黄金十年”。2000 年天虹正式开启了连锁经营模式，走出广东，在江西、福建、浙江、江苏、湖南、北京等地开设了大量异地连锁门店，以平均每年新开 4—5 家店的节奏，迅速扩大连锁经营版图，实现了跨区域快速发展。

在快速发展的同时，天虹还积极推进市场细分与品牌结构优化。2010 年 11 月，天虹将位于深圳福田的原天虹购物广场进行升级，推出高端品牌“君尚”，向追求高端消费的顾客群体传递“进取、成就、优雅”的核心价值。天虹双品牌、多业态的连锁发展，拓宽了市场发展空间，提升了品牌影响力。2001 年和 2009 年，天虹的销售额分别突破了十亿元和百亿元大关。2010 年，天虹更是在深圳证券交易所成功上市，借助资本市场的力量加快了发展步伐。

时代向前发展，新的挑战也接踵而至。国内电子商务的蓬勃发展和购物中心的兴起，使传统百货行业遭受了电商和购物中心的双重冲击。天虹敏锐地洞察到外部环境和顾客需求的变化，率先进行了转型与变革。

天虹推动购物中心、便利店、精品超市 sp@ce 等新兴业态拓展，同时推进以天虹 App 为核心的线上线下融合的全渠道、多业态战略发展格局，通过“数字化”“体验式”“供应链”三大业务战略，实现线上线下、零售与服务的深度融合，为顾客提供智能零售、愉悦体验、品质消费。基于此，天虹也开始了从传统零售企业到数智商业企业的华丽转身。

2013 年，天虹首家购物中心——深圳宝安中心区天虹购物中心开业，标志着天虹正式开始了购物中心的发展历程。2015 年，天虹发布官方 App，并推出“天虹到家”业务，快速推广至全国。2017 年，天虹推出全新的超市品牌 sp@ce，定位品质生活超市，打造数字化、体验式全新超市业态。同年，天虹全面启动数字化转型战略，发展线上线下一体化的智慧零售商业模式。2018 年 4 月，天虹成立了“智能零售实验室”，致力于探索零售创新技术的应用和可持续发展模式。次年，天虹更是成立了科技子公司——深圳市灵智数字科技有限公司，以此延伸孵化出战略性新兴产业，开启从产业数字化到数字产业化的跨越。

随着数字化进程的深入推进，天虹逐步成长为线上线下一体化的消费服务平台，拥有了全国领先的零售数字化技术研发与运营能力。2020 年 6 月 22 日，天虹正式更名为“天虹数科商业股份有限公司”，标志着天虹在数字化转型的道路上迈出了更加坚定的一步。

如今，数字化已全面引领产业升级。天虹将数字化技术全面融入零售业务中，致力于全链条、全流程实现“产业数字化”；同时结合数字技术及自身深刻实践的沉淀，致力于为行业上下游、零售同行及泛零售领域提供专业的数字化服务，实现“数字产业化”。两者双轮驱动，相辅相成，为天虹转型升级提供新质生产力，从而逐步迈入具有更广阔前景的新赛道。天虹将致力于打造全国领先的数智消费服务平台，超越零售，赋能商业，成为数智科技企业的全国标杆和典范。

截至 2024 年 12 月，天虹已在北京、广东、福建、江西、湖南、江苏、浙江等 7 省（直辖市）35 市经营 104 家购物中心、百货店以及 110 家超市，线上大平台连接 5 000 万数字化会员，年服务 2.1 万家企业、超 2 000 所学校。天虹不仅荣获商务部“电子商务示范企业”称号，位列中国连锁百强第 14 位，且在

ESG（环境、社会和公司治理）评级中居于百货零售行业第一。

天虹的科技子公司灵智数科现已被评为国家高新技术企业、深圳市“专精特新”企业，其推出的智能化客户资产管理系统和智能化用工平台“小活儿”，为国内外多家500强企业及大型连锁公司服务，并得到客户的广泛认可，助力企业在数字化浪潮中实现可持续发展。

无论零售环境如何变化，天虹将始终坚守初心，敏锐把握时代脉搏，以锐意进取的精神推动自我革新，在新一轮科技革命和产业变革面前主动作为。

创新引领，打造行业数字化转型标杆

深圳，这座充满创新与活力的城市，孕育了天虹，更赋予了其独特的创新基因。这使得天虹在新模式、新技术的实施上成为“天赋型选手”。

早在1995年，天虹投资300多万元的集进货、销售、调货、存货等功能于一体的商业POS（销售终端）管理系统便已在各分店联网使用，天虹成为国内首家在同城异地连锁店实现联网的企业，为我国百货商场的现代化管理掀开了新的一页。与此同时，天虹将目光聚焦在了网络购物，1998年5月撒出了天虹第一“网”——全国首家在线支付的网上购物商场在深南天虹开张，开创了国内购物新模式。1999年，天虹网上商城销售额达100万，2000年增至500万。2000年，天虹又推出了国内第一笔手机购物等信息化建设新成果，并连续3年荣获“中国企业信息化500强”称号。2010年天虹正式启动零售经营综合管理（R3）系统建设，并于2011年11月实现全公司整体上线。2011年，电子商务确定为新兴业务并成为天虹战略重点之一。

2012年是一个分水岭，互联网迎来发展的春天。作为较早踏上数字化转型征途的企业，天虹在这场变革中脱颖而出，为成为行业中的数智商业先锋打下坚实基础。

在传统零售逻辑中，新开实体店是扩大顾客群的主要手段，但天虹却另辟蹊径。它选择了线上线下融合的模式来拓宽顾客群，以实现更广泛的顾客连接。

2013年9月，天虹与腾讯携手，共同推出了中国零售企业中首个自定义服务号。通过微信服务号，天虹成功吸引了大量新粉丝，并将这些粉丝引流至线下实体店，实现实体会员的绑定。上线不到两年，天虹的微信服务号粉丝量就突破了 250 万大关，为实体店引流超过 20 亿。

此后，天虹不断探索与突破。2014 年，天虹构建了“网上天虹 + 天虹微信 + 天虹微店 + 天虹微品”的立体电商模式，实现了商品、营销、物流、客户服务、订单管理、数据分析等方面的全面共享。2015 年，天虹推出自有 App，上线了移动购物、门店营销、跨境电商等业务模块，通过“天虹到家 + 跨境电商体验店 + 自提点”的方式实现门店电商化，为天虹转向移动化零售奠定了基础。2016 年至 2018 年是天虹数字化发展的爆发阶段，C 端（消费者）方面，天虹不断提升用户的便捷高效的消费服务体验；B 端（企业用户商家）方面，企业经营管理逐步实现线上化、数据化、智能化，组织效率极大提升，天虹逐渐形成了线下线上一体化的多渠道经营模式。

由于自身业态的多样性，天虹的数字化难度极大。但天虹并未因此退缩，而是选择了先做垂直业务数字化，再做联营平台业务数字化，最后再做纯平台业务数字化的路径。这一路径的选择，使得天虹能够逐步深入、稳步推进，最终实现全业务流程的数字化。

在数字化转型的过程中，天虹不仅注重前台门店的数字化，还注重商品的数字化，以及中后台包括组织管理的数字化。这种“深度”数字化体现在各个环节中。例如，在门店环节，天虹率先推行了手机自助买单功能，顾客只需扫描商品二维码价签，货物就会自动添加到天虹 App 小程序的购物车里，通过微信支付一键结账。这一过程中，顾客与商品的交互更加直接，获取的数据也更具价值。除了扫码支付外，在微信支付智慧零售店内率先实现了人脸识别支付。顾客支付完成后还可以在微信小程序上一键领取停车优惠券，以及为其他商品服务引流。

天虹的数字化转型不仅体现在购物体验上，更体现在对行业趋势的敏锐洞察上。无论是数字化转型、新零售探索还是消费者需求的细微变化，天虹都能迅速捕捉并作出响应。这种敏锐度不仅源于其深厚的行业积淀和基因，更得益于其整个团队的活跃度和创新精神。

天虹成立创新委员会，设立了创新创业基金，通过搭建多元化创新平台，培养创新人才，开展各类公司级专项创新赛，打造创新文化，鼓励和支持组织百花齐放的创新行为。天虹员工通过不断碰撞思想、激发灵感，共同探索零售行业的未来趋势。正是这种不断追求创新的精神，让天虹在每一次行业变革中都能抢占先机，走在行业的前列。

天虹在数字化转型的征途中，始终坚守自主创新的理念，并形成了自己独特的数字化转型模式。以痛点驱动，通过将技术创新与业务发展问题紧密融合，投入足量资源，按项目制组建专业技术团队和业务专家，通过技术的力量解决实际业务中遇到的难题，确保技术与业务的深度结合。

天虹的自主创新并非仅仅局限于技术研发层面，它更加深入地渗透到业务实践之中，在不断的实践、验证与优化过程中，天虹自主研发了一系列与业务场景紧密贴合的数字化工具和平台。例如，天虹研发了SCRM（社会化客户关系管理）会员管理系统，通过大数据分析和人工智能算法，实现了对数字化会员的个性化服务，基于用户的购物行为和偏好，提供精准的商品推荐，在提升用户购物体验的同时，提升了销售业绩。天虹还根据超市用工存在波峰波谷的实际痛点，创新性地开发了智能用工管理平台，创造性地通过平台的大数据能力，匹配超市用工需求和灵活就业人员，实现企业的降本增效。

同时，天虹注重与产业链上下游企业的协同创新。基于对零售行业未来趋势的共识和对数字化、智能化转型的重视，天虹与供应商、物流企业等合作伙伴建立了紧密的合作关系，共同推动供应链的数字化升级。天虹积极与行业协会、高校等开展产学研合作，共同推动数字化转型。天虹与中国连锁经营协会、浙江大学管理学院，共同打造实验室，实现不同创新主体间的协作与不同领域创新资源的共享，形成开放式、网络化的创新格局。

此外，天虹积极构建开放生态和推动行业协同发展，与腾讯、支付宝、抖音、美团等业界领先平台建立了稳固的合作伙伴关系，成为零售企业领域内首家实现多平台生态连接的企业。通过这些战略合作，天虹不仅拓宽了自身的服务范围，更通过技术与资源的共享，促进了行业内部的知识交流和经验互鉴。

天虹致力于构建一个互利共赢的合作模式，通过行业赋能，推动产业链上下游的共同进步，实现数字化转型的整体跃升。通过开放合作和行业协同，为连锁零售企业的数字化转型注入新的活力，为实现高质量发展贡献更大的力量。

以人为本，共绘成长蓝图

在天虹，其核心价值观“诚信、开放、创新、分享”不仅深刻诠释了企业精神，更完美融合了员工的行为准则与处世哲学。

企业文化是企业的灵魂，而人才则是这一灵魂的承载者与传播者。在天虹的发展历程中，员工始终被视为企业宝贵的财富。他们初入天虹，或许仅将此视为职业生涯的起点，但随着时间的推移和对天虹文化的深入理解和认同，他们逐渐找到了职业发展的方向，实现了个人价值的飞跃。天虹不仅为员工提供了广阔的职业发展空间，更赋予了他们工作的深远意义与崇高使命。

天虹深知，企业的每一项成就都离不开人才的智慧与汗水。因此，在构建核心竞争力的过程中，天虹始终将人才战略置于核心位置，这种重视并非仅停留于口号，而是体现在实实在在的行动中。

天虹拥有源远流长的管培生文化，始于 1992 年，至今已培养出三十多届优秀人才。天虹的人才培养理念是希望企业成长的同时，成就每一位伙伴，这也是天虹被誉为零售业“黄埔军校”的原因。

天虹的人才培养理念不仅体现在对员工个人成长的关注上，更体现在对企业整体发展的推动上。成立于 2012 年的天虹学习发展中心，通过打造零售人才培养中心、领导力发展中心、零售技术研发中心、变革推动中心，为同年开启的天虹数字化转型提供了坚实的人才支持，在企业发展中发挥了举足轻重的作用。

天虹拥有一支由中高管干部、业务精英以及优秀员工组成的强大内部师资团队。他们不仅传授具有天虹特色的管理思想、方法和经营技术，更是企业文化的践行者与传播者。他们的存在，使得天虹的知识体系得以不断沉淀与传承，为企业的持续发展提供了源源不断的智慧与力量。

天虹坚持人才引领，聚焦于战略转型和高质量发展总要求，对外积极吸纳行业高精尖人才的加入，五湖四海、任人唯贤，对内强化关键领域人才队伍建设，以职业生涯发展牵引员工自主流动、复合型成长，旨在打造人才高地。

在商业场景下，天虹要求员工具备更加专业、细分的知识与技能，以灵活应对市场变化与顾客需求。以选拔商品开发经理为例，天虹的商品开发经理需具备全面的产品知识与敏锐的市场洞察力。天虹不仅关注其成本管理、谈判、营销及商品知识等传统技能，更要求其具备食品安全、营养学等更加专业、细分的知识背景是因为这个岗位不仅要关注商品的销售与成本优化，更要关注商品的研发性与独特性，为顾客创造真正价值。

为了适应数字化发展需求，天虹正致力于打造“数字化人才粮仓”，追求全员数字化能力的提升。数据的价值在于被广泛应用，因此，从高管到基层员工，都会思考如何针对性地培养不同的人才，如数字管理人才、数字应用人才、数据架构人才、开发人才等。同时，匹配业务发展需求，天虹从外部引进技术尖端人才、细分领域专业人才，实现业务架构师、数据治理、算法等领域近百名优秀人才加入，助力关键领域技术的突破。这种开放包容的人才政策，使得天虹在激烈的市场竞争中始终保持强大的竞争力。

高质量发展，天虹的成果斐然

新时代背景下，天虹进入高质量发展阶段，其数字化转型之路不仅稳健有力，而且成果丰硕。在数字化赋能下，公司各业态转型取得了显著成效，全渠道客流同比增长 8.8%，数字化会员人数更是突破了 5 000 万大关，充分展现了其数字化转型的强大生命力和广阔前景。

如今的天虹前台业务系统，是一个多方共创、共享的生态。而要支撑这个生态的有效运作，中台能力中心通过商品链、顾客链、场域链“三链合一”汇聚于顾客全流程体验 NPS（净推荐值），强化商品力、数字力、服务力、体验力等四大核心竞争力的建设，支撑前台作战。守正创新，在购物中心业态方面，天虹加快了品牌焕新的步伐，积极引进潮玩、杂品、网红餐饮等新趋势商品与服务，同时运用新媒体营销手段，不断提升品牌影响力。百货业态则通过动态调整门店子业态比例，深化零供合作，稳步推动向社区生活中心转型。超市业态在今年实现新突破，全国首家 sp@ce 天虹超市 3.0 店于 2024 年 9 月 6 日在深圳宝安天虹购物中心盛大开业。在开业首日无促销活动的情况下，业绩便突破了 100 万元大关，同比实现近 2 倍的增长，这一非凡成就的背后，是天虹对商品力、体验力、服务力和数字力的全面升级与重塑。

sp@ce3.0 秉承“万物精良、生活有光”的品牌理念，为顾客创造了商品、体验、情绪的极致价值，这背后是天虹坚守“以顾客为中心”的使命宗旨，与时俱进，自我革新，对商品与供应链、价格与盈利模式、品牌与价值营销、服务与顾客体验进行的一系列组合变革，是基于正向设计的体系进化，是天虹超市业态的一次商业体系重构，更为行业提供了一种新范本，昭示了天虹的创新能力，标志着天虹转型升级跨越了一个新的里程碑。

敢闯敢试，自主创新见成效。2024 年 9 月 20 日，天虹自主研发的百灵鸟 AI

天虹大厦

大模型重磅发布。百灵鸟AI大模型根植于天虹沉淀40年的零售数据与实战经验，融合了前沿AI大模型技术，构建起精准高效的零售业务AI生态体系，开创了AI大模型技术在零售领域深度应用的典范，通过数字员工、问AI系统及顾客声音（VOC）分析等多个应用平台，为行业数字化升级带来全新变革。此次百灵鸟AI大模型的成功发布，不仅是天虹及旗下科技子公司灵智数科在科技创新领域的一次重大突破，更向全行业展现了AI技术应用的强大潜力与广阔前景。同年11月，灵智数科完成DeepSeekAPI对接验证，并于DeepSeek-R1模型发布后，全线接入，完成本地化部署，紧跟数字浪潮，为企业和消费者带来更加智能化、个性化的产品和服务。

改革潮涌奋楫先，风劲扬帆勇向前。在AI驱动的新一轮数字变革浪潮下，“双轮驱动”成为天虹的数字化战略。天虹将坚持开放共赢的心态，联合行业伙伴，以产业、生态的视角，服务实体数字化升级、助力国家数字经济发展。

回馈社会，爱映虹光

积极履行社会责任，是实现企业整体价值最大化的重要体现。天虹，作为一家心系大国民生的国有企业，其发展历程与改革开放、城市化进程和技术革新紧密相连。

多年来，天虹一直将实现清晰可见的社会效益并不断完善自身对社会的回馈作为长期的发展目标，努力成为行业中社会责任建设的实践者、倡导者与推动者，始终践行社会责任行为准则。

教育是必须坚持的长期主义的伟大事业，需要绵绵用力方能久久为功。1994年，天虹捐资50万元兴建广东省梅州市大埔县“天虹希望小学”，这是大埔县首个希望工程，也是全国首个由零售企业捐建的希望小学。2012年，天虹为新疆喀什的小学捐建爱心书屋，并由此发展为天虹梦想飞屋图书阅览室项目，截至目前，已向贵州、湖南等地的二十余所山区小学捐建了图书阅览室，帮助他们开拓视野，搭建起知识的桥梁。2017年，天虹资助井冈山“募师支教”行动，并成立“天虹井冈山爱心支教队”。

天虹始终心怀对自然的敬畏之心。1994年起，天虹开始使用可降解的环保型塑料袋，成为深圳第一家使用环保型塑料袋的商场，2003年，东门天虹首获殊荣，成为深圳市首家“绿色商场”。截至2024年末，天虹旗下已有50家商场通过绿色商场认证，这些商场不仅为消费者提供了更加舒适、健康的购物环境，也在节能、环保方面均达到了国家标准。此外，天虹还建立了行业首个商业储能电站，通过储能技术优化电力使用，减少能源浪费，提高能源利用效率。同时，在多个商场实施了屋顶光伏项目，利用太阳能发电，减少了对传统能源的依赖，降低了碳排放。

天虹积极参与社会各界文化和公益活动，涉及领域广至体育、教育、文化艺术，以及社会上需要关注的人与事。天虹助力深圳大运会，并连续多年赞助深圳国际马拉松赛事。除了襄助大型体育盛会，天虹各区也自创了许多体育活动，同样助力了本地顾客健康生活。同时，天虹持续开展志愿活动和各种丰富多彩的社区活动，宣传环保公益、人道援助、弱势群体救助等，以多种形式邀约顾客一同成为公益活动的践行者，从影响顾客的行为到影响顾客的习惯，取得了良好的社会反响，也助力周边社区共同实现美好生活。

天虹作为经济主体不仅积极为社会创造财富、提供就业机会，还坚持践行抗灾救灾承诺，关注社会公共事件，促进社会和谐稳定。2008年汶川地震，天虹及员工捐款总计达420余万元。面对防洪抗旱、抗风抢险和公共卫生事件等严峻环境时，天虹义不容辞地肩负起保供的使命。从高层到基层员工，都毅然投入到保供工作中，参与到商品拣选、打包及配送的每一个环节，确保民众的生活必需品得到及时供应。面对公共交通停运的困境，员工们甚至动用私家车继续提供配送服务。有些员工和干部为了不间断服务，索性住在门店，连续奋战在一线。

天虹积极投身乡村振兴事业，已连续多年定向帮扶陕西省、贵州省五个县，全面开展“果蔬加工产业链培育”“农产品进商超”“订单农业”“溯源直播基地建设”等多项帮扶行动，直接帮助对口帮扶五县数万人。面向全国832座脱贫县，天虹积极采购并销售帮扶地区产品，2024年度乡村振兴销售达1.6亿元。

天虹还无偿赋能行业。2024年9月，天虹与联商网合作成立了“美好商业顾客服务研究中心”，从美好服务、美好商业的本心出发，该中心致力于研究和推广先进的顾客服务理念和技术，通过培训、咨询等方式，助力整个行业提升服务水平，改善顾客体验。这一举措不仅彰显了天虹的行业领导力，更体现了其作为国有企业的深厚社会责任感和担当精神。

在可持续发展方面，天虹同样取得了令人瞩目的成绩。2024年8月，天虹荣获 ESG 评级 AA- 类评价及证书，位列百货零售行业第一。这一荣誉的获得，不仅彰显了天虹在环境、社会和公司治理三个维度上的卓越表现，也为其在可持续发展道路上树立了新的里程碑，彰显出公司强劲的可持续发展潜力。

天虹对社会责任的坚持源自企业的使命和愿景，而企业自身的稳扎稳打为企业从“有心向善”到“有力向善”提供了坚实的保障。在未来的发展中，天虹将继续践行国企担当，不断创新、不断超越，为社会进步和人民福祉贡献更多的力量。

四十载风雨兼程，天虹的发展历程是一部关于守正、变革与共荣的诗篇。立足当下，天虹将继续攻坚克难、乘势而上，以满腔的热血和坚定的信仰接过历史的接力棒，开启“数智天虹”的新长征。

美宜佳

国民便利店品牌的崛起之路

美宜佳，以稳健步伐重新定义“速度”这一概念。
从 0 家到第 1 000 家，美宜佳用了 10 年；
从 1 000 家到 10 000 家，美宜佳用了 10 年；
从 10 000 家到 20 000 家，美宜佳用了 3 年；
从 20 000 家到 30 000 家，美宜佳用了 2 年。
…………

美宜佳，以稳健步伐重新定义“速度”这一概念。

从 0 家到第 1 000 家，美宜佳用了 10 年；

从 1 000 家到 10 000 家，美宜佳用了 10 年；

从 10 000 家到 20 000 家，美宜佳用了 3 年；

从 20 000 家到 30 000 家，美宜佳用了 2 年。

…………

这不仅是数量的累积，更是版图的壮丽扩张。从东莞一隅启航，美宜佳已织就一张覆盖全国 200 余座城市的密集网络，年均新增门店 3 000—4 000 家，以稳中求进之势，创造了“美宜佳速度”，无可争议地成为中国便利店赛道的引领者。

在高速奔跑的同时，美宜佳亦不忘深耕细作，商业模式持续迭代升级。美宜佳精准捕捉消费者脉搏，实现个性化定制与精准服务，千店千面，更千人千面，引领行业创新，成为变革的先锋。

这一系列震撼人心的数据背后，是无数次的探索与突破，也引发了业界的广泛好奇与深思——美宜佳的崛起之路，究竟蕴藏着怎样的智慧与策略？其门店数量的稳居前列，又将如何重塑便利店行业的竞争格局？

“小”生意　“大”版图

在探讨美宜佳的发展历程时，不得不从其灵魂人物——创始人叶志坚讲起。作为一位地道的东莞人，叶志坚的一生充满了奋斗与变革的色彩，他的故事不仅是个人奋斗的缩影，更是美宜佳品牌从无到有、从小到大的生动写照。

叶志坚，1951 年出生，早年响应国家号召下乡插队，成了一名知青。这段经历不仅锤炼了他的意志，也为他日后在商界的拼搏奠定了坚实的基础。凭借出色的能力和不懈的努力，叶志坚逐渐崭露头角，从民办教师到国营企业的基层员工，再一步步晋升为领导干部。30 多岁的他，已站在了东莞市食品公司的领导岗位上。

20 世纪 80 年代末，中国正处于计划经济向市场经济转型的关键时期。作为国企的东莞市糖酒公司，也面临着前所未有的挑战。传统的统购统销模式逐渐失去市场，公司陷入经营困境。叶志坚于 1990 年调任东莞市糖酒公司，面对的是店面、人员、观念全面老化的“三老”现象，以及零售业务占比极低的严峻现实，他没有选择退缩，而是迎难而上。

他深刻认识到，唯有创新才能破局。在与领导班子的深入讨论和多次到香港等地考察学习后，以叶志坚为首的东莞糖酒公司决策层做出了一个决定：创办连锁超市。

1990 年 12 月 26 日，第一家美佳超市在东莞市虎门镇隆重开张。不曾见过的高档舒适的购物环境、从未有过的开放自选的购物方式——新开张的美佳超市，无疑是对国内消费者多年购物习惯的彻底颠覆，闻讯而来的顾客排起了长队……

美佳超市，作为糖酒集团在东莞虎门镇播下的连锁零售业的种子，不仅是中国连锁经营协会认证的国内首家连锁超市，更是开创性地实施了“八个统一”管理标准，从商号到服务，从进货到核算，全方位统一，树立了连锁经营的新标杆，展现出强大的规模优势。

1996 年，美佳超市迎来了其鼎盛时期，门店网络遍布东莞各镇，数量达四五十家，积累了丰富的市场运营经验与宝贵的管理智慧，宛如先锋部队，为后来美宜佳连锁便利店的诞生铺平了道路。美宜佳便利店因此能够站在高起点，以高标准启航，为后续的迅猛发展奠定了坚实的基础。

1997 年，东莞连锁零售业格局遭遇了前所未有的挑战，外资零售巨头沃尔玛、家乐福等纷纷涌入，市场竞争日益激烈。面对这一变局，以叶志坚为核心的糖酒集团管理层，经过深思熟虑与广泛调研，明确了未来零售业发展的两大方向：一是大型购物广场的“高大全”策略，二是以便利性为特色的便利店模式。在权衡利弊后，他们最终选择了“便利”，即专注于小型连锁便利店的发展道路。

同年 6 月 21 日，第一家美宜佳便利店在莞城花园新村农贸市场旁正式开业。在为企业命名时，大家反复斟酌挑选，最终取了“美宜佳”三个字。美宜佳在“美佳”全名基础上，加入“宜”字，寓意适宜、便宜，希望借助“美佳”的品牌影响力持续发展。开业当天，店员们穿着印有美宜佳标志的红色马甲或者围裙，气球挂满了天花板，热闹非凡。据当时的媒体报道，“当天人们像潮水般涌进美宜佳，又手提肩背地满载而归。”

彼时各大巨头都处在向大型商超进军的时代，关于“便利店”的概念还停留在“街边小店”“杂货铺”和“小卖部”等印象。20 世纪 90 年代初，日本的 7-Eleven 首度引进中国，随后罗森等海外便利店品牌也在上海落户，这种近邻式服务的便

张国衡

利店以靠近居民区、店铺分布广、面积小、商品更新速度快等优势，小舢板突围出大型商超的舰队围堵，迅速崛起成为一支零售轻骑兵。

与此同时，糖酒集团慧眼识珠，做对事，用对人：任命了时任糖酒集团总经理助理且具备丰富管理经验的张国衡（此前曾任东莞食品公司旗峰腊味厂厂长）为美宜佳便利店有限公司的董事长。

张国衡不负众望，亲自挂帅，广纳贤才，以敏锐的商业洞察力和战略思维，使“美宜佳”品牌在莞邑迅速崛起。

历史证明，这一战略选择不仅精准，而且执行有力。随着世纪之交的到来，产业分工日益细化，美宜佳精准把握市场脉搏，深耕细分市场，凭借卓越的服务与高效的运营，实现了规模的快速扩张与实力的稳步提升，逐步成长为便利店行业的佼佼者。

2003 年，美宜佳走出

东莞，进入珠三角其他区域，开始区域扩张。时至今日，美宜佳已覆盖了全国20多个省、1 400多个县、5 600多个乡镇，会员数量破亿。用张国衡的话说，美宜佳的选择是全国化发展战略，希望覆盖到一线至六线的城市，覆盖整个乡村。

在一次年会上，张国衡将美宜佳比作“赛车手”，他认为，美宜佳能够在弯道里超越对手的最根本原因就在于“以加盟为主的、可复制的单店模式”。如今，从美宜佳的发展来看，这一比喻并不夸张。

在2023年，中国连锁经营协会（CCFA）发布的《2023中国便利店TOP100》榜单中，美宜佳以33 848的门店数量位居榜首。截至2025年3月，美宜佳全国有效门店数突破38 000家。

38 000家门店是什么概念？放眼整个零售市场，能拥有超过30 000家门店的品牌屈指可数，换句话说，30 000多家门店就是美宜佳的护城河。零售行业是渠道致胜，谁拥有渠道谁就能占据优势。

可以说，无论是在门店数量、增长速度以及营收上，美宜佳都是名副其实的便利店赛道的领跑者。究其根本，美宜佳能够取得如此优异的成绩源于“三板斧”：其一为开放加盟＋下沉路线，其二为升级供应链能力，其三为深耕数字化布局。

开放加盟　模式持续迭代

美宜佳在创立初期曾学习日本7-Eleven便利店模式。

便利店作为全球零售领域的创新模式，其发展轨迹深受日本模式的影响，以至于世界各地的便利店大多借鉴了日本的成功经验。

从美宜佳立项开始，张国衡等人就对日本及中国台湾地区的便利店做了大量调研考察，发现国际品牌便利店主流发展模式是特许加盟，此经验可以借鉴，此路径亦可复制。相对于直营店的投入大、管理成本高且难度大，再结合考虑美宜佳的资金条件，以及彼时国内法治环境还没有那么完善的状况，美宜佳从第二间店开始，便由自愿加盟改为特许加盟，边做、边试探、边摸索。

彼时，特许加盟模式在东莞零售业是新鲜事，美宜佳自身对这一模式也很生疏。据《东莞零售品牌故事》一书记载，美宜佳最初是这样对外宣传的：“如果您有志投身零售业，如果您想以较少的投资与风险取得较高的经济效益，如果您希望在杂货零售业的丛林中独树一帜，请加入美宜佳！”

东莞有“世界工厂”之称。在打工者大量聚集的各个镇街厂区，聚集了不少士多店、夫妻小店、单体店、个体户等，还有携家带口来东莞打工者出于“安置”亲朋就业的需要，也愿选择 10 万至 15 万“小本起步”的美宜佳便利店。所有这些，为美宜佳带来源源不断的加盟者，使特许加盟模式有了活水源头。

特许连锁加盟的核心是统一经营管理。业内人都知道，统一经营管理难度极大，需要科学地运筹以解决一系列问题，包括品牌形象、采购配送、商品质量保证、营销促销活动、新项目推进以及退出机制等。这些问题环环相扣，一环做不好，就会导致牵一发而动全身，整条链条受影响。特许连锁加盟的好处也是显而易见的，譬如，加盟总部与门店之间关联性强，能够充分利用总部与加盟店主各自的资源，优势互补，克服瓶颈，实现快速和高质量发展。

张国衡带领美宜佳选择迎难而上。

1997 年至 2000 年，美宜佳管理相对松散，仅统一了招牌和形象，商品采购与配送并未统一。由于总部缺乏较强的统一管理力度，门店经营效果参差不齐。2000 年，美宜佳实现独立运作，设立了商品配送仓，实施统一采购配送。

对于便利店特许加盟模式，美宜佳一直在进行探讨、研究和各种尝试，其间经历多次改造升级，至今仍在继续优化、继续完善，力图使该模式更科学、更有效。历经多年不懈努力，美宜佳终于走出一条颇具特色的特许加盟发展之路。正是该模式的有效运用，实现了美宜佳总部与投资者、加盟者、经营者（店长）及其他各方合作伙伴的有机结合，共同发展。

如今回过头来看，张国衡感慨：当初的特许加盟模式简直是美宜佳发展壮大过程中的一记“神助攻”！

美宜佳善于借小业态的灵活优势，敏锐洞察市场趋势，并迅速调整策略以迎合消费者需求的变化。比如，2019 年美宜佳明确门店的盈利模式是现卖、外卖、电商和增值服务。疫情暴发后，即时消费的需求被激发出来，美宜佳也加码发力即时零售业务。

美宜佳的商品结构分为三类：食品类、非食类、服务类。相对于其他便利店，美宜佳的商品更多元化，不仅包含米面粮油、家杂类等多样化商品，还提供生活服务（如洗衣、交费），以适应特定区域的消费者需求。

供应链优化 自建物流体系

连锁品牌规模化扩张有个铁律，早期（百店）考验门店运营及标准化，中期（千店）拼后端及供应链纵深，后期（万店）则会由贸易型转变为制造型零售企业，规模推进企业变身，实现从量变到质变的过程。

简单粗暴的加盟模式，也许在早期能够获取一定的加盟商，但想要维持门店扩张倍速增长，美宜佳一定要具备更核心的优势，这就不得不提及它的供应链能力。

从其加盟模式中，不难看出，美宜佳本质上是一家供应链企业，供应链的优势在于能够通过规模化采购降低成本。在供应链管理上，美宜佳也是下了血本。美宜佳通过自建物流、冷链配送中心、食品加工厂等多种配套产业，从商品力、仓储力、履约力各个维度进行供应链升级，提高供应链效率，并且通过统一的品牌形象和标准化服务提升消费者体验，进而实现可持续发展。

这意味着，只要美宜佳不断地保持扩张，它的议价能力就越强，而最终呈现在消费者端的产品价格就越具性价比，从而形成良性循环。

对于加盟店来说，他们只需要使用 POS（销售终端）机扫码售卖商品，其他工作都由美宜佳完成。东莞市糖酒集团旗下的广东时捷物流是美宜佳的常温供应链服务商，美宜佳控股有限公司旗下广东华雪冷链物流有限公司是低温冷冻供应链服务商。

门店内每种商品都有安全库存设置，通过 POS（销售终端）机扫码销售后，系统自动产生补货订单，叠加上新品建议订单和促销商品建议订单，由店主在终端系统确认后，订单就自动流向时捷物流和华雪冷链物流的 ERP（企业资源计划）系统。在订单确认后的 24—48 小时，货物就补充到店，上架销售。

优秀的连锁零售商，水面之上 10% 的冰山是一个零售品牌，但是冰山之下 90% 的供应链能力才是竞争的根本。

正如张国衡所言，“美宜佳至少需要搭建起全国化供应链能力、打通所有区域数字化信息系统，同时保障充足的市场培育及扩张资金，并对组织体系、管理架构进行升级，从而匹配其全国发展战略。”

数字化转型　技术赋能新零售

数字化方面，美宜佳算是业内较早实行数字化的便利店品牌之一，对智能化、数据化、可视化方面颇为重视，甚至投入过亿资金进行升级。

2001 年底，美宜佳做了一项创建以来最重大的决策——引入电脑辅助管理系统，推进企业信息化建设。换句话说，即引进计算机系统，进行数字化升级，实施大数据驱动策略。

其实，美佳超市早在 20 世纪 90 年代中期便尝试信息化，因对系统认知不足而未能成功。2002 年，正值美宜佳成立五周年之际，计划全面引入信息化系统以提升管理效率，却遭遇部分门店集体退出的挑战。

面对压力，张国衡坚持推进信息化转型，认为这对企业发展至关重要。最终，美宜佳成功构建了信息化体系，为后续的大数据应用与供应链优化奠定了基础。

大数据分析能力在最小存货单位品类选择、商品陈列、顾客购买行为分析上能起到的作用至关重要，会很大程度影响便利店的销售能力。另外供应链体系建立得是否完备将会对商品库存、资金压力等成本方面起到决定性作用。这两种能力从销售端和采购端共同影响着一家便利店的经营，因此会成为便利店的核心竞争力，也是各个便利店品牌要重点培养的能力。

2008 年，美宜佳在经历门店快速扩张后，面临对门店服务、利益关注不足的困境，面对问题的累积时缺乏有效反馈机制，进而引发品牌负面舆论。面对此挑战，张国衡意识到门店服务需要变革，且变革的关键在于打造“门店服务在线”平台。该平台不仅开放了门店与总部员工间的双向自由交流论坛，还实施了政策公告透明化、业务监督及客服任务管理的举措，有效解决了单向沟通遇到的服务难题。

此外，平台集成了提升门店运营效率与销售的先进工具，包括经营报表分析、事务申请流程、智能库存管理及优化补货系统，让门店深刻体会到总部全方位的服务承诺。这一系列变革不仅成功化解了品牌危机，更为美宜佳开启了新一轮发展的历史性机遇，奠定了更加稳固的市场地位。

时至今日，美宜佳的信息化、数字化历程经历了五个阶段：2001—2008 年是个人计算机阶段，2008—2013 年是互联网阶段，2014—2018 年是移动互联网阶段，2019—2021 年是中台阶段，2022 年美宜佳启动数字化转型。

美宜佳企业形象照

美宜佳每年在信息系统方面的投入都超过 1 个亿，专业的信息团队超过 300 人。接下来，美宜佳将在万物互联、数据化、可视化、智能化等方向持续发力、持续投入，以提升门店经营、消费者需求和消费场景研究、自动化办公等方面的水平，在物联网时代继续以技术驱动、技术应用提升企业整体经营水平。

美宜佳当初的“上系统”之举，极富远见卓识，带给了美宜佳大数据方面的先发优势。美宜佳借助自主研发的信息系统和移动工具，通过门店在线、小程序、商城、智能硬件等渠道，整合产品提供商、内容服务商、软件服务商等资源，搭建起一整套服务立体化、内容多元化、虚实结合的社区服务体系，使消费者的需求随时随刻都可以在美宜佳得到满足。

前端运营管理，后端建设供应链，数字化转型升级串起品牌便利店发展前中后期，美宜佳逐步发展，各方面都在稳步提升。当全盘能力成熟后，有数万家门店作为背书，美宜佳的虹吸效应也逐步显现，让其在人才吸纳、优质供应商等诸多环节具备优势。

2023年1月，面对数据链路复杂、系统烟囱化严重、数字化工具缺乏等一系列问题，美宜佳以全业务链闭环为目标，使用字节跳动的飞书协同底座，为企业十万余员工、三万余门店构建起连接的协同。包括整合办公自动化、企业资源计划等多系统至飞书，形成总部、加盟商、物流、供应商等密切合作伙伴“All in one”办公协同平台，显著提升组织协同效率；构建从知识创造到消费的人才培养项目链，同步搭建多个轻型业务系统，驱动组织信息力，亦实现流程闭环管理；利用云文档、多维表格等工具，优化人才培养与业务管理，增强业务灵活性与竞争力；打造线上企业文化阵地，让“伙伴文化”深入触及每位员工。

2024年7月26日，在美宜佳创新发布会上，美宜佳联合华为云和鸿蒙生态共同打造了《美宜佳零售生态数字化联合方案》，重磅发布数字化门店全店智能v1.0，推出了一系列创新体验和升级服务，旨在为行业树立新的标杆，推动零售业朝着更加智能化、数字化和可持续的未来迈进。

面向智慧零售的广阔未来，美宜佳将与华为云持续深化技术融合，以消费者需求为核心，构建门店1+3+N聚合生态——1个门店智能主机、1个数字店员收银机+1个中控平板+1个PDA（掌上电脑）以及结合N个消费场景——实现万物互联的零售新未来。同时，通过落地更多数字化零售场景，逐步使能千行百业，让数字化便利“触手可及”。

在回顾数字化进程时，张国衡曾表示：企业能够在行业的激烈竞争中依然取得亮眼成绩，恰恰体现了美宜佳这几年数字化转型的价值。未来，美宜佳将朝着“成为国民骄傲的便利店品牌”的愿景大步迈进。

作为城市的脉搏，便利店的发展就是中国城市化进程中最为具象化的表征之一。规模是一个品牌成功的显性指标。放眼便利店行业，绝大部分品牌都在追逐千店、万店。然而，遥遥领先的门店数并非终点，背后持续创新的产品、扎实的供应链、高度专业的运营体系，以及强大的数据处理能力，才是企业走得更稳、更远的核心驱动力。

“便利店文化”的沉淀

美宜佳品牌自成立以来，坚持“务实、专注、创新、共赢”的企业价值观，创新摸索并建立一整套可复制的发展模式、门店服务与支持体系，创造了一个多方合作共赢的发展平台。

张国衡提出了“伙伴文化”的概念，这是美宜佳企业文化的重要组成部分。他认为，美宜佳不仅是一个连锁便利店品牌，更是一个由消费者、加盟商、厂商、服务商以及企业员工共同组成的平台。在这个平台中，每个人都是彼此的伙伴，共同追求共创、共生、共赢、共享的目标。这种伙伴文化促进了美宜佳内部及外部合作伙伴之间的紧密合作和相互支持，为企业的快速发展提供了强大的精神动力。

因此，美宜佳将品牌口号定为“更亲近的伙伴”，将店铺定位为“便利生活中心”，这些都是独具匠心的。“更亲近的伙伴”包括四个努力方向：成为消费者生活伙伴，成为加盟者事业伙伴，成为厂商合作伙伴，成为员工成长伙伴。

经过 20 多年的实践探索和文化思考，独具特色的“便利店文化”逐渐沉淀下来，形成了异常珍贵的软实力。

美宜佳的经营理念是：对消费者，优质便民，贴心独特；对门店，全心全意为门店服务，全力以赴为门店争取利益；对厂商，真诚合作，共创双赢；对员工，提供成长沃土，营造成才氛围，创造成功机会。

在谈及企业文化时，张国衡还强调了美宜佳的社会责任感。他认为，企业不仅要追求经济效益，更要积极履行社会责任。美宜佳在发展过程中始终关注社会公益事业，积极参与扶贫济困、教育支持、环境保护等领域的活动，为社会进步作出了积极贡献。这种强烈的社会责任感不仅提升了美宜佳的品牌形象和社会影响力，也为企业赢得了更多消费者的信任和支持。

美宜佳如同一股清泉，滋润着大众创业的土壤，以成熟的加盟体系，助力无数梦想者扬帆起航。美宜佳的故事，是关于创新、关于责任、关于梦想的交响曲，它在时代的画卷上，留下了浓墨重彩的一笔，引领着便利店行业的未来，温暖着亿万消费者的心。

展望未来，美宜佳的企业愿景清晰而坚定：成为国民骄傲的便利店品牌。这意味着美宜佳将持续学习先进经验，同时坚守自身特色发展之路，在规模扩张、效益提升、模式创新等方面实现全面可持续发展，致力于成为中国本土便利店行业的百年老店，引领行业迈向更加辉煌的明天。

多元共融
引领餐饮文化潮流

“单线不丝，独木不林。”连锁化经营的模式极大地提升了企业资源优化配置的效能，并最大化地发挥了品牌的协同效应，实现了“1+1>2”的共赢局面。同时，这种模式使企业能在不断的复制中寻求创新，推动整体实现质的飞跃。

——赵媛媛

九毛九

在餐饮行业的璀璨星空中，九毛九集团犹如一颗耀眼的明星，以其独特的品牌魅力、深厚的文化底蕴以及强烈的社会责任感，温暖并照亮了无数食客的心田。我们有幸踏入了九毛九集团，在集团副总裁赵嫒嫒女士的精心引领下，一窥其引领行业潮流、塑造餐饮传奇的品牌奥秘。这不仅是一场味蕾的探险，更是一次心灵的触动，让我们深刻感受到九毛九集团创始人管毅宏先生，对品质的极致追求与对未来的洞察。

九毛九集团，作为餐饮界的一股清流，凭借其四大知名品牌——九毛九西北菜、太二酸菜鱼、怂火锅厂以及“山的山外面贵州酸汤火锅”，构建了一个既传统又有创造性的餐饮帝国。这四个品牌，如同四颗璀璨的明珠，各自散发着独特的光芒，又相互辉映，共同映射出九毛九集团宏伟蓝图的光芒。它们不仅代表了不同地域的风味与文化，更精准地满足了现代消费者多样化的饮食需求与情感需求。

多品牌矩阵，满足多元需求

九毛九的成长历程并不传奇，而是脚踏实地、一步一个脚印走出来的，这正是他们创业历程最真实的写照。

九毛九的创始人管毅宏是名副其实的“创一代”。1995 年，年仅 26 岁的山西人管毅宏南下海口创业，他选择了自己最擅长的面食领域，与妻子在海口市开了一家名为“山西面王”的餐馆。最初的餐馆仅有 57 平方米，员工 6 名，店内仅能摆放 6 张桌子。

然而，这家小店刚开业不久，便遭遇了台风季节的考验。但管毅宏与妻子坚持营业，不仅没有因天气恶劣而涨价，反而坚持原价销售面条。这份坚持逐渐赢得了顾客的认可，让平时较少食用面食的南方人也发现了面食的美味。

美味、实惠、老板心地好，这些特质成为小面馆的新标签，山西面王也因此受到越来越多当地居民的喜爱。通过这些早期的积累，小面馆迅速从 57 平方米的小店扩展至 250 平方米。

2002 年，管毅宏的视野进一步拓宽，他将业务版图延伸至广州，并开设了首家“山西老面馆”，专注于西北风味的传播。然而，在 2005 年注册商标时，由于涉及特定地域和常用名的问题，该名称并未通过审批，于是“山西老面馆”正式更名为“九毛九”。

管毅宏

关于“九毛九”这个名字，背后有一个有趣的故事：相传有个山西商人乘船到河对岸，船夫要一元船资，商人砍价九毛九。当船行到对岸，船夫禁不住好奇地问山西商人：“为什么别人过河都出一块钱，而你非要少给一分钱呢？”山西商人答道：“有了这一分钱，万一生意赔了，那就指望靠这一分钱起家啦。”

尽管这个故事被有些人解读为山西人吝啬、抠门，管毅宏却抓住故事衍生出来的深层内涵，认为“九毛九”彰显山西商人勤俭节约的品质、精打细算的习惯、严格控制成本的精神，将其视为对山西商人的一种正面且具有广泛代表性的称谓，让企业具有独特的商业文化内涵，消费者渐渐认可了这个自嘲的名字，“九毛九”逐渐成为生意的金招牌。

随着时间的推移，九毛九生意越做越大，并在广州安营扎寨，设立总部，管毅宏的餐饮理想雏形也越来越清晰。

进入 21 世纪，随着购物中心在全国范围内的蓬勃兴起，管毅宏敏锐地捕捉到这一机遇，将“九毛九”带入商场，开创“快时尚 + 轻餐饮”的新模式。借助商场的人流与品牌影响力，九毛九迅速在广州及周边地区的购物中心站稳脚跟，店铺数量节节攀升，至 2015 年已突破 140 家，其中广东地区近百家，成为当地西北菜市场的佼佼者。然而，快速扩张也带来了挑战。九毛九面临行业竞争激烈、顾客选择与需求日趋多元的趋势。

面对挑战，管毅宏果断调整策略，于 2015 年推出创新单品“太二酸菜鱼”，凭借其独特风味与精准定位，成功实现品牌逆袭，为九毛九注入了新的活力。

这个决定在当时看来无疑是极具挑战性的，因为中餐的多样性一直是其魅力所在。但管毅宏坚信，只有化繁为简，以简单求极致，才能在激烈的市场竞争中脱颖而出，太二酸菜鱼迅速成为了餐饮界的一股清流，九毛九也成功找到“太二”这个业绩第二增长曲线。

2020 年，九毛九成功在港交所上市，标志着企业在资本市场得到认可。上市为九毛九带来了更多的资金支持和市场关注，有助于企业进一步扩大规模、提升品牌影响力，并加速其在全国乃至全球市场的布局。

如今，九毛九已成长为一家拥有四大知名品牌、门店遍布全国，并成功走向国际市场的餐饮巨头。

九毛九西北菜，秉承“三代人，都喜爱”的品牌理念，巧妙融合传统西北菜精髓与现代烹饪技艺，为食客们带来既熟悉又新颖的美味体验。

太二酸菜鱼，聚焦于老坛子酸菜鱼这一经典菜品，将拥有三千年历史的酸菜文化与现代潮流元素相融合，打造出独树一帜的餐饮品牌形象。

怂火锅厂，作为九毛九集团的新生力量，以“灵魂锅底”与“头牌牛肉”为核心卖点，致力于打造充满欢乐与自由氛围的年轻化用餐空间。

“山的山外面贵州酸汤火锅”，以其独特的贵州天然酸汤火锅为亮点，将山里的好酸汤好食材、质朴真诚的人文属性，带到山外面，让食客在品味美食的同时，也能感受到大自然的馈赠与人文的温暖。

九毛九在餐饮行业中率先打破了传统的组织架构模式，采用了品牌先行的管理架构。公司在明确各品牌分工与职责的基础上，实施集中指挥，实现多品牌并行管理。通过打造不同风格的品牌，九毛九成功触达并吸引了不同层面的消费者，为消费市场带来了全新的服务。

多品牌经营的策略，使九毛九能够覆盖多个赛道和细分领域，通过各品牌的独特理念和菜品，满足更广泛消费者的多样化需求。这不仅丰富了企业的产品线，也显著提升了品牌的整体竞争力。同时，多品牌经营促进了企业内部资源的有效整合，包括人才、食材、工艺等方面的资源共享，降低了成本，提高了运营效率。更为关键的是，面对快速变化的消费需求，多品牌经营使九毛九能够灵活应对，快速创新，保持品牌的活力和市场竞争力。

然而，多品牌经营并非没有挑战。资源分配和人才管理是多品牌运营中需要重点关注的两大难题。在资源有限的情况下，如何合理分配资源，确保各品牌均衡发展，是九毛九需要不断探索和解决的问题。

面对这些挑战，九毛九将继续坚持“爱顾客”的理念，不断优化品牌结构和资源配置，加强内部管理和人才培养，确保各品牌能够持续健康发展。

专注于年轻人，不走寻常路

什么？酸菜鱼领军品牌太二酸菜鱼宣布跨界造车？

2024年4月1日当天，太二在社交平台高调宣布太二汽车科技公司正式成立，并随之发布了一系列高端、大气且充满科技感的海报图。

从汽车车厂信息，到“百年发酵技术”（虽为玩笑，却巧妙融合了餐饮与汽车元素）、智慧仿生科技，再到搭载AI系统Driver TAI，太二官方发布的这些一本正经的汽车信息，配合科技感十足的配件细节图，真假难辨，趣味横生。而“Model 22”“超20亿研发资金投入”“开放222名体验名额”等设计，更是将“太二”品牌特有的“二”文化发挥得淋漓尽致。

太二此次愚人节的借势营销，通过其独特的跨界创意和话题，引发了网友们的广泛关注和热议。在适度玩梗、把握反差感的同时，太二也成功地提升了品牌形象，并通过强互动增强了用户的忠诚度和品牌粘性，实现了进一步的破圈传播。

这就是太二的风格——懂得年轻人的兴趣，并且玩出花样，玩出新意。令人意外的是，这次营销活动甚至让太二收到了来自多个造车企业的合作邀请。

因此，在业内，九毛九也被誉为“最懂年轻人的餐饮公司”。

当九毛九决定打造“太二酸菜鱼”品牌时，它已经敏锐地洞察到年轻人在市场消费中的中流砥柱与引领者地位，并形成了清晰的客群定位逻辑：聚焦于年轻人，必须是年轻人乐于接受的，要与年轻人建立深厚的情感连接。如今，这些理念已成为九毛九集团的“基本法”。

如果说“九毛九西北菜”是传统与坚韧的象征，那么“太二”则是年轻与个性的代名词。在购物中心等现代消费场景中，九毛九精准捕捉到了年轻消费群体的需求变化，于是“太二”应运而生。这个名字源自年轻人追求亚文化的潮流，代表着敢于自嘲、敢于表达真实自我的个性态度。

太二不仅是一个名字，更是一种品牌精神的体现。它鼓励年轻人保持自我，不随波逐流，勇于表达独特的见解和喜好。在餐饮领域，这种精神转化为对食材品质的严格把控、对菜品创新的不懈追求以及对顾客体验的极致关注。

太二当初坚持“不加辣不减辣”等独特原则，这些看似“怪异”的规定，实则精准满足了年轻消费者的个性化需求。同时，太二酸菜鱼独特的口感——酸中带辣，恰好击中了年轻人的味蕾，成为他们聚餐、约会的首选。

明明是卖鱼的，太二却推出口号：酸菜比鱼好吃。而这些反差，给消费者留下了深刻的印象。

走进太二，首先映入眼帘的是其独特的装修风格。从创始之初的黑白分明、简笔画风，到如今可能更加多元化的设计，太二始终保持着一种简约而不失格调

九毛九企业展示

的美感。这种风格不仅契合了年轻人对个性的追求，还可以直击食客的内心，让人过目难忘。

店招上小二哥切酸菜和鲈鱼的动态画面，更是吸引了不少路人驻足观看。店内每一处细节都透露出用心与创意，如金黄色的菊花点缀在酸菜鱼上，不仅提升了菜品的颜值，更激发了顾客的拍照欲望，让用餐成为一场视觉与味觉的双重享受。

“好吃、好玩、好干、好美”贯穿了太二酸菜鱼品牌发展的始终。“好吃”是基础，太二致力于提供高品质的菜品，满足顾客的味蕾需求；“好玩”则体现在品牌的各种互动元素上，如进店暗号、手势互动等，让顾客在享受美食的同时也能感受到其他乐趣；“好干”则是对员工的一种鞭策，鼓励他们以饱满的热情和专业的态度为顾客提供优质服务；“好美”则是从装修、服务全方位展现品牌的美学追求，给顾客带来美的愉悦体验。

怂火锅厂也是如此。“怂”有两重含义：一是字面上的认怂，即“你开心就好”“你说的都对”；二是从心出发，即怂火锅提出的理念——“follow your heart”。这种轻松幽默的自嘲方式拉近了品牌与消费者之间的距离。在这个快节奏、高压力的社会环境中，人们渴望得到放松和慰藉，“怂”恰好满足了这一需求。

值得注意的是，九毛九集团的高管团队中有很多年轻人，太二酸菜鱼的店长也大部分是年轻人，怂火锅厂品牌的负责人更是90后的青年才俊。这些年轻的力量为品牌注入了新的活力和创意，也成就了太二和怂火锅厂独特的精神气质和品牌文化。

对年轻人的观察、理解和把握，已是九毛九的核心竞争力之一，以至于未来如果在其他餐饮细分品类看到九毛九旗下的新孵化品牌，也不会觉得奇怪，因为它的扩张是有无限可能的。

食材溯源，为“好吃”保驾护航

做餐饮最重要的，还是“好吃”。

太二酸菜鱼与怂火锅厂坚持做精减，首要目的也是为了“好吃”。要达到“好吃”，需要下功夫、投入。只做一个产品，就能对这个产品下最大的功夫，然后将其做到极致。

为了“好吃”，太二专门为酸菜鱼这一道菜建立了一个团队，围绕如何让鲈鱼更美味做研究，只选用最精华的鱼肉部分端给顾客。

随后，团队又把精力投入到酸菜上，做出了独具特色的符合国家食品安全标准的酸菜，继而有了那句广为流传的“酸菜比鱼好吃”。

怂火锅厂更是以“不敢不好吃，道道有来头”为理念，确保每一道菜都是精品。火锅最重要的就是锅底，怂火锅厂将其做到极致——与重庆老牌火锅企业合作研制了底料配方，自己炒料、炼油。

怂火锅厂打破传统，将鲜切牛肉作为火锅肉食的新头牌，一句“谁说下水是头牌，火锅就该多吃肉”也是相当深入人心。

食材的供应不仅是企业运营的基石，是“好吃”的基础，更是其构建竞争优势的重要壁垒。一个成熟且高效的供应链体系，能够让企业以最稳定、最安全、最优的价格采购到最好的食材。这不仅确保了菜品的高品质，也有效控制了成本，提升了整体运营效率。

从种养殖端的标准化开始，九毛九就建立了一套贯穿全产业链的标准化体系。这一体系涵盖了食材采购、生产加工、仓储运输、门店制作及顾客服务等各个环节，确保了从源头到终端的每一个环节都能达到统一的标准和要求。通过标准化管理，九毛九不仅实现了产品品质的稳定性和一致性，还提升了门店的运营效率和顾客满意度。无论消费者走进哪一家九毛九的门店，都能享受到同样高品质的菜品和服务，这种一致的消费体验正是九毛九连锁发展的核心竞争力所在。

九毛九坚信，品质是可以溯源的。从源头开始，对每一种食材进行严格的筛选与标记，是保障食品安全的第一步。无论是大宗食材还是调味料，集团都建立了完善的追溯体系，确保每一道最小存货单位都能找到其源头。

以集团旗下知名品牌太二酸菜鱼为例，其核心食材——鱼和酸菜，均经过精心挑选与严格把控。特别是鱼的选择，太二投资自建养殖基地，采用工业化循环水养殖工艺，从源头上保障食材的安全与品质。

在河源的养殖基地里，太二采用了先进的工业化循环水养殖技术。这种技术不但大大节约了土地和水资源，而且相比传统养殖方式，土地和水资源的使用率均提高了近 90%。更重要的是，通过严格的监控与管理，如鱼苗研发、用药管控等，企业有效排除了药物残留的风险，确保了出塘鱼的食品安全。

消费者可以清晰地了解到自己碗中的鱼从源头到餐桌的每一步。这种透明化的操作，让消费者对太二的品质更加信赖。

除了对品质的严格把控，九毛九还积极践行绿色环保的经营理念。工业化循环水养殖技术不仅提高了资源使用效率，还通过生物降解等技术手段，实现了废水的循环利用，减少了环境污染。这种绿色、可持续的发展模式，为企业的长远发展奠定了坚实的基础。

太二酸菜的制作，始于对食材的极致苛求。在初创时期，酸菜是由店内员工一颗颗精心腌制的，每一道工序都倾注了匠人的心血与汗水。然而，随着品牌的快速发展与壮大，为了在保证品质的同时满足日益增长的市场需求，太二选择了与知名工厂携手合作，共同在四川这片酸菜制作的宝地，继续传承并发扬这一经典工艺。

在酸菜原料的选择上，太二坚持使用小叶优质芥菜。这些芥菜经过人工与自然双重筛选的严格流程，确保每颗都饱满、大小适中、品质上乘。随后，芥菜会经历“三清三洗”的精细处理过程，彻底去除杂质，保留其最纯净的风味与营养。

腌制是酸菜制作的核心环节。太二采用传统老坛腌制方法，在精心调控的最佳环境温度和湿度下，让酸菜自然发酵约30天。这段时间里，酸菜中的乳酸菌充分作用，不仅赋予了酸菜独特的酸爽口感，还保留了丰富的营养成分。老坛的精心选用与温度的精准把控，都是太二酸菜卓越品质的重要保障。酸菜出坛后会再清洗一遍，筛选并剔除出颜色、脆度、风味不合格的酸菜，再对合格的酸菜进行酸盐度和微生物检测。由于工艺稳定，酸盐度都能达到标准；微生物方面，由于密封环境和乳酸菌发酵，抑制了有害细菌的生长，微生物、亚硝酸盐等检测均符合国家标准。

九毛九凭借严格的食材追溯体系、创新的工业化循环水养殖工艺，以及对传统腌制工艺的坚守与不断提升，不仅为消费者奉献了美味可口的菜品，更在食品安全领域树立了行业的典范。

以大爱之心，共筑餐饮新风尚

在当今这个日新月异的时代，餐饮行业已不仅是有关味蕾的行业，更是社会责任与人文关怀的重要展现窗口。九毛九，作为一家具有深远影响力的餐饮连锁企业，其成就不仅源自对美食品质的极致追求，更在于那份对社会的深切关爱与责任担当。正如赵媛媛所言："在承担社会责任方面，我们不是只因为国家的监管而行动，我们其实内心就怀有这样一种良知和热忱，来将我们的企业经营得更好，为美好的社会贡献一份力量。"

小爱汇聚，共成大爱

企业文化是九毛九成功的灵魂所在：诚、爱、勇、优、俭。这种文化不只是停留在口头或文字上，而是深深融入到企业的每一个角落、每一项工作中。九毛九的企业文化具有高度的独特性和实践性，不仅是企业的行为准则，更是全体员工共同的精神追求。

为了将企业文化落到实处，九毛九每年都会选取企业文化中的一个字作为年度重点，并通过各种形式的活动和会议进行宣传和阐释。这种持续不断的文化熏陶和渗透，使得员工对企业文化的认同感和归属感不断增强。同时，企业还通过尊重员工个性、提供良好薪酬福利待遇等方式，进一步巩固了员工对企业的忠诚度和满意度。

公司董事长管毅宏常言："我要不遗余力地照顾好两万多名员工及其家庭。"

关注环保，减少餐饮浪费

自 2015 年起，太二便启动了"太二垃圾侠"活动，定期组织粉丝和顾客参与海边等自然环境的清洁行动，至今已持续九年之久，累计清理垃圾近 2 000 公斤。这一行动不仅增强了公众的环保意识，更是九毛九践行社会责任的生动体现。

面对国家关于"减少餐饮浪费"的号召，九毛九迅速响应，推出了创新的解决方案。在国家发起号召的当天下午，九毛九旗下的四个连锁品牌便全面推出了"半碗饭"服务，顾客可以半价购买半碗饭，这一举措有效减少了餐饮浪费现象。这一创新不仅得到了顾客的热烈响应，更在行业内树立了典范，展现了九毛九在解决社会问题上的敏锐洞察力和强大行动力。

爱心猫粮，温暖流浪猫

在减少餐饮浪费的同时，九毛九还关注到了食物边角料的处理问题。以太二酸菜鱼为例，九毛九团队巧妙地将剩余的鱼内脏、骨骼及鱼腹部分转化为爱心猫粮——"何英俊"。这款猫粮不仅实现了资源的有效利用，更传递了企业对流浪动物的深切关爱。顾客在享受美食的同时，通过点购相关菜品或参与店内活动，即可免费领取猫粮，为流浪猫贡献一份爱心。此外，九毛九还与中国小动物保护协会等公益组织合作，共同为流浪猫的救治和安置贡献力量。

爱心传递，共筑美好未来

九毛九的爱心行动远不止于此。从日常的环保活动到紧急的灾害救援，从对员工的关怀到社会的回馈，九毛九始终践行企业的社会责任。这种大爱精神不仅赢得了消费者的广泛认可与尊重，更为整个餐饮行业树立了光辉的典范。

九毛九的故事，是关于美食、责任与爱的故事。在这个故事中，我们看到了一个餐饮企业如何在追求经济效益的同时，不忘回馈社会、关爱他人。九毛九用实际行动告诉我们：只有心怀大爱，才能走得更远、更稳。未来，我们期待九毛九继续以这份大爱之心，引领餐饮行业向更加美好、更加可持续的方向发展。

水果连锁巨头的崛起之路与责任担当

百果园

连锁模式的优势主要体现在：快速复制能力助力企业实现迅速扩张；标准化操作和模式化管理确保服务及产品品质的稳定；带动上下游产业的协同发展，品牌影响力得以快速提升。这些优势共同铸就了连锁模式的独特魅力和深远影响。

——徐艳林

在浩瀚的商业世界中，总有一些企业以其独特的光芒照亮着行业的前行之路。

开水果专营连锁业态先河，首创“四度一味一安全”水果分级体系，推行“三无退货”政策，提出“好水果是种出来的”理念，致力于振兴中国果业，引领中国水果走向世界……

这些独特的标签，共同勾勒出一家企业的非凡轮廓，它便是百果园。

二十三年或许只是时间长河中的一朵浪花，但对于百果园而言，这二十三载春秋却是一部跌宕起伏的创业史诗。从一家名不见经传的街边水果店，到如今坐拥5 000家门店、年营收超百亿的水果零售连锁巨头，百果园不仅书写了中国水果连锁的传奇篇章，更以其实力与担当，稳居中国第一大水果零售商的宝座。

这份辉煌的背后，是余惠勇、徐艳林夫妇与百果园团队无数次的探索与尝试，是创业路上无尽的艰辛与挑战。他们凭借智慧与汗水，铸就了百果园今日的辉煌。

百果园，这个承载着无数果业人梦想的品牌，正以其卓越的品质与不懈的努力，书写着属于中国果业的故事，向世界展示着中国水果零售的魅力与风采。让我们跟随百果园总裁徐艳林的脚步，一起走进百果园的缤纷世界，感受那份独特的水果情怀与商业智慧。

百果园破茧成蝶　徐艳林华丽蜕变

深圳，这座城市鼓励创新，宽容失败，崇尚实干。

20世纪90年代的深圳，既是一座充满希望之城，也是一片亟待开发的热土。

那时的深圳，奇迹似乎随时都可能发生。邓小平南方谈话后，市场全面放开，无数英雄豪杰与草根创业者，在那个风起云涌的时代纷纷登场，以他们或文明或野性的方式，为这座城市奠定了坚实的经济基础，并留下了无数传奇故事。

百果园的创始人余惠勇与徐艳林夫妇的创业历程，无疑是深圳草根逆袭的生动写照。

20世纪90年代，余惠勇从江西农业大学毕业后，进入江西农科院从事食用菌研究工作。当时，改革开放的浪潮汹涌澎湃，他决定放弃令人羡慕的“铁饭碗”，南下深圳闯荡。尽管经历了投资失败、运输创业受挫等重重困难，但余惠勇开创一番事业的决心从未动摇。

1995年，余惠勇应聘成为深圳一家国有食品公司的配销经理。那时，深圳水果市场上充斥着价格高昂的进口红富士苹果，余惠勇便亲自前往山东采购，将物美价廉的国产红富士苹果引入深圳市场。为了吸引顾客、扩大生意，余惠勇承诺提供送货上门服务，并在报纸上刊登广告。这一销售模式迅速取得成功，该公司在2001年实现了近亿元的销售额，余惠勇也因此被誉为深圳水果业内的“销售大王”。

徐艳林

当时，国内外尚无水果连锁品牌的先例。正是这段职业经历，让余惠勇看到了水果连锁业态潜在的商机。他萌生了创业的念头，决心将水果批发与零售相结合，以连锁经营的方式扩大规模，打造“像麦当劳一样卖水果”的商业模式。

怀揣着这一理想，余惠勇倾尽所有积蓄，于2001年创立了深圳市百果园实业发展有限公司，首创水果专营连锁商业模式，打破了水果连锁这一世界性难题，这是全球水果行业与零售业的一次重大变革。

2002年7月18日，百果园开了第一家门店，开业第一天就取得了18 000元的营业收入，单月销售额突破40万元。然而，水果连锁投入成本高，管理难度大，全世界都无人成功过。创业初期的余惠勇，饱受各方质疑。

而徐艳林的职业生涯起点与众不同，她曾是一名在教育领域默默耕耘了12年的中学英语教师。为了家庭的团聚，她毅然放弃了这份稳定而受人尊敬的职业，跟随丈夫的脚步来到深圳。对徐艳林而言，深圳是一个全新的起点，也是一个未知的挑战。

在成为家庭主妇的一年多时间里，徐艳林感到了前所未有的迷茫。她习惯了职业女性的身份，突然失去了自我价值的实现渠道，让她倍感煎熬。她开始寻找新的出路，学习过美容技术，希望未来能有一技之长傍身。

正在这个迷茫与探索的过程中，百果园的成立让徐艳林看到了丈夫事业的曙光，也看到了自己未来的可能性。尽管丈夫曾明确表示夫妻不宜在同一家公司工作，但徐艳林还是“悄悄”地加入了百果园。她用自己的实际行动证明了自己的价值，并最终赢得了丈夫的默许与认可。

入职百果园后，徐艳林先后在行政部、运营管理部、配送部、采购部等业务部门工作，日复一日地积累经验和知识，对百果园各业务线、各环节上的要点细节都已了如指掌。

起初，百果园采用的是传统加盟模式，随着加盟商的数量增加，经营成本逐渐增高，加之供应链不成熟，在前 7 年时间里，百果园一直处于亏损状态。

2006 年，时任百果园总经理辞职，众股东力荐徐艳林接任。虽然余惠勇半信半疑，但考虑到一时难以找到合适的人选，徐艳林最终上任。面对公司已经连续亏损多年的困境，徐艳林并没有惊慌失措。她一当上总经理，就发现两大问题：一是成本高，二是市场没打开。

徐艳林一上任，就先降成本。她停止租赁租了好几年的 3 000 平方米的配送中心，把整个公司搬到批发市场里的一个 200 平方米的铁皮房。为了节约开支，徐艳林将铁皮房做了两层隔断，上面一层办公，下面一层当发货仓库。只要能在批发市场直接采购的水果，就直接批发到仓库里发货，尽量不备存货。

这样一来，省掉了高额的租金和存储费用，公司成本大幅降低。为了继续降低成本，百果园还将一部分加盟店回购做直营，加强管理后，很多门店都恢复了盈利。

徐艳林的“大刀阔斧”改革效果显著。2007 年，百果园开始实现盈利；2009 年，百果园年销售额突破 1 亿元，并持续攀升；2015 年门店数量突破 1 000 家；2023 年，百果园正式在香港交易所主板挂牌上市，成为中国水果零售连锁的第一股。

她以出色的业绩证明了自己，完美地完成了角色转换。谈及加入百果园的初衷，徐艳林表示：“我本身就是一个自强自立的人，不愿意依附于其他人，更不愿意放弃自己的内心追求。女性应该有自己的事业。加入百果园是我对自己人生的一次重新定位，也是我对自我价值的一次重新发现。”

在百果园的发展历程中，徐艳林经历了从迷茫到坚定、从困惑到清晰的转变。她用自己的智慧和努力为百果园的发展贡献了自己的力量。同时，她也在这个过程中找到了自己的价值与归属，实现了自我成长与蜕变。

余惠勇曾在多个场合谈到，让徐艳林掌管百果园，是百果园走向成功的一个重要因素，他都没想到，一个看似温婉的女性能在商业上迸发出如此巨大的能量。如今，徐艳林与余惠勇分工明确。余惠勇凭借敏锐的市场洞察力，精准地把握企业战略的大方向；而徐艳林则以女性特有的细腻，专注于管理的细节，成为战略落地的坚实后盾和有力执行者。

“流水不争先，争的是滔滔不绝。”但在商业上，往往既要争先，也要滔滔不绝。

迈克尔·波特在《竞争战略》一书中提及，能够赢得胜利的竞争战略主要有三种：成本领先战略、差异化战略和专一化战略。无论采用哪一种战略，其核心都在于识别并进入一个具有长期潜力的市场领域，然后持续投入，有效聚焦，以实现专业化和强大化。百果园选择了水果这一细分市场，并专注、深耕于此，持续推动商业模式迭代创新。

展望未来，对于致力于打造世界级品牌的百果园而言，过去的 23 年仅仅是一个开始。随着竞争环境的日益多元化和消费者品质需求的不断提升，2024 年，百果园的品牌战略迎来全面升级与焕新，提出了“高品质水果专家与领导者”的新战略定位。这一新战略带来了前所未有的机遇，旨在不断满足消费者对高品质生活的向往与追求，推动品牌不断成长，让全天下的人都能享受到优质水果带来的美好生活。

建立标准体系　打造品牌护城河

好公司需要日积月累打造护城河，好生意需要千锤百炼形成坚固的壁垒。创立至今，百果园的成长密码，都写在品质、标准和渠道等细节里。

对于徐艳林而言，从初创时的艰辛到逐步扩大规模，特别是当门店数量增至六七十家时，这一路上的挑战尤为艰巨。团队管理、连锁复制、标准化与规范化等问题接踵而至，让徐艳林深感责任重大。

连锁企业的发展壮大，离不开加盟模式的助力。加盟的魅力在于能够整合社会资源，实现从零到一，再到无限连锁的规模效应。

然而，真正让百果园驶入扩张“快车道”的，是其品控标准化的实施。

事实上，百果园的扩张之路不仅面临着一般连锁企业所面临的标准化难题，还受到水果品类本身非标准化的制约。徐艳林深知，“连锁的关键在于打造一套快速可复制的体系，而品控标准则是这一体系的核心”。

百果园自创立之初，便坚定地选择了“做高品质水果”的道路，并围绕“好吃”这一核心定位，深入探索并制定了水果的标准。这一创举在中国水果零售行业尚属首次，为百果园的后续发展奠定了坚实的基础。

为了判断水果是否好吃，百果园在水果品质上建立了全面的标准体系。与单纯从外观、口感等方面划分等级不同，百果园从消费者的角度出发，将“好吃”这一感性认知分解为营养、安全和生态三方面进行量化评估。

凭借多年经营水果的经验，经过多次深入讨论，百果园于 2015 年 6 月建立了全球首个全品类水果果品标准体系（四度一味一安全），并按照好吃标准将水果分为四级三等——招牌、A、B、C 级，以及大、中、小三个规格，共 12 个等级。2016 年 5 月，百果园更是牵头发起并成立了“优质果品产业联合会”，携手行业伙伴共同推进水果品质标准的建设。

百果园门店

标准化的实施不仅提升了水果产品的品质与口感，还显著提升了消费者的购买体验与品牌忠诚度。这一标准体系不仅触达了消费端，提升了消费者的购买体验；同时也触达了产品端，对农果种植端形成了有效的约束。这套体系和百果园的品牌既成为了消费者购买水果的指南针，也成为了农果种植端的方向标。

有了这个标准，百果园在水果行业的经营管理中遇到的定价、检验、采购等难题便迎刃而解，从而形成了其独特的商业模式。

在标准化运作的坚实基础上，百果园推出了独树一帜的“三无退货”政策——只要消费者觉得水果口感不佳，即便无小票、无实物，也可无理由退货。这一创新举措不仅成功拉近了与消费者的距离，更深刻体现了百果园文化中那份对顾客的完全信任。

余惠勇作为此项服务的倡导者，其初衷曾遭遇徐艳林的质疑。徐艳林虽然能接受“无小票”和“无实物”的退货条件，但对于“无理由”这一点，她认为太过感性，缺乏理性支撑。然而，凭借多年与顾客、门店店长及店员深入交流的经验，徐艳林最终选择相信顾客的诚信，让“理性”为这份“感性”的信任让步。

事实证明，这次“不理性”的决策带来了非凡的成果。“三无退货”政策不仅帮助百果园树立了消费标准认知，还直接展现了其品牌的竞争优势，使百果园在激烈的市场竞争中脱颖而出，远离了同质化的泥潭。这一彰显企业品牌责任的举措，让百果园成为了广大消费者心中最值得信赖的水果品牌之一，并在行业内树立了新的标杆。

同时，“三无退货”政策还产生了倒逼效应，促使百果园不断提升自身管理水平。为了确保消费者能够享受到高品质的水果和卓越的服务，百果园不得不加强内部管理，对供应链管理、产品质量控制等方面提出了更高要求。这一政策的实施，不仅提升了百果园的整体竞争力，更为行业的健康发展树立了典范。

做好吃的水果　深耕水果种植端

“让天下人都享受到好水果”，这是百果园坚守了 20 多年的信念。

国内水果零售市场规模庞大，且持续增长。据国际咨询公司弗若斯特沙利文预测，至 2026 年，中国水果零售市场规模将突破 17 752 亿元大关。然而，该市场却高度分散，即便行业领军企业百果园，其市场占有率也仅略高于 1%。

造成这一现象的原因主要有两方面：一是水果等生鲜产品的特殊性，其盈利模式需要长期摸索，但国内企业往往急功近利，缺乏战略耐心；二是营商环境不佳，商家与消费者之间缺乏信任，这增加了经营成本，不利于企业的长远发展。

水果零售的难点在于其非标准化特性。与标准化的工业品不同，水果的品质、价格、货量均充满不确定性。品质的不稳定导致每批水果可能存在显著差异；价格的波动让商家难以预测成本与销售利润；货量的不稳定则让供应链管理变得异常复杂。这一切，都源于水果生长周期、种植规模以及天气条件的不可控性。

此外，水果作为一种具有生命属性的商品，时刻在与时间赛跑。不仅其毛利或许并不高，而且品质会随时间流逝而逐渐下降，价值也随之递减，甚至可能降至负值。因此，水果零售行业常被业内人士形象地比喻为“弯腰捡钢镚”的辛苦营生。

面对这些挑战，徐艳林认为，企业应怀揣敬畏之心，深入研究市场与消费者需求，切忌急功近利，追求短期利益。

在外界眼中，与便利店、单品赛道的餐饮店等标准化程度较高的行业相比，百果园的发展步伐似乎并不快。然而，正是这种不紧不慢的节奏，让百果园得以围绕“好吃”这一核心理念，构建了一套完整的体系，从而构筑了其在市场中的核心竞争力。

好水果与一般水果之间的差异显而易见，而其中的核心便在于“好吃”。在许多国家，包括美国在内，人们虽然常吃水果，但对口感的要求并不高；而在日本，虽然水果被视为高端商品，但过分追求外观和包装，有时甚至将水果当作工艺品和艺术品，这在一定程度上脱离了水果作为食品的本质。

徐艳林认为，好水果的保障源自源头的种植端。无论营销模式如何创新，最终还是要将好产品供应给顾客，这才是根本。好水果是种出来的，而不是选出来的。因此，供应链的核心在于生产端。

在整个链条上，百果园几乎是不计时间、不计成本地大胆布局种植端。20多年来，百果园从源头抓起，从全球26国、超800个合作基地，直采近1 000种好水果。为了保证果品的高品质，百果园引入了BLOF（精准有机农业系统）生态和谐型种植技术，实现对水果生长周期的全方位管理。

种植高品质水果需要科技创新和大量成本投入。这些成本不仅包括种子、肥料、农药等直接成本，还涵盖技术指导、资金赋能、销售保障等间接成本。徐艳林解释，部分水果价格偏高是因为成本高，而这些成本是为了确保农民能够按照标准种植出高品质的水果。

百果园的角色是连接农民和市民的桥梁，致力于帮助农民致富，同时确保市民能够买到好吃的水果。为了维持门店运营和利润，百果园需要在价格和品质之间找到平衡点。徐艳林坚信，品质与健康息息相关，因此愿意承担更高的成本，确保消费者能够买到健康、好吃的水果。

例如百果园的“金太阳蜜瓜”，这个水果正是百果园精心研发出来的产品。百果园对于它的种植条件要求是很严格的。正常哈密瓜的瓜苗上至少有十多个“结位”，每一个结位都能长出一个瓜。但是，为了收获最甜的瓜，百果园在种植时只保留一个结位，将其余的结位都剪掉。虽然产量由 10 多个变成了 1 个，但企业却能保证产出最甜的哈密瓜。然而，这种“独生子女”的蜜瓜产量降低，价格自然上涨。徐艳林希望通过分享这些种植案例，让消费者理解价格背后的原因，感受到购买水果所带来的价值和意义。

2024 年 8 月 27 日，在百果园“秋季好果”发布会上，百果园宣布下半年将开启“高品质高性价比口碑战役”，每月推出高品质高性价比的“报恩果”，让更多消费者享受优质水果带来的美好体验。徐艳林强调，高品质始终是百果园坚持的目标，高性价比是企业通过协同优化产业链将成本降低，以此“报恩”于消费者的多年支持。这一理念也将推动更多高品质水果为消费者所熟知，形成更好的口碑，反哺企业发展，从而实现消费者和企业的共赢。

百果园正全力加速其全渠道一体化新零售体系的构建，品牌势能、产品势能、渠道势能以及生态组合效应正为“打造 100 个品类品牌”计划提供坚实的支撑。“我们引进了各种先进的技术，旨在赋能品类品牌的发展。截至目前，我们已经成功打造了 46 个品类品牌，但未来的路还很长，我们仍需继续努力。”“品牌化是水果行业升级转型的关键所在，只有如此，我们才能避免农产品陷入低价竞争的恶性循环，实现行业的高质量发展。”

对于未来水果零售业的演变趋势，徐艳林有着坚定的信念。她认为，品牌化、国际化以及餐饮化将成为未来水果零售业的重要发展方向。中国的水果产业应该不断提升品质，精心打造品牌，让中国的优质水果走向世界，形成国际影响力，为中国的水果产业赢得更多的荣誉和机遇。

以“根、茎、叶、花、果”为框架　构建文化体系

自创办初期，百果园便深刻意识到企业文化的重要性，并初步构建了一套独

具魅力的企业文化体系。初期，百果园秉持“博爱宽仁、诚实守信、义利并举、成长共赢”的价值观，以“弘扬民族精神，振兴中华果业”为使命，提出了“一生只做一件事，一心一意做水果”的愿景，并确立了“百果园，我们大家的果园”的核心理念。同时，百果园还确立了“做专才能做精，做精才能做强，做强才能做大”的发展思想，这些企业文化一直指引着公司的前进方向。

随着企业的不断发展壮大，初创时期的企业文化逐渐显现出局限性。2010年，徐艳林推动公司进行了企业文化的第二次迭代。在这次迭代中，百果园明确了五大文化支柱：宏愿文化、善解文化、利他文化、精进文化以及成果文化。这五大文化不仅丰富了企业文化的内涵，还提升了其层次，为公司的长远发展奠定了坚实的基础。

这次文化迭代对公司的发展起到了至关重要的作用。作为团队的领导者，徐艳林深知，提升员工的能力和技能固然重要，但塑造他们的价值观和心态更为关键，而企业文化正是塑造员工价值观和心态的核心所在。通过第二次迭代，百果园的企业文化更加契合公司的发展需求，也更能激发员工的潜能和活力。

百果园的企业文化并非一成不变，公司每隔一段时间都会对企业文化进行审视和调整，以确保其始终与公司的战略目标相契合。不断迭代和优化的企业文化，为百果园的持续发展和创新提供了强大的动力。

近年来，百果园又经历了一次深刻的文化升级，使企业文化更加贴近生鲜行业特性，并形成了以“根、茎、叶、花、果”为核心的文化体系。新的企业文化清晰、简洁，顺应植被生长过程，符合行业特性，也寓意着百果园公司将延续发展，致力于成为百年企业。

百果园的文化体系以“根、茎、叶、花、果”为框架。“根”代表良知，是企业文化的核心和基础。良知是判断事物对错的根本标准，也是企业行为的指导原则。只有坚守良知，企业才能在激烈的市场竞争中保持正确的方向，做出符合道德和法律规范的决策。

“信任”是文化的“茎”，体现在对顾客的信任、对员工的信任以及对合作伙伴的信任上。这种信任不仅有助于建立稳定的关系，还能促进企业的快速发展。正如树茎将根部的养分输送到枝叶一样，信任文化也在企业内部传递着正能量，推动着企业的成长。

“利他”被视为文化的“叶”，它体现了企业的社会责任感。企业不仅要追求经济利益，还要关注社会利益，通过提供优质的服务和产品来满足顾客的需求，同时积极履行社会责任，回馈社会。这种利他的精神就像绿叶为花朵服务一样，默默奉献，不求回报。

“创新”是文化的“花”，代表着企业的活力和创造力。创新是企业持续发展的动力源泉，只有不断创新，才能在激烈的市场竞争中立于不败之地。因此，百果园鼓励员工敢于尝试、敢于突破，不断推出新的产品和服务，以满足市场的多样化需求。

“果”则是企业实际成果的体现，也是企业文化的最终归宿。企业文化不仅要停留在口号和理念上，更要通过实际行动来体现。只有知行合一，将文化理念转化为具体行动，才能结出善果，实现企业的可持续发展。

百果园的“根、茎、叶、花、果”文化体系不仅符合植物生长的自然规律，还与中国传统文化中的五行（木火土金水）和五德（仁义礼智信）相契合，这使得企业文化更加全面、丰富且具有逻辑性。

企业文化的渗透是一个持续且系统的过程。为了将企业文化落实到一线员工，百果园通过多种形式的培训和活动来逐步推进。同时，通过内部交流平台传播发生在员工身边的故事，让员工们能够更直观地理解企业文化，并在潜移默化中受到熏陶。

为了进一步强化企业文化的认知，百果园还设立标杆人物，并通过每年的文化演讲大赛以赛代培，激发员工对企业文化的认同感与归属感。

徐艳林透露，百果园正在积极探索将门店塑造成为社区中的一盏明灯，不仅提供优质的水果和服务，还在公益活动和社区精神文化建设方面发挥引领作用。通过传播正能量，使门店成为社区居民信赖和依靠的力量。目前，百果园正在选取部分区域进行试点，通过实践不断摸索和完善相关策略。

以教育之名　育百果园之才

作为一名曾经的教师，徐艳林深知教育对于个人成长与企业发展的深远意义。2006 年，当她接任百果园总经理一职时，这种对教育的深刻理解被进一步转化为对企业人才培养的独到见解。

百果园始终致力于构建强大的店长团队，因为店长在连锁经营中扮演着复制扩张的核心角色。凭借完善的培训体系，百果园不仅成功培育了大量优秀的店长，还进一步将这种培养模式推广至整个运营团队及各个部门。这种全面性的培养与训练，为百果园在人才储备上赢得了显著优势。徐艳林自豪地表示，百果园已为中国水果行业输送了大批人才，作为行业领军企业，这是公司义不容辞的责任与使命。

创业初期，徐艳林便着手打造被誉为“黄埔训练营”的店长培训体系。这一体系历经十多年，已成功举办二百余期培训。

在“黄埔训练营”中，徐艳林不仅重视技术技能的传授，还强调店长领导力与管理力的培养。一个出色的店长不仅要精通专业技能，更要具备带领团队、激发团队潜能的能力。为此，她采用了“6+1”集训模式，即6天集中培训与1天下店实践相结合。在6天的集中培训中，学员们将接受全面的领导力与管理技能培训，并通过模拟演练、案例分析等方式深化理解。而在下店的1天里，学员们则需将所学应用于实际工作中，通过实践来检验并提升自己的能力。

除了黄埔训练营外，徐艳林还在一线营造了PK文化，形成了比学赶帮超的浓厚氛围。她鼓励团队之间互相学习、互相竞争，通过PK来激发团队的斗志与创造力。这种文化不仅促进了团队的进步，还提升了整个企业的凝聚力与战斗力。

企业被誉为最好的社会大学。员工在加入企业前所接受的教育往往与企业实际需求存在差距。因此，企业有责任为员工提供再教育、再培训的机会，帮助他们提升认知、改变人生。在百果园，徐艳林始终强调“学习力就是竞争力”，她鼓励员工不断学习、不断进步，以适应不断变化的市场环境与企业需求。

在徐艳林看来，企业不仅要为员工提供物质上的保障，更要关注他们的精神成长与职业发展。因此，她将企业视为员工的家，通过营造温馨、和谐的工作氛围来增强员工的归属感与幸福感。百果园还积极为员工搭建成长平台，提供晋升机会与职业发展路径，让员工在企业中实现自我价值与社会价值。

打造“造血式”增收模式　推动乡村振兴

百果园的经营模式，赋予了其先天的乡村振兴优势。二十多年来，百果园始终重视企业社会责任，积极响应国家农业农村战略，通过深耕上下游产业链，实施产业和技术帮扶，整合采销各个环节，成功打造出让果农长久受益的“造血式”增收模式。

自2018年国家提出“打好精准脱贫攻坚战”以来，百果园积极响应，制定了详尽的扶贫计划，并推出了“百县百果”项目。自项目开展以来，百果园已持续精选100余个果品品种，在100个帮扶地区，通过产销合作、共建种植基地等多种形式，持续推进果业产业扶贫项目。目前，百果园在湖南、宁夏、海南、陕西、新疆、云南等多个地区开展公司 + 合作社 + 农户的定向合作，扎根于产业链上下游进行产业和技术帮扶，整合采销各个环节，成功摸索出一套让果农和当地产业长久受益的造血式增收模式。

在销售层面，百果园不仅通过自身的门店网络销售扶贫产品，还积极与其他平台携手合作，将扶贫产品推向更广阔的市场，以确保农民收益的最大化。

除了水果扶贫外，百果园还在蔬菜种植领域进行了积极探索。他们推出了“三个0”蔬菜，即0化学农药、0化学肥料、0化学激素的蔬菜。这种蔬菜不仅安全健康，而且口感极佳。徐艳林表示，尽管目前这种蔬菜尚处于亏损状态，但他们坚信这是值得的。这不仅是对社会的责任担当，更是对消费者健康的郑重承诺。

为了推动整个产业的升级转型，百果园成立了四化研究院，专注于信息化、数字化、智能化和机械化的研究。通过科技手段提升人工效率、实现机器部分替代人工，是百果园实现可持续发展的重要路径。智能化和机械化在农业领域的应用前景广阔，是未来农业发展的必然趋势。

对于企业家在乡村振兴中的角色和责任，徐艳林有着深刻的认识。她认为，农业相关行业的企业家都应怀揣一份情怀和责任去投身农业，尽管农业在盈利方面可能不如其他行业，但它却能给人带来价值感和幸福感。有情怀的企业家愿意牺牲自我利益，带着责任和使命去做农业，这是推动乡村振兴不可或缺的力量。

对行业而言，百果园是变革的先锋、创新的灯塔。它助力水果产业商品化、品牌化，提升种植技术与质量水平，让天下人享受水果好生活。其每一步跨越，都是对行业生态的深刻塑造；每一份贡献，都闪耀着智慧与责任的光芒。百果园，正以卓越之姿，书写水果零售新篇章。

06

PART six

梦想

生态共创，未来已来

天福、合纵文化、奈雪的茶怀揣着梦想与愿景不断探索创新与突破，为消费者带来全新的消费体验与生活方式。天福在便利店领域不断创新经营模式与品牌特色，打造具有独特魅力的便利店品牌与形象。合纵文化将音乐与商业相结合，开创了全新的商业模式与消费场景，让音乐与商业碰撞出璀璨的火花。奈雪的茶则构建“茶饮 + 艺术 + 科技”的体验空间与生态体系，让消费者在品茶的同时享受艺术与科技的魅力与乐趣。它们凭借“场景革命—生态融合—价值共创”的理念重塑行业边界与生态格局，在逐梦的同时在商业领域中创造了无限可能与精彩未来，共同书写着连锁商业的辉煌篇章与美好前景。

从追随到引领，天福如何找到“幸福”密码？

连锁企业能高效地配置社会资源，提升商贸流通效率，有力地促进了生产力的发展，为满足人民日益增长的美好生活需要贡献了自己的力量！

——欧阳华金

天福

在繁华的都市街角，在宁静的社区深处，总能看到一抹温馨而熟悉的红色身影——天福便利店，它不仅是一个提供日常所需物品的空间，更是无数人心中的幸福驿站。其背后的掌舵人——欧阳华金先生，用草根创业者的坚韧与创新，书写了从 0 到 7 500 多家门店的辉煌篇章。他的故事，是对诚信、团结、创新、拼搏企业精神的最佳注解。

在众多便利店品牌中，天福以其独特的草根气质脱颖而出。没有昆仑好客、易捷便利店那样的央企油系背景，也没有美宜佳那样的国资底子资源，更没有跨国巨头 7-Eleven 那样的雄厚资本支持，天福却凭借自身的勤奋与智慧，在竞争激烈的市场中稳扎稳打，逐步成长为行业内的佼佼者，朝着“做国人自豪的便利店”的目标迈步前行。

天福便利店的成功离不开其稳定的学习型团队、独特的企业文化、高效的供应链体系以及坚守零售本质的创新发展。这些要素相互支撑、相互促进，共同构成了天福便利店独特的竞争优势和发展动力。

天福的崛起，对草根创业具有深远影响。它证明了即使起点低，只要坚持创新、勇于拼搏，也能创造出令人瞩目的辉煌。现在，让我们跟随欧阳华金的步伐，一同走进天福便利店的成长故事，感受那份温暖人心的力量，共同见证这个伟大品牌的璀璨历程。

50 万起步，草根逆袭的典范

人的一生，短短数十年，弹指一挥间，成败的关键在于个人的心态与努力程度。如果不思上进，哪怕出身名门，也可能变得平庸无为；如果不畏艰苦，努力拼搏，哪怕出身再困苦，也会有出头之日。

欧阳华金出生在广东连州市大路边镇的一个不起眼的小山村。这个小山村的交通不便与地质复杂，紧紧束缚着它的发展，让贫穷随处可见。然而，正是在这片略显贫瘠的土地上，孕育出了一位不屈不挠、志存高远的年轻人。

欧阳华金的童年，是在艰苦与希望并存的岁月中度过的，但生活的艰辛并未磨灭他对知识的渴望和对未来的憧憬。他的父母深知教育的重要性：再穷不能穷教育。于是，他们省吃俭用，将每一点能省下的钱都投入到子女的教育上。欧阳华金没有辜负父母的期望，自小便展现出了超乎常人的勤奋与好学。

欧阳华金

他亲眼目睹了家乡的贫穷与落后，那些崎岖不平的山路、破旧的房屋以及乡亲们辛勤劳作却难以摆脱困境的身影，都深深触动了他的心弦。他暗自发誓，一定要用自己的知识去改变命运。

正是这份坚定的信念，驱使着欧阳华金在求学的道路上不断前行。他以优异的成绩考入了暨南大学中文系，实现了自己人生的第一个重要跨越。这一步跨越，不仅是他个人命运的转折点，更是那个小山村前所未有的荣耀。

在暨南大学的校园里，欧阳华金不仅学到了丰富的文化知识，更开阔了眼界，增长了见识。毕业后，他并没有选择当公务员或是进入媒体行业，反而选择了进入企业。这一选择在当时看来颇为出人意料，却也预示着他将开启一段不同寻常的职业旅程。

大学毕业那一年，他进入了东莞市糖酒集团任秘书工作，后因机缘巧合参与了美宜佳连锁品牌的创办工作，担任美宜佳公司总经理助理兼管理部经理。

俗话说，人生没有一步路是白走的。在糖酒集团和美宜佳便利店的平台上，欧阳华金像一块海绵，不断地吸收企业经营、管理的养分，积累了宝贵的实践经验。尽管没有积累到太多的金钱，但他锻炼了能力，而且一种创业的冲动时常涌现在他的心头，他在等待一个时机。

2003 年，正值国企改革的浪潮汹涌澎湃之际，他再次做出了一个令人瞩目的决定——放弃已经取得的令人艳羡的高管职位，选择自主创业。这一决定无疑需要巨大的勇气和决心，因为这意味着他将放弃稳定的工作和可观的收入，去追寻一个充满未知的未来。

机会总是留给有准备的人。在人生的旅途中，关键之处往往只有几步，能不能走好，能不能走对，关键要看平时苦心的准备与积累。

“生不要碰，熟不要放。”这是很多广东商人的生意经。

2004 年 7 月 13 日，一个不平凡的日子，欧阳华金与一群年轻小伙子携手创立了“东莞市天福便利店有限公司”，也就是现在“广东天福连锁商业集团有限公司”的前身。“天福”，它不仅是一个便利店品牌的名称，更是承载着欧阳华金对幸福生活的深切期盼与不懈追求。从字面上理解，“天福”寓意着上天赐予的福祉，但在欧阳华金的心中，它更代表着一种对员工的关怀、对合作伙伴的尊重，以及对消费者幸福的承诺。

“每天幸福多一点”，这不仅是天福便利店的口号，更是欧阳华金的初心所在。他深知，幸福是人类永恒的追求，也是衡量生活品质的重要标尺。因此，他立志通过天福这个平台，将幸福传递给每一个与之相关的人。

创业初期，靠着东拼西凑来的 50 万元起步，“租了一个办公室，装修一番，再开家门店，为配送商品购置一台货车，50 万就已经见底了”。欧阳华金笑说，当时的起始团队也仅有十多个人，这与如今新兴便利店品牌动辄上亿元的投入成本和资源相比，简直天壤之别。然而，正是这样的低起点，铸就了天福人坚韧不拔、勇于开拓的精神底色。

面对资金的巨大缺口，欧阳华金没有退缩，他巧妙地整合上下游资源，以最少的投入撬动最大的市场。庆幸的是，天福有一个极具创造力和激情的年轻团队。

与每一个创业者一样，创业初期总是艰辛的。天福刚刚规划网点布局时，欧阳华金听说东莞南城塘贝市场在凌晨三四点人气很旺，如果在这里布点的话，效果很好。为了证实这一点，欧阳华金和员工凌晨三四点就赶到塘贝市场实地考察。“像这样披星戴月地逐个考察网点，早出晚归是最初几年常有的事情。”欧阳华金说。

2005年，当许多便利店还在摸索直营与加盟的利弊时，欧阳华金借鉴了当时已经初具规模的美宜佳成功经验，坚定地走上了加盟之路。这一决策，不仅缓解了资金压力，更迅速扩大了品牌影响力。通过首店的成功，吸引了一批批加盟商加入天福的大家庭。短短一年时间，天福便利店的数量就突破了100家大关，这一成就，无疑是对欧阳华金及其团队战略眼光的最好证明。

创业第二年，欧阳华金引入了海信企业资源计划信息化管理系统，建立了创好物流公司，统一为加盟店送货。通过减少中间环节，直接为加盟商降低了运营成本，创造了盈利空间。

对于天福而言，从0到100家店的过程无疑是最为艰难的时期。在这个阶段，欧阳华金及其团队不仅要克服资金、人员等多方面的困难，还需不断探索和完善运营模式。然而，正是这些挑战，锤炼了团队的意志，也为天福后续的蓬勃发展奠定了坚实的基础。当第100家店成功开业时，所有的艰辛与付出都化作了收获的成果与喜悦。

在快速扩张的征途中，天福面临了众多挑战，尤其是人员管理和团队建设方面。欧阳华金深谙，一个团结、高效的团队是企业成功的基石。因此，他不仅在制度建设上持续完善，更重视情感的联结与维系。

他常与团队成员在夜晚一同驾车巡店，亲自解决加盟商遇到的问题，随后共享夜宵时光，边喝啤酒边复盘当日的收获，畅谈未来愿景。这些看似平凡的聚会，实则是凝聚人心、激发团队斗志的重要途径。在欧阳华金的引领下，天福团队逐渐汇聚成一股不可忽视的力量，共同抵御市场的风雨。

那段艰苦奋斗的岁月，在欧阳华金心中无疑是宝贵的，值得他深深回味。每当提及这段创业历程，他总是满怀自豪与感慨。

2011年，天福迎来了发展的转折点。当时，珠三角地区，尤其是东莞，经济蓬勃发展，为天福的扩张提供了肥沃的土壤。在此过程中，天福前瞻性地引进了物流管理信息系统，并建立了高效的物流中心，为后续的发展奠定了坚实的基础，也逐渐形成了独具特色的经营模式和企业文化。

2014年，天福迎来了成立10周年的里程碑。这一年，天福组建了企业集团，明确了以特许经营模式为核心的发展战略，致力于通过优化供应链体系为门店赋能。自此至2022年，天福步入了高速发展的快车道，成功打开了湖南省、江西省、福建省、贵州省、广西壮族自治区等多个地区的市场。尽管2022年下半年市场风云变幻，公司经营业务遭遇挑战，但欧阳华金带领团队积极应对、科学调整，最终实现了效益的显著提升。

随着便利店行业步入整合发展阶段，面对日益激烈的竞争态势，取得规模优势与供应链优势成为了制胜的关键。欧阳华金表示，过去三年间，天福致力于推动高质量发展，不断强化内部管理，提升业务效率，并通过整合各地便利店品牌，实现了多品牌经营、跨区域发展的战略布局，形成了显著的规模效应。近年来，天福已成功与汕头爽客、怀化好伴、长沙艾百客、惠州快迪、中山及时、珠海早八点等品牌完成整合，助力合作伙伴实现优化与升级。

2024年，天福成立20周年，从第一家门店到如今遍布各地的7 500多间门店，天福走过了整整20年的历程。这20年间，天福跨越了6省、40座城市，荣登2023年中国便利店百强榜第四位，并斩获广东连锁便利店价值品牌榜第二名。

在欧阳华金看来，便利店服务社区，关乎民生，是所有实体零售业中最具生命力的业态，也是值得他为之奋斗一辈子的伟大事业。展望未来，他希望2029年天福能够有超过10 000家门店的规模。当然，作为一个企业，能够实现这样的目标是引以为傲的，但他最大的愿望是让天福的员工幸福、让天福的加盟商和供应商获利、让喜爱天福的消费者能够真正受益，真正为社会带来福祉。

创新的模式，多业态的并存

天福自创立之初便坚定地走上了加盟模式之路，但欧阳华金并未因此固步自封，而是根据市场变化不断迭代更新其商业模式。

在中国的便利店行业中，天福凭借其独特的加盟模式及经营策略，成为了不容忽视的存在。试想，在偏远小镇上偶遇一家天福便利店，那种“哇塞，这都能有？”的惊喜感，正是天福魅力的体现。

与7-Eleven等品牌专注于商业中心布局不同，天福的门店大多开设在二、三四线城市的城乡接合部区域。这里的“城乡接合部”是天福内部对社区、医院、学校或工厂周边门店的统称。当7-Eleven的门店矗立于繁华大街时，天福则巧妙地选址于内街小巷。

这种选址的错位策略，是天福发展加盟店的竞争利器。“避开城市中心，主要是考虑到加盟商在租金成本和经营成本上的压力。”欧阳华金解释。天福以发展加盟店为主，城乡接合部的租金相对较低，这不仅缩短了加盟商的投资回报周期，还降低了后期的运营成本。

低投资门槛意味着更快的投资回报，这对于从职场转型或经营夫妻店的创业者而言尤为适合。欧阳华金很早便认识到，低门槛模式更符合中国城市发展的现状，所以，制定了更贴近市场的加盟观“做投资性价比最好的品牌便利店”。凭借这一优势，天福自创立以来便保持了快速的发展势头。

然而，随着消费者的需求日益多元化和个性化，他们追求“更快、更全”的购物体验，这使得社区团购等新型零售模式因“万物到家”的特性而迅速崛起。消费者对即时下单、快速收货的需求变化，对传统零售企业构成了巨大挑战。

面对这一变化，天福给出了新的解题思路，即通过为门店开拓线上消费市场，积极探讨与美团、饿了么等即时零售平台开展深度合作，有效推动了门店上线外卖平台，拓宽了门店销售渠道，创造多重增收渠道。

天福在坚守零售本质的同时，不断创新求变。在商品方面，天福制定了自己的商品观“好商品便宜卖，好商品独家卖”，紧跟市场潮流，引入网红商品、健康食品等新鲜元素的好商品，以满足年轻消费者的需求。

近年来，天福还在尝试开发自有品牌，涵盖产品研发、品牌运营、生产加工等多个关键领域，旨在为消费者提供更加丰富、优质、具有竞争力的自有品牌商品。其中创优营销公司专注于产品研发和品牌运营，主要经营饮料酒水、休闲食品、副食品、日用品等品类，通过严格的质量控制和独特的包装设计提升品牌附加值；高山绿稻公司作为广东省重点农业龙头企业，则为天福供应稳定、优质的粮油产品。

2020 年天福首家便利店 + 烘焙面包店的开业，标志着天福在便利店 + 烘焙面包的跨界整合上迈出了坚实的一步。通过与知名烘焙品牌的合作，天福的烘焙商品实现了全天制售为消费者的早餐、下午茶、夜宵等提供了更美味、更新鲜的品质选择。

“便利店 + 跨界资源整合是我们根据消费者的生活方式及新的消费模式进行的调整。”欧阳华金透露，“未来多场景、多业态也将成为我们考虑门店布局的重要增量因素。目前我们根据不同商圈类型的门店，开启了便利店 + 零食、便利店 + 彩票、便利店 + 幸福西饼、便利店 + 挪瓦咖啡、便利店 + 菜鸟驿站等不同的业务来优化便利店消费场景”。

高效的供应链，精细化的管理

在连锁经营的发展进程中，可复制性和供应链整合能力至关重要，尤其是跨区域扩张时，可复制性成为首要考虑因素。这涵盖了人才复制、发展模式复制，以及强大的供应链整合能力。

天福在广东深耕细作十年，直至 2014 年才迈出广东，进入湖南市场。随后，在湖南市场又稳健发展了六年，才逐步向江西、福建、广西、贵州等地扩展。这种稳扎稳打、不急不躁的阵地战策略，不仅提升了天福模式的可复制性成功率，也让其供应链体系得到了充分的沉淀与优化。

天福门店

天福通过“创好物流”与“创盈冷链”两大核心板块，构建了全方位、多层次的供应链优势。

“创好物流”作为天福便利店供应链体系的关键一环，专注于常温商品的仓储与配送服务。欧阳华金深知，在快速消费品领域，商品的新鲜度与及时送达对顾客满意度至关重要。因此，天福精心布局，在广东和湖南两省建立了六大物流中心，分别坐落于广东的东莞、惠州、中山、汕头，以及湖南的长沙和怀化。

这些物流中心依托高效的信息化管理系统，对商品的采购、入库、出库、配送等各环节实施精准监控与数据分析，确保商品种类丰富、数量充足，并实现隔天达配送服务，大大缩短了商品从仓库到门店的时间，保证了商品的新鲜度与配送的时效性。

针对冷冻冷藏商品，天福特别推出了“创盈冷链”服务，专注于该类商品的采购、仓储与冷链配送。在东莞、怀化两地，天福设立了专业的冷链配送中心，配备先进的冷冻冷藏设备及温湿度监控系统，确保商品在存储与运输过程中始终维持适宜温度。

天福在供应链领域的优势不仅体现在高效的物流配送上，更体现在其对商品品质的严格把控与对顾客需求的精准洞察上。通过“创好物流”与“创盈冷链”的紧密配合，天福便利店实现了常温与冷冻冷藏商品的覆盖与高效配送。

此外，天福还采用先进的企业资源计划系统，实现库存、销售、采购等数据的实时与智能分析，为企业的战略决策提供有力支持。未来，天福将继续秉持创新驱动发展理念，持续优化供应链管理体系与技术手段，推动供应链的智能化、数字化升级。

学习型的团队，以人为本的文化

作为企业的管理者，欧阳华金觉得现代社会，管理者和员工之间不再是单纯的雇佣与被雇佣的关系，而是一种合作共赢的关系。

目前，欧阳华金得心应手地经营着天福，丝毫没有疲惫之感，没有被工作压得分身乏术，一个重要的原因是他有一个高效的团队。“找专业的人做专业的事”，“一个人的精力是有限的，把公司分成各个部门，每个部门都有负责人，然后大胆放权。”他说，天福的人才观就是“德才兼备，因才适用”。

打造学习型的团队

一个成功的企业家应该具备持续学习的能力，欧阳华金深知，只有不断学习新知识、新技能，才能跟上时代的步伐，保持竞争优势。他不仅自己热爱学习，还把学习的氛围带到公司，并形成一种学习的文化，影响着公司的管理层以及普通员工。

在天福，学习不仅是一种口号，而且融入了每一位员工的日常生活与工作。公司设立了“天福商学院”，作为员工成长的摇篮。从新员工入职的第一天起，便开启了他们的学习之旅。除了基础的岗位技能培训，天福还引入了“导师制度”，每位新员工都会配对一位经验丰富的老员工作为导师，进行一对一的指导，加速新员工融入团队和成长的进程。

持续学习也意味着不断拓展自己的视野和思维方式。通过学习不同领域的知识和经验，打破自己的思维局限，将更广阔的视野和更灵活的思维方式用于工作当中。

做有温度的便利店

从古老的《周易》到《论语》再到“现代管理学之父”德鲁克的《卓有成效管理者的实践》，无不贯穿着“以人为本”的哲学思想。

善于管理人才的企业必能蒸蒸日上。其实无论是渠道还是模式都是人制定的，企业的发展最重要的是人，人才是企业发展壮大的根本。

欧阳华金认为便利店可以运用数字化的技术提升效率，但运营不能完全被技术取代。便利店应该是有温度的，充满人情味的，最终还是要以人为本。天福希望能够为社会服务，为社会提供良好的就业岗位，并提升员工的获得感和幸福感。天福一直在提升员工的待遇，并推行股权激励制度，与员工共享发展成果。当员工有获得感和幸福感时，服务就是贴心的、带有温度的，便利店跟顾客之间的感情关系才是最珍贵的。

从创业一路走过来，欧阳华金深深理解员工的心理需求，通过建立感情的方式，给员工一个家的幸福感，尽量做到人情味多一点。在天福公司的企业使命中，第一条“为员工谋福利”就是专门为员工制定的，为了提升员工的获得感和幸福感。目前天福在实行的“幸福”政策有：提升员工的待遇；开放员工入股共享发展成果；免息借款给员工购车购房；成立友爱基金护航保障，天福通过实行这些政策，做好员工保障，真正做到让员工安家乐业，提升生活质量。

同时，天福还立志“做国人自豪的便利店”，这一企业愿景不仅体现了公司的社会责任感，也激发了全体员工的自豪感和使命感。在这种企业文化的熏陶下，天福逐渐形成了区别于日系便利店的独特品牌形象和市场定位。

践行企业社会责任

作为与民生息息相关的零售企业，天福始终铭记社会使命，积极投身于奖教助学、慈善捐赠、乡村振兴等公益事业之中，以实际行动诠释着企业社会责任的真谛。

欧阳华金深知农村经济发展的重要性，以及农产品销售面临的困境。为此，天福积极构建农产品进城的通道，通过一系列创新举措，助力农民破解销售难题，推动农业增收。

在欧阳华金的老家连州，天福启动了“高山绿稻”项目。该项目不仅为农户提供了优质的种子、环保肥料及专业的技术指导，还构建了一条从田间直达餐桌的绿色供应链，极大地激发了农民的生产热情，推动了当地农业产业的转型升级，实现了农民增收与乡村经济的双重飞跃。

天福还积极与各地农村合作社建立紧密的合作关系，采取直采直供的模式，减少中间环节，提升农产品附加值，确保农民能够获得更多的经济收益。这一举措不仅促进了农村经济的蓬勃发展，也丰富了天福便利店的商品种类，满足了消费者对健康、绿色食品日益增长的需求。

在服务三农的过程中，天福始终秉持诚信经营的原则，将农民的利益放在首位。无论是与农民签订购销合同，还是处理农产品质量问题，天福都严格遵守合同条款，确保农民的利益得到充分保障。

“我们希望通过这种方式，搭建起一座连接农民与消费者的桥梁，让更多的人能够共享发展的成果。”欧阳华金的话语中，不仅透露出作为企业家的深邃洞察，更彰显了他对社会责任的深刻理解和坚定践行。

为了支持乡村振兴工作美化家乡环境，欧阳华金共向家乡麦田坪村捐资近200万元，帮助家乡修公路、修祠堂、建设文化广场和文化礼堂等。

教育是国家发展的希望，再穷也不能穷教育。天福对教育事业的支持同样不遗余力。

2015年，天福集团为“莞盟助学基金”捐款10万元，支持“莞盟助学行”活动。

2018年，欧阳华金代表天福和民盟东莞市委“莞盟爱心基金”给连州慧光中学捐款 22 万元，用于该校奖学助学和建立天福爱心图书室。

2020 年 11 月，欧阳华金代表天福集团向暨南大学教育发展基金会捐赠 20 万元，助力设立南方第一个语言学奖“暨南大学詹伯慧语言学奖”，奖励在中国语言和汉语方言研究领域有突出贡献的学者，促进中国语言学的发展。

2021 年 11 月，欧阳华金代表天福集团向东莞理工学院教育发展基金会捐赠 20 万元，用于支持东莞理工学院体育与文化建设工作。

2023 年 4 月，为支持暨南大学文学院学科发展与建设，欧阳华金代表天福集团向母校捐资 100 万元，用于设立暨南大学文学院文科奖教奖学基金，用于学科发展、教师荣誉体系建设和人才培养。

2023 年 8 月，“天福集团员工子女教育基金会”正式成立，为在中考和高考中取得优异成绩的员工子女发放奖金，用实际行动关爱员工下一代的健康成长。

2023 年 12 月，在连州中学成立 120 周年庆典上，欧阳华金为支持母校连州中学的教育发展，向连州中学教育发展基金捐赠 120 万元。

2023 年，欧阳华金在连州中学设立“天福奖教奖学基金”，每年捐资 10 万元用于奖励在高考中取得优异成绩的高三级师生。

2024 年，欧阳华金在连州市山塘中学设立“天福奖教奖学基金”，每年捐资 3 万元用于奖励在中考中取得优异成绩的初三级师生。

在过去的 20 年里，天福集团和欧阳华金个人为东莞市慈善会、连州市慈善总会、东莞民盟爱心基金会以及多个商协会组织捐赠善款，助力学校基础设施建设和学科建设，并长期资助贫困学生完成学业。从东莞到连州、青海、云南、湖南、湖北、宁夏、贵州等地，天福的公益之光照亮了祖国大地，用实际行动支持教育事业的高质量发展，助力无数学子成就梦想，同时也让更多的人感受到教育的力量，并积极参与其中，共同播撒希望的种子。

2024 年是天福成立 20 周年的重要时刻。这 20 年，从名不见经传到行业佼佼者，天福经历的是一场不惧艰险，爬坡过坎的攻坚。天福作为一家草根起家的企业，在欧阳董事长的带领下，一步一脚印，百折不挠，勇攀高峰。

在采访的过程中，欧阳华金言谈间流露出儒雅与淡定。这种气质，显然是经过岁月的洗礼与经历的磨砺后，自然而然地散发出来，让人感受到一种难能可贵的沉稳与深邃。这份儒雅与淡定，无疑成为他事业征途中最坚实的后盾，让他在商海的风浪中勇往直前。

作为一个成功的企业家，欧阳华金完美诠释了诚实守信、持续学习、勇于创新、坚毅果敢等优秀品质。然而，他有一个温馨而质朴的梦想——回归校园，成为一名教师。他渴望将自己丰富的人生阅历、深刻的感悟以及宝贵的商业经验，无私地传授给年轻一代，为他们的成长之路提供指引与帮助。这份对教育的热爱与对年轻一代的关怀，让人深感敬佩。

欧阳华金多次提及那些在他生命中留下深刻印记的人，包括在他困难时刻伸出援手的朋友、并肩作战的员工，以及给予他无私指导的前领导。特别是东莞糖酒集团的叶志坚董事长，他满怀感激之情地称其为亦师亦友的人。这份深厚的情谊不仅彰显了两人之间的友谊，更体现了欧阳华金先生知恩图报、重情重义的美好品质。

谈及企业的发展规划时，欧阳华金坚持稳扎稳打的原则，拒绝浮夸与空想。这种脚踏实地、埋头苦干的实干精神，正是他能够在复杂多变的商海中稳健前行的关键所在。正如“清水出芙蓉，天然去雕饰”所描绘的那样，欧阳华金先生以他的真诚与努力书写着属于自己的成功篇章。

合纵文化

音乐筑梦 商业领航

连锁的核心在于发现与消费者产生情感共鸣的最大公约数，并通过连锁经营的模式不断放大这种共鸣的力量。在构建连锁店的过程中，至关重要的是确保每个品牌都拥有独特的 DNA，这种 DNA 不仅渗透在产品和服务之中，更深刻地体现在品牌的文化和价值观之中。

——李华宾

天蝎座，常被誉为商业领域的策略大师，他们拥有超乎常人的洞察力与敏锐度，仿佛能洞察事物的内在本质。

正是凭借这种深邃且敏感的直觉，天蝎座在商业战场上总能敏锐地捕捉到市场的微妙变化，并精准地预测出行业的发展趋势。

天蝎座的李华宾，便是这样一位在商业决策中展现出非凡智慧的策略家。他性格果断且坚韧十足，擅长勾勒长远的战略蓝图。凭借其前瞻性的思维与强大的执行力，他在商业世界中总能游刃有余。

在业界，李华宾被誉为"中国泛娱乐教父"。过去的 30 多年间，他创立的合纵文化始终倡导"健康的夜生活体验"，引领了中国夜生活行业的革命性变革，为中国的音乐产品和娱乐形态注入了全新的活力与色彩。他将自己的人生感悟与生活态度融入每一个"音乐 +"空间，精心打造了一系列备受追捧的夜生活品牌，如苏荷酒吧、胡桃里音乐酒馆、纯 K PARTY 等，这些品牌共同构成了合纵文化庞大而独特的商业版图。

李华宾是一个勇于挑战、敢于创新的企业家。他总能敏锐地抓住身边的机会，创造出与众不同的事业。他将个人爱好与事业完美融合，不断探索"音乐 +"的无限可能，立志推动中国音乐文化事业的发展。这是一条充满挑战与艰辛的道路，但李华宾却乐在其中，享受每一次创新的喜悦。

在音乐与商业间，寻找梦想的舞台

李华宾，一位曾经的音乐人及吉他手，已经投身于夜生活与音乐连锁品牌的创业领域超过二十年。他的故事，是一段交织着音乐、餐饮、夜生活与不懈奋斗的传奇旅程，更是他个人成长与探索的生动写照。

正如电影《教父》中的那句名言："洞察事物本质的能力，决定人的命运。"李华宾的成功，正是源于他敏锐的洞察力。他总能穿透表象的迷雾，洞悉事物的本质，为职业生涯的发展与企业战略的确立指明方向。这种能力，在他初涉世事时便已显露无遗。

出生于教师家庭，李华宾自幼在母亲的熏陶下，对音乐怀有深厚的情感。8岁那年，他收到了姐姐赠送的吉他，从此踏上了练习乐器的道路，并与朋友共同组建乐队，共同追寻音乐的梦想。他自嘲为"爱折腾"的人，这种性格源自祖辈的遗传。他的祖辈们都是湖南人，那种湖南人特有的胆大心细、勇往直前的性格，深深地烙印在他的心中。

在广西出生并长大的他，大学毕业后在造船厂工作了四年。1990年，李华宾与一名键盘手从广西前往广东，开始在歌舞厅演出。然而，三年的广东生活让他深感社会的复杂与现实的残酷。在这个时期，黄家驹的离世、春节未归的孤独，以及李春波的《一封家书》红遍大江南北，都让他心情沉重，最终决定结束漂泊的生活。

李华宾

回到柳州后，李华宾在当地一家新开的夜总会工作，负责节目管理，从此进入到管理层。后来夜总会资金出现问题，机缘巧合下，李华宾开始了自己的创业之路。在VCD、DVD风靡的年代，他的生意曾如火如荼，但一场火灾却将一切化为乌有，让他背负了巨额债务。面对困境，他选择了平和面对，没有抱怨，没有自暴自弃。

李华宾对空间设计充满兴趣，上学时便是制图课代表。在为音乐茶庄提供音响服务的过程中，他敏锐地发现了“音乐+”的商机，于是创立了柳州首个音乐酒吧“新艺堡”。随后，李华宾在国内开了音乐餐厅的先河，精心打造出“爱德森”这一将音乐与美食完美融合的独特空间。

在装修设计上，李华宾独树一帜。当时国内鲜有用石头做外观装修的案例，他从广东运来大型石材，打造出一种西式的外观风格。同时，他又巧妙地融入了中国元素，购买了编钟、青铜器、古兵器和蓑衣等作为装饰，使得餐厅充满了浓厚的文化氛围。一进门，便能看到一个舞台，上面摆放着一台三角钢琴，钢琴旁则是通往楼上的楼梯。这样的设计，使得餐厅不仅是一个用餐的场所，更是一个充满文艺气息的空间。

李华宾的这一创举，不仅展现了他在空间设计上的非凡才华，更彰显了他在商业创新上的独到眼光与勇气。他成功地将音乐与美食相结合，创造了一种全新的餐饮模式，为后来火爆全国的胡桃里等音乐餐厅奠定了基础。

2003 年，李华宾与创业伙伴在南宁共同创办了苏荷酒吧，主打“慢摇吧”风格，与当时流行的迪吧形成鲜明对比。开业初期，苏荷酒吧并不被看好。然而，一次偶然的机会，李华宾被歌手的演唱所打动，于是引入了“走心的音乐演出”，这使得苏荷逐渐受到人们的喜爱，成为了南宁的娱乐地标。李华宾认为，音乐酒吧应避免震耳欲聋的噪音，营造舒适愉悦的音乐氛围，以吸引顾客。

这一决策精准地把握了当时消费者对酒吧的需求，于是历经重重挑战与磨砺，李华宾终于迎来了属于自己的成功时刻，就此踏上了连锁经营的道路，这很大程度上得益于一本具有启发性的书籍。书中详尽介绍了成立于 1799 年的格林王（Greene King），这一英国首屈一指的酒吧连锁品牌管理集团。李华宾深受其商业模式的启迪，于是潜心钻研，致力于将苏荷推向更为广阔的舞台。

在他的精心策划与不懈努力下，苏荷迅速在长沙、武汉、广州等多个城市开设分店，成功构建了独具一格的“苏荷模式”。这一模式不仅极大地丰富了城市的夜生活文化，更成为众多酒吧竞相模仿的典范。

面对市场的蓬勃发展，李华宾深感应该创立一家能够引领行业、输出品牌、服务产业链的公司。于是，他创立了合纵文化，借鉴国外的经验，结合中国市场的实际情况，打造具有中国特色的平台型公司。“合纵”寓意着“合纵连横”，希望公司能够采取战国时期的合纵策略，通过合作与联合，实现资源共享、优势互补，共同推动行业的发展。

从个人创业到赋能行业，李华宾深知角色转变的巨大挑战，但也看到了其中的机遇。合纵文化从最初的几家门店，到如今的全产业链布局，历经了无数的挑战与考验。李华宾与团队不断探索、创新，形成了强大的核心竞争力。从南宁到长沙，再到广州，最终落户深圳，每一步都凝聚着他的智慧与决心。深圳的包容、活力、创新与梦想的氛围深深地吸引了他，成为合纵文化总部的理想选择。

如今，合纵文化已发展成为以音乐为核心的连锁企业集团，在全国百余个城市迅速发展并成功落地。其业务范围涉及酒吧、餐饮、KTV、商业地产、演艺经纪、影音制作、软件开发等多个领域，形成了多元化互补、紧密协作、资源共享的文化相关产业链。

合纵文化已成功孵化并运营了胡桃里音乐酒馆、苏荷酒吧、纯 K PARTY、本色酒吧、繁花酒吧、AHouse+ 福馆、BONGBONG、18BAN 啤酒馆、俏皮狗、杂咖等 18 个备受瞩目的娱乐连锁品牌。这些品牌以音乐、美酒与美食为核心，其门店已广泛覆盖国内外 300 余座城市，并成功拓展至澳大利亚、美国、英国等 6 个国家，全球门店总数已超过 700 家。

在艺人培养与音乐创作方面，合纵文化旗下的匠星文化娱乐有限公司已签约超过 3 600 名才华横溢的艺人，每年产出原创歌曲超过 2 000 首。公司成功推出了多个备受欢迎的人气偶像团体及音乐明星，并拥有金蜗牛歌词、春蜂民谣等知名厂牌，致力于打造多元化、包容性的文化交流平台。

作为法国人头马君度全球最大销量的单一合作公司，合纵文化在二十多年的发展历程中，始终与帝亚吉欧、LVMH、百加得、百威等知名企业保持着长期战略合作伙伴关系。公司所供应的葡萄酒均由世界百大酒庄直供，涵盖了法国、西班牙、意大利、智利等 9 个国家的近 60 个优质品种，均获得了 Robert Parker 90 多分的高分评酒认证。这一举措不仅确保了合纵文化旗下数百家门店的酒水品质卓越，更为消费者的“健康夜生活”提供了坚实的保障。

多品牌运营精髓：精准定位品牌 DNA

在合纵文化的辉煌历程中，“慢摇吧”苏荷的成功无疑是一座耀眼的里程碑，而胡桃里音乐酒馆的迅速崛起则标志着合纵文化迈入了一个全新的阶段。在众多子品牌中，胡桃里犹如一颗璀璨的明珠，以其独特的魅力在竞争激烈的餐饮市场中独树一帜。

胡桃里的成功绝非偶然，而是源于其精准的品牌 DNA 定位和独特的品牌魅力。这一品牌的诞生源自合纵文化公司内部的一个小小食堂。2013 年，艺人们常在此排练，员工们在享受美食的同时，耳边总是回荡着动人的歌声。这种独特的氛围激发了李华宾的灵感，他创造性地将音乐与餐饮相结合，孕育出了胡桃里音乐酒馆的雏形。

在品牌塑造过程中，李华宾精心设定了四个关键词：文艺、音乐、川菜和葡萄酒。这四个看似不相关的元素，在他的巧妙融合下，形成了一种独特的品牌风格。他深知平衡的重要性，因此在每一个细节上都力求恰到好处，既不过于张扬，也不过于保守。

胡桃里将文艺与音乐现场完美结合，这是其自带的品牌属性。合纵文化一直注重音乐的完美呈现，追求音乐的纯粹与动人。李华宾个人对酒的热爱也体现在了胡桃里的酒品选择上，从白酒到葡萄酒的转变，都彰显了品牌的独特韵味。

胡桃里的成功不仅在于其独特的品牌魅力，更在于其对消费者需求的深刻洞察。在全球范围内，优质的音乐餐厅本就稀缺，而人们对于在用餐时享受音乐演出的需求却日益增强。胡桃里正是基于这样的市场需求，将美食与音乐完美融合，

创造了一个独特的餐饮空间。在这里，听歌、读诗、看秀等活动不仅满足了人们的心理需求，更让源源不断的文化创意在此迸发，城市生活美学也在此扎根。

除了胡桃里音乐酒馆，合纵文化还拥有多个知名品牌，这些品牌都具备独特的核心竞争力，即拥有完整的品牌 DNA。这些 DNA 并非凭空而来，而是基于深入的市场研究和品牌定位精心构建。例如，苏荷以歌曲编排为最重要的秘籍，层层推进，确保每一首歌都能引起消费者的共鸣；而胡桃里则以“走心”为核心，用沉浸式音乐现场为客人带来独特的文化体验。

“我们打造每一个品牌，首要的就是看它有没有核心竞争力，这个核心竞争力我理解为品牌独特的、难以被复制的优势，它构成了品牌的 DNA。多品牌运营的核心理念，就是要确保每个品牌都拥有其独特的 DNA。”

在多品牌运营的过程中，李华宾也经历了从“喜新厌旧”到专注于优化现有品牌和模型的转变。他深刻认识到，多元化并不总是正确的选择，有时候过于分散精力反而会导致每个品牌都无法得到充分的发展和维护。因此，在决定是否进行多元化时，企业家需要深入思考每个品牌的生命力、发展空间以及自身的维护能力。

回顾自己的商业历程，李华宾既自豪也遗憾。他自豪于自己成功打造过多个知名品牌，但也遗憾于在某些关键时刻未能做出最佳决策。然而，正是这些经历让他更加深刻地认识到品牌 DNA 的重要性，并坚定了他继续优化和打造独特品牌的决心。

杰克·韦尔奇曾说过：“领导者不要用喜好做决定。”李华宾对此深表赞同，并指出自己过去也曾受到个人喜好的影响，但现在已经开始慢慢纠正这一点。

除了国内商业模型的优化和海外市场的开拓，南宁民歌湖国际音乐小镇的建设是李华宾非常重视的项目。他计划将这个位于南宁市中心的文旅商业地产，打造成一个集音乐、文化、旅游为一体的国际化音乐小镇。

音乐 + 商业：推动中国音乐进步

在创业的浩瀚星空中，有人为名利所驱，四处奔波不息，而李华宾却以一种超然物外的淡泊心境，将创业视作对音乐的深情告白与矢志不渝的追求。世人常言，成功者的面容总难逃“沧桑”二字，但李华宾却是个例外。他历经多元文化

合纵文化所获奖项

的洗礼，脸上洋溢的是一种明净而轻盈的光辉，那是超脱与顿悟的印记。

李华宾的音乐梦想，不仅深植于他对音乐的执着与挚爱，更体现在他匠心独运地开创的“音乐 +”商业模式上。这一创新理念，犹如一座桥梁，巧妙地将音乐与餐饮、娱乐等多个领域紧密相连，共同构筑起一个全方位、多维度的娱乐帝国。

音乐，这一古老而永恒的艺术瑰宝，自古以来便与时尚、审美紧密相连，相得益彰。它不仅是艺术的深情表达，更是潮流的引领者。音乐风格的演变，如同一面镜子，映照出时代的沧桑巨变与文化的演进历程。从古典的悠扬婉转，到摇滚的狂热不羁，从爵士的随性洒脱，到嘻哈的自由不羁，每一种音乐风格的兴起，都伴随着服饰、美妆、审美观念等领域的深刻变革。这种变革触及人们的精神世界，影响着人们的思维方式与行为习惯，引领着时代的潮流。

为了引领音乐产业的浪潮，合纵文化音乐板块以“音乐”为动力源泉，依托超过 3600 名全球签约歌手的强大阵容，持续为旗下娱乐品牌注入音乐现场的鲜活力量，矢志不渝地构建一个多元交融的文化交流平台，广泛吸纳并整合全球顶尖的音乐人才与传媒资源，携手卓越品牌进行深度战略合作，旨在为全球不同种族、不同文化背景的音乐人搭建一个更为广阔的职业发展舞台。合纵文化旗下汇聚了匠星文化娱乐、匠星音乐学院、美丽南方、合纵演艺经纪、一拍即合文化传媒、金蜗牛歌词厂牌、春蜂民谣厂牌等一系列音乐产业机构。

自 2001 年创立以来，匠星音乐汇聚了众多国内外杰出音乐人，共同投身于音乐创作的广阔天地。自 2015 年起，他们已累计创作出超过 1 000 部原创精品音乐作品，为唱片、影视、游戏、动漫等多种艺术形态提供了丰富而优质的音乐素材。公司也与其他子公司协同合作，为合纵文化集团旗下众多艺人，打造了一个涵盖音乐创作、艺人培养、影音制作、明星经纪、新媒体推广的全产业链娱乐生态体系。

在合纵，人才始终是音乐事业的核心与灵魂。匠星音乐学院，自 2010 年成立以来（前身为合纵音乐学院），在深圳、成都、南宁设有三大校区，凭借卓越的软硬件设施与一流师资队伍，已成为国内艺人孵化领域的佼佼者。学院已与全国 30 多所顶尖音乐高校建立直接合作关系，并通过自身的职业培训体系，形成了持续的艺人孵化能力。同时，学院还与美国伯克利音乐学院、新加坡莱佛士音乐学院、新加坡亚洲音乐学院等海外知名音乐学府建立了紧密的合作关系，并与众多欧美、日韩等权威音乐人、厂牌及公司开展广泛合作，实现了教育资源的国际化、大师级与多元化，成为一所体系完善、成果斐然的音乐学府，为音乐事业的蓬勃发展源源不断地输送着人才。

李华宾坦言：“尽管我们在音乐板块上已投入超过 4 亿元资金，但音乐行业仍处于成长期，盈利空间相对有限。然而，我深信中国音乐产业的未来必将超越日韩，绽放出更加璀璨的光芒。”

对于音乐事业，李华宾将其视为“梦想”而非仅仅“情怀”。回顾过往，他感慨万分，深知每一步都充满挑战，但正是这些不易，让他更加坚定了对音乐事业的信念与追求。

展望未来，李华宾透露了合纵文化走向国际的宏伟蓝图。合纵文化不仅要在国内市场持续深耕，还致力于将中国的文化和音乐推向世界，让全球更多观众领略中国的独特魅力。这种使命感不仅体现在对国内市场的积极拓展上，更鲜明地体现在对国际市场的勇敢探索上。中国的音乐文化蕴含着深厚的底蕴与独特的韵味，合纵文化将通过把中国的音乐与现代元素进行巧妙融合，创作出更具时代感与感染力的音乐作品，向世界展示中国的文化软实力。

以音乐之名：照亮乡村儿童未来之路

让爱传承，用音乐灌溉每一个稚嫩的梦想。合纵文化创始人李华宾领导企业秉承社会责任感，建立了深圳市华唱原创音乐基金会，致力于扶持中国原创音乐发展，持续关注与助力乡村儿童音乐教育发展，探索出独具特色的慈善公益之路。用音乐播种梦想，汇聚善与爱的小小火焰，点亮一盏盏希望的明灯。

谈及音乐慈善公益事业时，李华宾的眼中总是闪烁着无比坚定且自豪的光芒。他说，企业的责任并不仅限于追求经济效益，更在于要用心去回馈社会，贡献一份力量。因此，李华宾毅然选择了一条以音乐为核心的慈善公益之路，于 2014 年 7 月 1 日发起成立了深圳市华唱原创音乐基金会（以下简称“华唱基金会”），该基金会连续 2 次被评为深圳市社会组织评估 5A 等级。2017 年发起了“音乐种子　伴你成长”公益项目，旨在向全国音乐教育资源匮乏地区的乡村儿童提供优质、公平的音乐教育，积极整合各方音乐教育资源，精心开发儿童音乐课程，通过捐赠先进的智能设备以辅助乡村教师开展音乐教育，并建立了一套完备的音乐教师教学能力成长体系，助力乡村儿童在音乐的陪伴下健康、快乐、自信地成长。

华唱基金会的诞生，源于李华宾对乡村音乐教育的深刻洞察与热切关怀。他深知在广袤的中国大地上一些偏远地区教育资源相对匮乏，音乐老师更是稀缺。为此，他带领团队克服重重困难，历时 2 年研发出了一款专门为乡村儿童提供优质音乐教育的智能机，旨在解决乡村学校缺乏专业专职音乐老师的难题。这款智能机器不仅能帮助任何老师都可以“一键式备课”轻松地上好音乐课，还能帮助乡村学生接触到更丰富多彩的音乐内容，并通过互动体验和学习，沉浸式感受音乐的独特魅力。

“我们的音乐智能机已经覆盖了全国 15 省 95 县区 246 所学校，受益学生 10 万人以上，最远的地方甚至到了西藏边境线的国门学校。”言语间，李华宾满是欣慰。他说，为了确保每一台音乐智能机都能发挥最大的作用，更好地帮助乡村老师上好音乐课，项目团队每年春秋 2 季会多次前往项目学校进行实地回访和调研。

该公益项目始终秉持“公开透明”原则，坚持善用善款，及时公布项目进展，每一台捐赠的音乐智能机都有详细的记录并可追踪使用情况。此外，项目还可以提供个性化捐赠服务，捐赠者可定向选择符合条件的项目学校，捐赠的音乐智能机可镌刻上以人名或企业名称，长久地纪念这份善意与爱心。

“十年来，坚持做这样的事情，我们感到很幸福。”李华宾强调，“我们不仅仅是在做公益，更是在传递爱与希望。我们希望通过不懈的努力，在孩子们心中播下音乐的种子，让他们感受到音乐的力量，同时也期待音乐可以点亮他们的未来。”

谈及幸福，李华宾有着更为深刻的理解。他认为，幸福是超越预期的惊喜，而非短暂的快乐。他用“一直在路上”来形容自己对公益所付出的努力和取得的成就。他表示，合纵文化将继续在这条公益之路上坚定地前行，为更多乡村儿童带去希望与梦想。

创业如恋，逐梦不息

创业之旅，宛如一场炽热的恋爱，它要求创业者如痴如醉、全身心投入，即便面临如同飞蛾扑火般的挑战与风险，也要义无反顾地向前冲刺。李华宾的创业成功，正是他将对创业的热爱比作恋爱，全情投入、矢志不渝的结果。

自幼怀揣梦想的他，心中始终燃烧着一团不灭的火焰，为他照亮前行的道路。无论世事如何变迁，他对梦想的执着与追求始终如一，从未动摇。梦想对于许多年轻人而言可能遥不可及，但正是这份对梦想不懈的追寻，赋予了生命以深刻的意义和源源不断的活力。

在创业的征途中，李华宾深刻理解并巧妙运用德鲁克管理思想的精髓，不断探索解决问题的有效策略，并将其融入企业经营的每一个环节。在领导力方面，他深受约翰·麦克斯威尔理论的影响，展现出深刻的自我反思与谦逊态度，赢得了团队的尊敬与信任。

持续的学习与创新是公司保持竞争力的关键所在。李华宾热爱阅读，通过行业类的杂志与画报，以及专业类的书籍，不断接触和汲取不同领域的知识与观点，拓宽自己的视野。同时，他还热衷于实地考察与学习，通过观察同业做法，汲取灵感与经验，不断提升自己的专业素养和创新能力。

至于成长，李华宾认为它既是烦恼的源泉，也是宝贵的财富。每个人的经历都是独一无二的，它塑造着人们的思想、行为与价值观。因此，他提醒年轻人要珍惜当下，因为当下的每一个决定与机会，都可能成为未来成功的关键基石。

业内人士对李华宾的评价是：做事爽快、观念独特、思维清晰。他一旦认准目标，便会全力以赴，绝少再反复权衡，这种心无旁骛、专心致志的精神令人钦佩。

李华宾的创业哲学，是对梦想的执着追求、对知识的不断学习以及对创新的持续推动。他的故事如同一盏明灯，照亮了每一个追梦人的前行之路，激励着他们勇往直前，不断追寻属于自己的成功与辉煌。

奈雪：
一杯影响世界的茶

从创业到荣登港交所，成为“新茶饮第一股”，仅六年时间；

从零开始到年营收近52亿元，仅八年时间；

从一家店发展到近2000家店，覆盖全球超230个主要城市，注册会员超1亿，仅九年时间……

这，只是一杯茶，奈雪的茶，堪称茶饮连锁行业的新标杆！

这，不是神话，也不是奇迹，而是连锁的力量！

奈雪的茶

一茶缘一梦，上市启新程

千秋大业三杯酒，万丈红尘一壶茶。

“开门七件事，柴米油盐酱醋茶。”这句古老的俗语，道出了茶在国人心目中的地位。过去民间有“宁可三日无肉，不可一日无茶”之说。口干时可饮茶解渴，疲劳时可饮茶提神，空闲时可品茶消闲，烦闷时可饮茶清心，滞食时可饮茶去腻……茶，可谓是雅俗共赏，老少皆宜。以茶自省，以茶明志，以茶会友，以茶待客，以茶礼佛，以茶敬祖……茶，于无意之中，悄悄融入我们的精神领域。随着岁月的流逝，茶渐渐成了中华民族的举国之饮。

茶，既然是“国饮”，那为何不开一家茶店？一则弘扬国粹，二则为现代都市年轻人提供高品质的茶饮。网名为奈雪的彭心，当时或许没有想到，当初的这一想法，在几年之后，竟然成就了一个大型茶饮连锁品牌——奈雪的茶。

让我们穿越时空的隧道，回到2014年。当时的彭心，正在一家上市公司工作，有了开一家茶饮店的想法之后，毅然辞职，追随自己的梦想，邀请了几个志同道合的朋友，一起着手筹备茶饮店。

那时候，专门的茶饮店，在中国，不说没有，但绝对不多。而在人们的印象中，卖茶的，不外乎是在马路边、楼梯下、转角处等地方。作为新一代的青年，彭心和她的团队不可能去马路边卖茶，也不会在楼梯下或转角处摆一茶摊，因为肯定这样是无效的，他们的目标是“打造年轻人喜爱的时尚生活方式品牌，做高品质的茶饮”，他们希望找到传统中国茶在现代生活中的存在方式，一种更健康、更时尚、更便利的饮用方式和一种更时尚的饮用场景。

目标明确，接下来就是寻找与之匹配的场所。

一座购物中心招商负责人一听彭心要开茶店，当即说：“顶楼有一僻静之处，适宜开茶店。”

彭心无语。

负责人继续推荐：“负二楼的地铁口有一个约20平方米的店面。”

彭心依然无动于衷。

负责人问：“那你到底要什么样的店面？”

彭心答：“要核心区200平方米左右的空间。”

“不可能！”负责人脱口而出，“核心区都是留给时尚品牌的，没有年轻人和时尚消费人群会去那里喝茶的。”

彭心坚信，当时没有时尚的茶饮店，不等于以后没有。只要成功创造出一个时尚品牌，那年轻人和时尚消费者肯定会愿意停留下来消费。只要让他们端起这杯茶饮时，能感觉到并不比国际咖啡品牌差，那茶饮店就成功了。

店面租了下来，又面临着怎么营业的问题。那时，市场没有可借鉴的品牌，没有现成的模式，没有成熟的供应商，更别提茶饮研发人员了。

怎么办？

彭心亲自担任“产品研发官”，带着团队到全国各主要茶区寻找原材料。一年下来，她带回了数十种茶叶品种，然后尝试将不同茶与各种水果、鲜奶进行搭配组合，自主研发好喝又健康的茶饮新品。

茶饮新品好喝与否，不是自己说了算，而是消费者说了算。

为此，彭心在深圳龙华

彭心

某社区购物中心租了一个8平方米的茶饮店，专门用来做产品测试。白天，她带着研发部伙伴在公司做研发，傍晚赶到这里做出新品，免费派发，观察哪些产品会吸引顾客前来购买，哪些产品复购率高。这样逐步积累，不断改进。首个爆款“霸气橙子”，就是在这样的试喝中诞生的，并一直火爆至今。

万事俱备，2015年末，“奈雪的茶”于深圳正式开业运营，凭借着“现制茶饮+烘焙”这个独特的产品经营模式，吸引了众多消费者，生意非常火爆，更有不少年轻人慕名前来“打卡”。因突破了市场对茶饮的固有印象，奈雪的茶一经推向市场，便一炮而红，被誉为“新茶饮赛道开创者”。

奈雪的茶自开业以来，坚持“茶本位”产品思路，先后打造出鸭屎香奶茶、大红袍奶茶等爆款，被誉为“爆款制造机”，并以多款产品掀起鲜果茶风潮，还让年轻消费者关注并爱上中国茶。奈雪的茶能够做到这些的原因是奈雪始终具有坚持产品创新、技术创新的优势。

奈雪通过创新制作，打破了世人对中国茶的传统认知，以鲜果、鲜奶及优质茗茶重新定义了现制茶饮行业，面对年轻消费群体打造时尚、健康、高品质的茶饮品牌，开辟了茶饮行业新赛道。

2021年6月30日，奈雪的茶在港交所成功上市，成为“新茶饮第一股”，彭心也因此在品牌创始人之外多了一重身份——上市公司执行董事。

上市只是奈雪的茶迈向更广阔舞台与深远发展的一个里程碑，为后续的市场拓展、产品创新、供应链优化以及国际化战略奠定了坚实的基础。

在彭心及团队的带领下，奈雪的茶将继续秉承初心，以匠心精神打造每一杯茶饮，让更多人感受到新茶饮的魅力与价值。

奈雪有新茶，连锁谋天下

2023年12月，奈雪的茶迎来品牌8周年，创新提出“香水”概念，邀请数千万会员评选出8款别具东方香韵的“奈雪八香”。这8款可以喝的“香水”以“好茶自然香”为产品理念，使用茉莉初雪、鸭屎香单丛茶、武夷山大红袍等优质好茶，打造如香水般前中后调层次分明的茶香体验，以一缕缕茶香唤醒消费者对茶山旷野的向往。同年，奈雪首提“香水茶饮”产品理念，以“奈雪八香”茶饮为载体，具象化演绎变化万千的中国茶香。仅2023年，奈雪就推出近百款现制茶饮，相当于平均每 0.6 周推出一款新品，保持用户体验新鲜感。

奈雪以“鲜果茶 + 软欧包”的新颖搭配、产品的特别口感、明亮舒适的空间，吸引众多年轻人争相“打卡”，从此走进人们的生活和时尚圈。2024 年 3 月，奈雪行业独家合作西湖龙井非遗传承人樊生华升级“大师龙井”系列，上线后销量迅速突破 100 万杯，再掀龙井热潮；4 月，奈雪首创霸气杨梅第九年回归，持续一周稳居销量榜 TOP1，并冲上美团趋势榜 TOP3，拉开夏日鲜果茶销售的大幕。

然而，彭心所谋者甚大。创业之初，她即开始谋篇布局——打造时尚品牌，连锁经营。

只要我们稍微留意，就会发现，有些品牌，在我们的日常生活中无处不在，从早上的咖啡到晚上的晚餐，从手机到电视等。这些品牌就像空气一样，无时无刻不在影响着我们的生活。

这就是连锁品牌的力量，它们不仅改变了我们的生活方式，更在悄无声息中影响着整个世界。当我们走进一家连锁店，我们所期待的，是该店品牌的一致性和可靠性，这也是连锁品牌的一大优势——品质的保证。无论在哪个国家，哪个城市，甚至是哪个街区，你都可以期待得到相同的服务和产品。这种一致性不仅给消费者带来了便利，也为品牌赢得了信任和忠诚。

这也是彭心打造时尚品牌，连锁经营的初心。此外，尽管连锁品牌以其一致性而闻名，但这并不意味着它们在创新方面是保守的。相反，许多连锁品牌都是行业的创新者，他们不断推出新的产品和服务，以满足消费者不断变化的需求。这种创新的动力使连锁品牌能够保持其领先地位，不断推动行业的发展。

2015 年 11 月，随着分别位于卓悦 INTOWN、欢乐海岸、华强北九方里的奈雪的茶 3 家现制茶饮店相继开业，奈雪正式拉开了连锁经营的序幕。

两年后，奈雪的茶立足广东，面向全国，开启“全国城市拓展计划”。2018 年，奈雪从中国茶推向了新加坡，开启了全球化之旅。

2023 年 12 月，奈雪的茶首家泰国直营门店在曼谷 Emsphere 商场正式开业。奈雪首家泰国官方直营门店所处的 Emsphere 商场由泰国百货零售集团斥资 150 亿泰铢打造，被认为是泰国世界级高端商场、重要的商业和旅游地标。凭借强大的品牌影响力，奈雪的茶曼谷门店被邀请开在 Emsphere 商场首层主入口的黄金位置，为当地消费者带来上下复式两层近 200 平方米的舒适茶饮空间。

奈雪的茶泰国首店开业首月便创下单日超 30 万泰铢，单月近 500 万泰铢的

奈雪的茶

营业额。

2024年7月5日，奈雪的茶首家新加坡门店在樟宜机场星耀樟宜综合体正式开业，优越的地理位置和强大的品牌吸引力让不少消费者感叹“以后落地新加坡第一步，来杯奈雪啊！”开业当天，众多消费者闻讯前来打卡，门前大排长龙，门店主推的TOP3产品“霸气香水芝士草莓”“霸气香水葡萄”“香水茉莉初雪鲜奶茶”人气火爆。

这是奈雪继曼谷店开业后第二家海外门店，同样扎根于高人气高端点位，预计奈雪在英美等海外市场的首店也将在今年陆续开张。

目前，奈雪的茶门店数量已近2 000家，覆盖全国超230个主要城市，注册会员超1亿。奈雪的茶2023年年报显示，奈雪的茶全年营收近52亿元，同比增长20.3%；门店经营利润约8.29亿元，同比增长76.3%；三四线城市门店经营利润率达19.6%，展现出强劲的单店经营实力。

连锁品牌的力量在于其无处不在的存在、品质的保证、创新的动力、对消费者的承诺以及全球的影响力。这些力量使得连锁品牌能够改变我们的生活，影响世界。正如彭心所说："我们相信，在未来一定会有中国茶的品牌，能够让有中国传统文化烙印的品类走向世界。中国已有硬高科技走向海外，期待有更多带有传统文化烙印的品牌、给大家生活带来小美好事物的品牌走向海外。"

奈雪，用一杯茶，影响了世界，成为了世界的奈雪。

欲以茶载道，奈雪勇争先

一壶清茶品人生，半卷闲书观古今。

茶，生于幽谷山野，汲取日月之精华，历经风雨之洗礼，方得那一壶之清澈。

轻启壶盖，一股清香扑鼻而来，仿佛能洗净尘世的喧嚣与纷扰。

人生如茶，初尝时苦涩，细品后方觉甘甜。茶中之道，亦是人生之道。

这些是人们对茶文化的常见描述。

茶文化，就是以茶为载体，并通过这个载体去传播各种文化，就是茶与文化的有机融合，涵盖和彰显一定时期的物质文明和精神文明。

中国茶文化是源远流长的传统文化，其历史始于数千年前的古代中国。中国人将茶视为宝贵的礼品，并赋予其很高的文化价值，它不仅是一种饮品，更是中国文化和哲学的重要组成部分，代表了中国人独特的审美情趣和智慧。它不仅是中华文化的历史见证，也是现代生活中不可或缺的一部分。茶文化为人类文明进程作出了不可磨灭的贡献，代表着人类对自然的尊重和感悟，也代表着人与人的和谐相处。

在茶文化的的背后，是中国几千年来的哲学思想和生活哲学。茶的精神概括为：天人合一、自然与生态有机结合、心性修养。茶叶不仅体现了中国的精神哲学，也融合了中华文化的审美，更代表了中华民族的传统美德和情感理念。茶文化中蕴含着丰富的哲学思想和人性追求，它深刻地影响着现代生活和价值观念，也成为中华文化精神的重要载体。

奈雪的愿景，就是做中国茶文化走向世界的创新者和推动者，成为一个走向世界的国际品牌。奈雪的茶创始人彭心曾在上市庆祝仪式时说："茶作为中国最具代表性的产品和文化之一，在中国崛起和全球化发展的时代背景下，是非常有机会能够输出一个全球品牌的。"

实际上，奈雪所做的事情正是让传统茶找到更便利、更时尚、更别致的饮用方式，根植于中国的茶文化来做奈雪这个品牌。正如彭心在2023深圳全球创新人才论坛上发言时所说："在今天，我们特别想做的，也是我们一直以来的使命和梦想，就是能够成为茶文化走向世界的创新者和推动者。"现在茶行业已经达成了一个共识，即新茶饮品牌是年轻人接触茶、了解茶、爱上茶的一个重要门户和"第一站"。

专注于挖掘茶文化的奈雪，以创新开道，将中国传统茶饮年轻化、健康化、科技化，分享具有美好力量的新茶饮产品，传递关于中国茶的独特故事，践行"成为茶文化走向世界的创新者和推动者"的品牌愿景。

附录 科技创新塑造连锁力量

——从“连锁网络”向“智能生态”跃迁

在改革开放的浪潮中，广东始终是中国经济的风向标，广东连锁商业则犹如一颗颗紧密相连的明珠，连接着生产者与消费者，拉动着经济的齿轮高效运转。从餐饮到零售，从服务业到物流，从数字化运营到智能化供应链，从线上线下融合的新零售模式到基于大数据的精准营销，广东连锁业正经历从“连锁网络”向“智能生态”的质变跃迁。

这背后，凝聚着上百万广东连锁业从业人员的努力，但同样，也离不开科技创新这一中坚力量的推动。回顾总结广东过去三十年的崎岖商路，科技创新对广东连锁业的改造早已超越工具层面，成为重塑商业逻辑的核心动力和重要抓手。科技创新的智慧之光，不仅为广东连锁业的高质量发展照亮了前行的方向，也成为全方位重塑广东连锁业生态的强大引擎。

沃尔玛收银系统带来的变革冲击波

“1996 年，对广东乃至整个中国的连锁业来说，都具有划时代的意义。”追忆过往，深圳市科脉技术股份有限公司创始人、董事长曾昭志将时间定格在公司成立之前。

这一年，国家出台了多项政策鼓励连锁企业的发展，尤其是《全国连锁经营发展规划》的发布，为行业提供了明确的政策支持和发展方向。连锁行业的标准化和规范化进程加快，行业标准和管理规范陆续出台。不过，最让曾昭志记忆深刻的是，这一年全球 500 强之首、美国零售巨头沃尔玛进入中国，它带来的一排排 POS（销售终端）收银机及信息技术系统惊艳了整个中国零售业。

在此之前，中国大部分零售企业的门店还在使用二代收银机。“键盘像计算器一样，收银员要根据商品标签录入信息，然后哒哒哒，打出小票，完全依靠人工。现在大部分年轻人应该都没见过。”曾昭志表示，当时大部分商家使用的都是这种收银机，只能单机使用且联网能力很弱，由于数据存储区较小，数据的保留不可能是无限期的，需要定期清除。同时也不具备商品管理的功能。”

“沃尔玛的 POS（销售终端）系统采用基于 PC 的收银系统，利用计算机的强大功能，除了记录销售情况和进行找零之外，还可以跟踪库存和其他数据。”曾昭志表示，它甚至有自己的商用卫星，全球 4 000 多家门店所有商品的进销存信息，可以在一个小时之内汇总到美国总部。本土零售企业第一次见识了科技的力量。

“对比当时，国内基于 Windows 架构的收银系统还是比较少的，虽然有些企业升级到了 DOS 系统，但晚上需要用电话线将数据传回后台总部，库存的进销调存还要导出数据手工做报表，再手动盘点库存。”曾昭志表示，当时广东连锁企业收银系统的效果低下，店庆、逢年过节经常会看到，商店收银机前大排长龙花 1–2 个小时买单的新闻。

总体来看，由于缺乏经验和技术支撑，广东商家在供应链管理、标准化运营等方面面临较大挑战，连锁业的发展仍处在起步阶段。

POS 系统本土化推动连锁业高速扩张

随着外资零售巨头的进驻，开架式的卖场掀起了中国整个外资零售业的大变革。“外资超市进入中国时，它的操作界面全是英文的，但广东门店的操作员、收银员都是中国人，需要把它们的界面改成中文的。”曾昭志透露，当时他和科脉的另外两位创始人陈宏亮、张苏利还在世界 500 强旗下中国首家软件公司工作，他们共同见证并参与了沃尔玛本地信息化系统的搭建工作。

“这种项目的投资都是千万量级的，收款机都是 IBM 的，一台机子要 3—4 万元，使用扫描枪扫描条形码，技术很先进，一个 2 万平方米的大卖场，可以实现高效率的收款。”

然而，25 年前，1 000 万元是什么概念？“那时候深圳很豪华的房子每平方米才 3 000 元，不要说 1 000 万，100 万都可以在深圳买 4—5 套房子。这个成本别说中小零售商，即便是头部企业也很难承受。”曾昭志表示，正因为看到了市场需求和现实之间的差距，1999 年，志同道合的三人离开原来的公司，开始研发本土零售系统，科脉公司应运而生。“我们希望做一套让中国零售商买得起、用得好的软件，这就是当时创建科脉的初衷。”

科脉最初与易站合作的时候，后者刚刚成立 2 年，偏安深圳一隅，只有 20 多家便利店。科脉提供的供应链管理系统为易站打下了牢固的物流基础，为其形成了强大的物流体系；随后，科脉的数据应用系统助力易站在 2008 年快速扩张，新增 150 家门店；双方合作升级后，科脉为易站打造了立体交互的信息化数据方案，以提高管理效率和创新经营模式；此后，2017 年科脉专业的便利店信息化系统再度支持易站连锁规模扩大到 2 000 多家。

在新技术的加持下，广东连锁业也进入了高速扩张阶段，线下实体零售高歌猛进，一大批广东本土连锁经营企业开始走向全国并在全国布局，包括餐饮领域的广州酒家、真功夫等，家电领域的中域电讯等，百货领域的广州百货、天虹百货等，超市领域新一佳，便利店领域的美宜佳，而华润万家在完成重组后挤进全国连锁 30 强。可以说，当时广东连锁走在全国前列，是我国连锁经营这一新业态的“黄埔军校”。

“以前，零售企业的发展依托优秀的店长，凭借他的经验采购、补货，但如果走上连锁发展，那就不行了，因为并不能保证每个店长都很优秀。”曾昭志表示，连锁企业的发展离不开标准化、规模化，而标准化又需要流程化、标准作业程序化。比如，采购以前手写差错率很高，无纸化后效果翻倍提速，在信息化技术的推动下，企业的可复制性提高，可以在短期内实现快速的规模扩张，实现连锁化、品牌化的发展。

从 1999 年成立至今，科脉陪伴许多零售商实现了从 1 家店到 1 000 家店的成长。消费者可能对科脉比较陌生，但其实广东省有众多商超、便利店、餐饮店里都有科脉身影，都市邻居、易站、华联鲜生活超市、佛山万田连锁超市、利群集团、开心购连锁超市、面点王、翠华餐厅、同仁四季、论牛……曾昭志开玩笑说，自己是站在零售餐饮企业“背后的男人”。

移动支付、移动互联促进连锁业智能化转型

中外资本的跑马圈地，带动中国连锁业的发展进入全盛时期，但同时也导致

市场竞争加剧，广东连锁企业则面临不断提升管理水平和品牌影响力的难题。同样在这一年，电子商务开始崭露头角，越来越多的人选择在网上购物。阿里巴巴集团旗下的网络购物平台淘宝网上线成为亚洲最大购物网站。

电商的冲击使得传统连锁商业面临转型压力，广东作为互联网经济发达地区，连锁商业开始探索线上线下融合的发展模式。O2O（线上到线下）模式逐渐兴起，连锁企业开始布局电商平台。同时，连锁商业的业态更加多元化，社区店、精品超市等新型业态出现。

“现在回顾历史，此前企业 O2O 的尝试大都不成功。”曾昭志表示，一方面传统连锁企业技术能力与技术人才欠缺，如数据分析、精准营销等方面能力不足，难以有效利用数据优化运营和提升用户体验。另一方面，许多企业未能有效打通线上线下渠道，导致数据、库存、会员系统体验割裂，影响了服务的一致性和效率。但由于这一阶段部分用户仍习惯传统消费方式，线上消费习惯尚未完全形成。“这一阶段，线上线下虽然也有竞争，但比较有序，处于我也打不死你，你也打不死我的状况，比如国美和苏宁，有人去线上买电器，但也有人去线下购买。”

但随着智能手机的普及和社交媒体的兴起，移动互联网时代的到来成为重要转折点。2010 年前后，3G、4G 网络正式商用，光纤入户，网速大幅度提升。2011 年，微信的诞生、小米手机的崛起以及 NFC（近场通讯）技术的应用，使市场环境、消费习惯彻底改变。

2014 年 3 月，全球第一款智能 POS（销售终端）机在广州首次曝光。智能 POS（销售终端）机与传统 POS（销售终端）机不同。它不但能够像传统 POS（销售终端）机那样，拥有刷卡功能，而且还能支持多种支付方式，比如像微信、支付宝那样扫二维码和支持云闪付，和手机对碰即可完成支付，甚至还能够凭借机器中搭载的操作平台，实现商业用户机上订单的归集和管理、会员触达和营销以及店铺经营统计等功能。

2016 年 1 月，微信推出的朋友圈红包，这不仅是社交支付领域的一次创新尝试，更激发了数亿消费者未来支付方式的全新探索。它刺激消费者将银行卡与线上支付捆绑，将移动支付和各种各样的消费场景结合，从而让全渠道消费成为必然趋势。自此之后，创新技术开始全面引领消费者的步伐，成为连锁业发展不可或缺的引擎。

移动互联网和大数据技术的快速发展，推动了连锁商业的数字化转型。“之前O2O时代，一个连锁企业只要搭建起门店、总部系统搭建好，然后是物流中心，包括异地跨区域仓，满足门店配送就行。也就是一个门店总部，下面挂一堆门店。”曾昭志表示，现在情况不同了。消费者在手机里面下订单，这个订单可能位于门店App，也可能小程序，还有可能位于美团、抖音电商，消费者只知道这是某个品牌，下单支付，但收付的背后就需要一个全新的技术支撑，以便配合全渠道的运作。

“2023年，在长春考察时，辣小鸭的财务总监找到我，抱怨每天面对五花八门的线上平台与线下门店的订单，每个平台的抽成算法都不同，财务人员头都是大的。”曾昭志透露，了解到这一情况后，2024年5月科脉联手银行及第三方支付公司共同发布了零售行业分账解决方案——享钱通3.0，为其实现了多渠道资金归集与灵活分账。2008年伴随着北京奥运会诞生的辣小鸭，如今作为“北派辣货”代表，足迹已遍布全国，门店数量突破千家。辣小鸭十几年的飞速成长，一直有科脉的陪伴。

新冠疫情之后，加速了消费者线上购物习惯的养成，连锁商业进一步向全渠道、全场景模式深度融合方向发展。广东作为消费大省，连锁企业在新零售领域的探索走在全国前列。

“线下门店的收银终端再次发生了颠覆性的变化，以前价格3万—4万元的收银机，现在不到1万元就可以买到，而且芯片技术的更新迭代，使得收银机里面的硬件能够容纳更多的软件，可以支持Windows系统、安卓，还可以兼容苹果iOS系统，甚至华为的鸿蒙系统，性能和安装速度都比原来的好了很多，而且这个系统天生基于云端，已上云SaaS（软件运营服务）化了，只要机器接到门店端，打开登录账号就能使用。”曾昭志表示，收银机不只有收银的功能，还能满足全渠道的需求，比如消费者在各种渠道领到的电子消费券，扫码就可以直接核销，还有会员里面的储值、积分，可以全部打通，相当于兼纳了营销能力。现在的收银台已经变成一个智能的终端，具备各种链接的能力，可以链接会员，给消费者打上标签并识别老客户，进行互动，还会将顾客分类，然后进行分类运营。

通过广泛应用大数据、人工智能等技术，广东连锁企业开始进一步优化供应链管理、提升顾客体验。

AI 大模型引领智能消费时代

过去20多年，中国零售业经历了“信息化”和“移动互联网”两个行业周期，如今零售行业再一次面临转型升级，曾昭志称之为换“发动机”。

“这场变革的‘发动机’已由IT（信息技术）架构加速转向云原生架构。”曾昭志表示，传统零售商大多会采购“烟囱式”IT（信息技术）业务系统。企业多年积累下来POS（销售终端）、ERP（企业资源计划）、财务、HR（人力资源）等内部系统，相对封闭且独立，系统跟外部C端缺乏连接。为了让各个系统中沉淀的大量数据被企业真正利用起来，必须将原有的“烟囱式”系统升级为敏捷、高效、一体化的云平台体系。接下来，企业数据上云将成为趋势。数据只有上了云，才能够感受到运营的效率。

曾昭志表示，线下服务器的算力不够，报表呈现的是二维的，没有穿透力，效能很低。如果上云之后，可以调用成百上千台服务器进行运算，分析多维报表，穿透更多门店品类到单品的最小存货单位，从而更加有效地提供决策参考。科脉历时7年，投入超5亿，打造了全新数字“发动机”科脉云平台，云帆智慧零售OS（操作系统）平台集成了科脉“业务＋营销＋支付＋数据＋技术”五大自研中台能力。

在曾昭志看来，连锁企业数据上云，可以整合更多的资源，降低技术成本。“之前有个企业中了勒索病毒，他们自己没办法解决，最终聘请了一家专门做网络安全的公司帮忙恢复，花了很多钱。但如果那些数据在云端，这种勒索病毒的几率为零。因为他们可以依靠华为云、阿里云、腾讯云等大企业的权威团队，后者有工程师和专家等专业团队来防病毒，进行云端运维。如同金钱存放在银行里比存放在自家的保险箱里更安全。这样，零售商也不需要自己专门养一个信息技术运维团队。”

如果说此前的技术创新是渐进式改良，那么未来AI大模型则可能彻底重构连锁行业的生态。大模型的“生成式智能”正在改写传统营销人员与用户交互模式。例如，基于DeepSeek等模型的个性化推荐系统，可深度融合消费数据、社交媒体行为甚至医疗健康信息，实现“千人千面”的精准营销，而无需依赖人工创意团队。另一方面，AI驱动的“具身智能”正与制造业深度融合，例如人形机器人通过群脑网络协同工作，未来或可应用于连锁餐饮的后厨标准化操作或仓储物流的柔性调度，大幅降低人力成本并提升服务一致性。

基于此，连锁行业借助大模型的发展显而易见。“大模型发展要有大数据能力作为支撑，我们全国几十万家的门店系统，每天 1 000 多万笔交易数据，具备了这样一个数据基础，这些大数据与大模型结合，发展出零售业的垂直类大模型，再反哺到零售业，这无疑是巨大的赋能也可以极大地提高效率。”曾昭志透露这是未来重要的创新方向。

广东连锁商业经历了从起步到快速扩张，再到多元化、数字化转型和新零售融合的多个阶段。鉴于每个阶段都伴随着市场环境的变化和技术的进步，连锁企业不断调整战略，以适应新的消费趋势和竞争格局。未来，随着 AI 大模型技术的进一步发展和消费者需求的不断变化，广东连锁商业将继续向智能化、个性化方向发展。